LE DIGESTE

OU

PANDECTES

DE L'EMPEREUR JUSTINIEN.

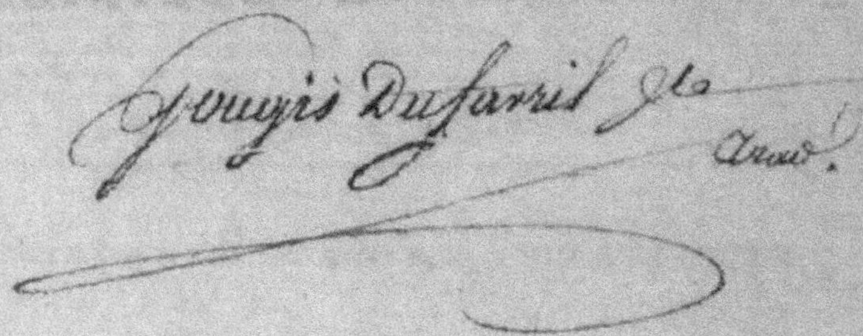

LE DIGESTE

OU

PANDECTES

DE L'EMPEREUR JUSTINIEN,

*Traduits en français, par M. G.*** D. F.***, Jurisconsulte, Membre de l'Académie de Législation, de la Société Académique des Sciences de Paris, etc. revisés par une réunion de Jurisconsultes.*

Summâ itàque ope et alacri studio has leges nostras accipite, et vos-metipsos sic eruditos ostendite, ut spes vos pulcherrima foveat, toto legitimo opere perfecto, posse etiàm nostram rempublicam in partibus ejus vobis credendis gubernari.

Recevez donc ces lois avec empressement, et rendez-vous si érudits, que vous puissiez concevoir la noble espérance, après le cours de vos études prescrit par les lois, d'être en état un jour de porter une partie du gouvernement de l'empire dans les charges qui vous seront confiées.

Justin. *Préf. de l'aut. de Instit.*

PREMIÈRE ET UNIQUE TRADUCTION.

TOME SEPTIÈME.

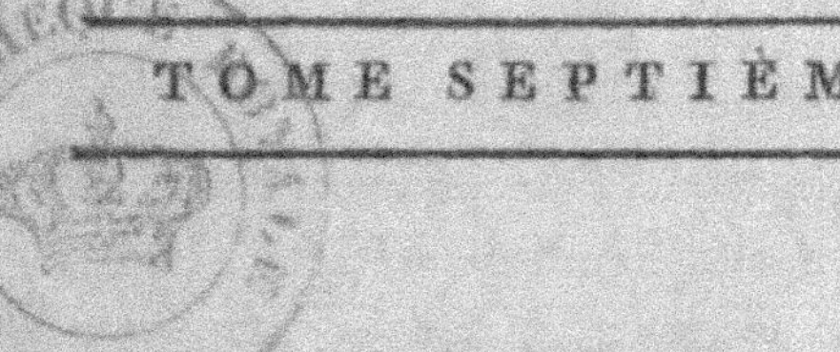

A PARIS,

Chez Rousseau, imprimeur, rue du Foin St.-Jacques, N°. 31, ci-devant rue St.-Dominique d'Enfer.

AN XIII. — 1805.

SUMMO PONTIFICO

PIO SEPTIMO.

SANCTISSIME PATER,

Legum romanarum versionem gallicè factam, multisquè jam abhinc annis à me cœptam non ità pridèm in lucem producere cœpi. Harum ce legum sapientia nec non prudentia rationis scriptæ *cognomen illis conciliaverunt. Pro cunnabulis Romam habuere.*

Possim nè sperare, Sanctissime Pater, vestram sanctitatem haud esse repulsuram oblatum quatuor primorum voluminum hujusce versionis, quod vestræ sanctitati præbere audeo, velutì amplissimœ venerationis meœ, simùl et tributum speciale gratitudinis meœ maximè sinceræ, summum ergà Pontificem totius que ecclesiœ caput, augustâ suâ præsentiâ vènientem sanctificare felicem, terquè felicem

ad solium imperiale, adventum viri admodum rarissimi quem plura vix sœcula producere possunt.

Oro, supplex, Sanctissime Pater, ne respuas oblatum.

Vestræ Sanctitatis, maximâ cum veneratione, Sanctissime Pater,

Sum humilissimus servus,

GOUGIS DUFAVRIL,

Jurisconsultus, ex académiâ illustri nec non celeberrimâ legislationis Pariensis, etc.

AU SOUVERAIN PONTIFE

PIE SEPTIÈME DU NOM.

TRÈS-SAINT PÈRE,

Je viens de livrer à l'impression la traduction française des lois romaines ; la sagesse de ces lois leur a mérité le sur-nom de *raison écrite* : Rome fut leur berceau.

Oserai-je me flatter que votre Sainteté ne dédaignerait pas l'hommage que je prends la liberté de lui faire des quatre premiers volumes de cet ouvrage, comme une preuve de mon respect, et le tribut de ma reconnaissance envers le chef suprême de l'église, qui vient sanctifier par sa

présence auguste l'heureux avènement au trône impérial, d'un homme rare que plusieurs siècles produisent à peine.

Daignez, très-Saint Père ne pas rejetter mon hommage.

Je suis avec un profond respect, de votre Sainteté, le très-humble serviteur,

GOUGIS DUFAVRIL,

Jurisconsulte, et membre de l'académie de Législation, etc.

A M. Gougis Dufavril, Jurisconsulte.

MONSIEUR,

J'AI reçu votre lettre ainsi que les quatre premiers volumes de votre ouvrage, que j'ai eu l'honneur de présenter à sa Sainteté, en votre nom ; le Saint Père a bien voulu accepter l'ouvrage, et il vous en fait ses remercimens, il me charge de vous témoigner sa satisfaction particulière, et de vous donner les éloges qui vous sont dus sous tous les rapports.

J'ai l'honneur d'être avec une parfaite considération, Monsieur,

Votre très-humble serviteur.

Signé TESTA,

Secrétaire de sa Sainteté.

Paris, 10 *Décembre* 1804.

A M. Gougis Dufavril, Jurisconsulte.

Monsieur.

Le Saint Père a reçu les cinq et sixièmes volumes de votre traduction des lois romaines, il a beaucoup agréé votre attention, et il m'a chargé de vous faire passer un chapelet et une médaille; si vous voulez vous donner la peine de passer chez moi, j'aurai l'honneur de vous remettre ces objets, où je les enverrai chez vous; mais je préférerais, pour mon propre compte, la première alternative.

Je suis avec la plus haute considération
votre très-humble serviteur.

Signé Testa,
Secrétaire de sa Sainteté.

Paris ce 22 Mars, 1805.

TITULUS PRIMUS

LIBRI UNDECIMI

DIGESTORUM

SEU

PANDECTARUM.

De interrogationibus in jure (1) *faciendis,
et interrogatoriis actionibus.*

~~~~~~~~~

1. CALLISTRATUS, *lib.* 2. *edicti monitorii.*

De herede interrogando.

TOTIENS heres (in jure) interrogandus est, *quâ* (2) *ex parte heres sit*, quotiéns adversùs eum actio instituitur, et dubitat actor, quâ ex parte is, cum quo agere velit, heres sit. Est autèm interrogatio tunc necessaria, cùm in personam sit actio, et ità, si certum petetur: ne, dùm ignoret actor, quâ ex parte adversarius defuncto heres exstiterit, interdùm plùs petendo aliquid damni sentiat.

____

(1) V. l. 4. §. 1. infr. h. t.
~~~~~~~~~

TITRE PREMIER

DU LIVRE ONZIÈME

DU DIGESTE

OU

DES PANDECTES.

Des interrogatoires qui doivent être faits en justice (1), et des actions auxquelles ils donnent lieu.

~~~~~~~~~

1. CALLISTRATE, *liv. 2. sur l'édit monitorial.*

De l'interrogatoire que peut subir l'héritier.

TOUTES LES FOIS que quelqu'un veut intenter une action contre un héritier, et qu'il ignore pour quelle portion son adversaire est héritier (2), celui-ci peut être interrogé en justice. Cet interrogatoire est nécessaire, lorsque l'action est personnelle, et par conséquent lorsque la demande a pour objet une chose certaine et déterminée ; de peur que le demandeur, ignorant pour quelle portion son adversaire a succédé au défunt, ne souffre par fois quelque tort, pour avoir élevé ses prétentions au-delà de ce qui lui était dû par son adversaire.

---

(2) L. 10. infr. eod.
~~~~~~~~~

De usû interrogationis.

§. 1. Interrogatoriis autèm actionibus hodiè non utimur : quià nemo cogitur antè judicium de suo jure aliquid respondere (1) Ideòque minùs frequentantur, et in desuetudinem abierunt : sed tantummodò ad probationes litigatoribus sufficiunt ea, quæ ab adversâ parte expressa fuerint apud judices, vel in hereditatibus, vel in aliis rebus, quæ in causis vertuntur.

2. Ulpianus *lib.* 22. *ad edictum.*

Ratio hujus edicti.

Edictum de interrogationibus ideò Prætor posuit, quià sciebat difficile esse ei, qui heredem, bonorumvè possessorem convenit, probare aliquem esse heredem, bonorumvè possessorem.

3. Paulus, *lib.* 17. *ad edictum.*

Quià plerumquè difficilis probatio (aditæ) hereditatis est.

4. Ulpianus, *lib.* 22. *ad edictum.*

Voluit Prætor adstringere eum, qui convenitur, ex suâ in judicio responsione, ut vel confitendo, vel mentiendo sese oneret. Simùl etiàm portionis, pro quâ quisque heres extitit, ex interrogatione certioretur.

Interpretatio verbi in jure.

§. 1. Quod ait Prætor, *qui in jure interrogatus*

____

(1) V. l. 11. C. de petit. hered.

De l'usage des interrogatoires.

§. 1. Les actions qui ont pour objet l'interrogatoire en justice de l'adversaire, sont aujourd'hui tombées en désuétude, parce que personne n'est obligé, avant que l'instance soit commencée, de donner aucun renseignement sur son droit (1). Ce qui est cause que l'on n'a plus recours à ces actions, et que l'on ne s'en sert plus. Mais il suffit aux parties plaidantes d'apporter pour preuve ce que leurs adversaires ont dit devant les juges, soit relativement à une succession, soit à toute autre chose qui donne lieu à la contestation.

2. ULPIEN, *liv.* 22 *sur l'édit.*

Motif de cet édit.

Le motif qui a engagé le Préteur à porter un édit sur les interrogatoires, a été fondé sur ce qu'il était difficile à celui qui attaque un héritier civil, ou prétorien, de connaître à quel titre il était héritier, c'est-à-dire, s'il l'était par le droit civil même, ou par le droit prétorien.

3. PAUL, *liv.* 7. *sur l'édit.*

Car rien de moins facile que de faire la preuve que quelqu'un ait accepté une succession.

4. ULPIEN, *liv.* 22. *sur l'édit.*

L'intention du Préteur a été de lier celui qui serait attaqué, par la réponse qu'il ferait en justice, afin que ses aveux, ou ses dénégations fussent à charge ou à décharge contre lui, et qu'en même tems on connût par son interrogatoire, pour quelle portion il était héritier.

Interprétation du mot en justice.

§. 1. Ces expressions du Préteur, *celui qui étant interrogé en justice, aura répondu,* doivent être entendues

responderit : sic accipiendum est , apud magistratus populi Romani, vel præsides provinciarum,
vel alios judices. *Jus* enìm (1) eum solum locum
esse, ubì juris dìcendi vel judicandi gratiâ consis-
tat; vel si domí, vel itinere hoc agat.

5. GAJUS , *lib.* 3. *ad edictum provinciale.*

De tempore petendo ad interrogandum.

Quì interrogatur, *an* (2) *heres*, vel *quotâ ex
parte sit*, vel *an in potestate habeat eum, cujus
nomine noxali judicio agitur*, ad deliberandum
tempus (3) impetrare debet : quià, si perperàm
confessus fuerit, incommodo adficitur (4).

6. ULPIANUS, *lib.* 22. *ad edictum.*

Et quià hoc defunctorum interest, ut (5) habeant successores , interest et viventium , ne
præcipitentur, quamdiù justè deliberant.

Quo casû interrogatus non cogitur respondere.

§. 1. Interdùm interrogatus quis, *an heres sit,*
non cogitur respondere : utputà, si controversiam
hereditatis ab alio patiatur. (Et ità D. Adrianus
constituit :) ne aut negando (se) heredem præju-
dicet sibi ; aut dicendo heredem illigetur etiàm
ablatâ sibi hereditate.

---

(1) L. pen. in fin. supr. de justit. et jure.
(2) L. 1. §. 12. infr. de successor. edict.
(3) D. l. 1. §. 12. in fin.
(4) V. l. 11. §. 3. infr. h. t.

dans ce sens, c'est-à-dire, celui qui ayant été interrogé devant les magistrats du peuple Romain, les présidens des provinces, et les autres juges. Effectivement, le mot *justice* signifie le lieu où le magistrat ou le juge exercent leurs fonctions, soit qu'il soit dans sa maison ou en voyage (1).

5. Gajus *lib. 3. sur l'édit provincial.*

Du tems qui peut être demandé pour délibérer d'après l'interrogatoire qu'on a subi.

Celui qui subit un interrogatoire à l'effet par lui de déclarer s'il est héritier(2), ou pour quelle portion il l'est, ou s'il a en son pouvoir celui au nom duquel on forme l'action noxale, doit obtenir du tems pour délibérer (3), parce que s'il a fait un aveu qui ne soit pas à-propos, son aveu tournera à charge contre lui (4).

6. Ulpien, *liv. 22. sur l'édit.*

Et comme le délai accordé à l'héritier pour délibérer, devient avantageux aux défunts, parce qu'il leur assure des héritiers (5), de même l'est-il aux héritiers, puisque, lorsqu'ils ont une juste raison pour délibérer, ils ne sont pas exposés à prendre des déterminations précipitées et peu réfléchies.

Dans quel cas celui qui est interrogé n'est pas tenu de répondre.

§. 1. Quelquefois celui qui est interrogé pour déclarer *s'il est héritier,* n'est pas tenu de répondre : tel est le cas où sa qualité d'héritier lui est contestée par un autre. Ainsi l'a déclaré l'empereur Adrien dans un rescrit, et cela, de peur qu'en niant qu'il soit héritier, cette dénégation ne lui soit préjudiciable; ou qu'en s'avouant héritier, il ne se trouve obligé, même dans le cas où la succession lui serait ôtée.

-----

(5) L. 1. in pr. infr. de successor. edict. §. 2. vers. adhuc. Inst. de honor. possess.

7. Idem, *lib.* 18. *ad edictum.*

Interrogatio de quadrupede.

Si quis in jure interrogatus, *an quadrupes* (1), *quæ pauperiem fecit, ejus sit*, responderit : tenetur.

8. Paulus, *lib.* 22. *ad edictum.*

Interrogatio de servo.

Si quis interrogatus de servo, qui damnum dedit, respondit, *suum* (2) *esse servum* : tenebitur lege Aquiliâ, quasi dominus (3). Et si cum eo actum sit, qui respondit, dominus eâ actione liberatur (4).

9. Ulpianus, *lib.* 22. *ad edictum.*

Si sinè interrogatione quis responderit *se heredem*, pro interrogato habetur (5).

Si Prætor vel adversarius interroget.

§. 1. Interrogatum non solùm à Prætore accipere debemus, sed et ab adversario.

De servo.

§. 2. Sed si servus interrogetur, nulla erit interrogatio : non magis, quàm si servus interroget.

Si quis pro alio interrogatur.

§. 3. Alius pro alio non debet respondere cogi, *an*

----

(1) L. 1. §. 15. supr. si quadrupes pauper.
(2) L. 27. §. 1. supr. de noxal. act.
(3) Adde l. 6. §. 2. vers. et si alia. infr. de confessis.

7. LE MÊME, *liv.* 18. *sur l'édit.*

Interrogatoire relatif à un animal à quatre pieds.

Si celui qui est interrogé en justice pour déclarer *si l'animal* (1) *qui a causé du dommage*, est à lui, a répondu affirmativement, son aveu l'oblige.

8. PAUL, *liv.* 22. *sur l'édit.*

Interrogatoire relatif à un esclave.

Si Celui qui est interrogé pour déclarer si l'esclave qui a causé du dommage, lui appartient, est convenu qu'il est à lui (2), il est tenu de l'action de la loi Aquilia, comme s'il en était véritablement le maitre (3) ; et si l'action est dirigée contre celui qui a fait l'aveu, le véritable maître se trouve déchargé par le fait (4).

9. ULPIEN, *liv.* 22. *sur l'édit.*

Si quelqu'un, sans être interrogé, a déclaré qu'il était héritier, cette déclaration équivaut à un interrogatoire fait en justice (5).

Si le Préteur, ou l'adversaire interroge.

§. 1. Nous devons regarder comme ayant été interrogé, non-seulement celui qui l'a été par le Préteur, mais même celui qui l'a été par son adversaire,

D'un esclave.

§. 2. Si c'est un esclave qui ait subi cet interrogatoire, cet interrogatoire sera comme non avenu. Il en sera de même, s'il avait été fait par un esclave.

Si quelqu'un est interrogé pour un autre.

§. 3. L'un ne doit pas être forcé de répondre pour un

____

(4) L. 20. in pr. infr. h. t.
(5) Adde l. 3. infr. de auctor. tutor.

heres sit : de se enìm debet quis in judicio in-
terrogari ; hoc est, cùm ipse convenitur.

De defensore.

§. 4. Celsus lib. v. Digestorum scribit : si
defensor in judicio interrogatus, *an is , quem
defendit, heres, vel quotâ ex parte sit* , falsò
responderit : ipse quidèm defensor adversario tenebitur (1) ; ipsi autèm, quem defendit, nullum
facit præjudicium. Veram itàque esse Celsi sententiam dubium non est. An ergò non videatur
defendere, si non responderit, videndum? Quod
utiquè et consequens erit dicere : quià non plenè
defendit.

Interpretatio responsionis.

§. 5. Qui interrogatus, *heredem se* responderit, nec adjecerit, *ex quâ parte* , ex asse respondisse dicendum est. Nisì fortè ità interrogatur,
an ex dimidiâ parte heres sit, et responderit,
heres sum : hîc enìm magìs (eum) puto ad interrogatum respondisse.

Quid respondendum.

§. 6. Illud quæritur, an quis cogatur respondere, *utrùm ex testamento heres sit : et utrùm
suo nomine ei quæsita sit hereditas ; an per eos,
quos suo juri subjectos habet, vel per eum, cui
heres extitit ?* Summatìm igitùr Prætor cognoscere debebit, cùm quæratur, an quis respondere
debeat, quo jure heres sit : ut, si valdè interesse
compererit, pleniùs responderi jubeat. Quæ obti-

____

(1) L. 25. §. 1. supr. ad leg. Aquil.

autre, sur l'interpellation à lui faite de déclarer s'il est héritier. Car on ne peut interroger en justice, que celui qui est cité.

Du défenseur.

§. 4. Celse, au liv. v. du Digeste, écrit ce qui suit. Si un défenseur interrogé en justice, à l'effet de déclarer si celui qu'il défend *est héritier, et pour quelle portion il l'est*, a fait une fausse déclaration, il sera lui-même obligé envers la partie adverse (1), et il ne cause aucun préjudice à celui qu'il défend. Il n'y a pas de doute que l'avis de Celse ne soit des plus vrais. Examinons donc si le défenseur est censé avoir défendu son client, lorsqu'il n'a pas répondu? Ne serait-il pas convenable de dire qu'il n'a pas pleinement défendu son client.

Interprétation de la réponse.

§. 5. Celui qui étant interrogé *s'il était héritier*, a répondu affirmativement, sans ajouter pour quelle *portion il l'était*, est censé l'être pour le tout, à moins qu'il ne soit interrogé *s'il est héritier pour moitié*, et qu'il ne réponde simplement *je suis héritier*; car je pense qu'il est à-propos de conclure qu'il a répondu dans le sens de la question qui lui a été faite.

Ce qu'il faut répondre.

§. 6. On demande si l'on est forcé de répondre à cette question : *êtes-vous héritier par testament? La succession vous est-elle acquise en votre propre nom, ou par ceux qui sont sous votre puissance, ou par un fidéicommis dont un héritier aura été chargé envers vous?* C'est au Préteur à examiner sommairement, si celui qui est interrogé, doit répondre à quel titre il est héritier, ensorte qu'il le forcera à le faire dans un plus grand détail, en raison de l'intérêt que le demandeur aura à ce que cet interrogatoire soit plus ou moins étendu. Ce qui vient d'être dit, doit avoir lieu, non-seulement à l'égard des

nere debent non solùm in heredibus, sed etiàm in honorariis successoribus.

De fideicommmissario universali.

§. 7. Deniquè Julianus scribit, eum quoquè, cui est hereditas restituta, debere in jure inter-rogatum respondere, *an ei hereditas sit restituta.*

Si de peculio agatur.

§. 8. Si de peculio agatur, non oportere res-ponderi à patre, vel domino, *an in potestate habeat filium, vel servum* : quià hoc solùm quæ-ritur, *an peculium apud eum, cum quo agitur, est.*

10. Paulus, *lib.* 48. *ad edictum.*

Interrogatio de œdibus.

Non alienum est, eum (1) à quo damni infecti stipulari velimus, interrogare in jure : *an œdes ejus vel locus sit, ex quo damnum timeatur; et pro* (2) *quâ parte* : ut, si neget suum præ-dium esse, nec caveat damni infecti, aut cedere, aut resistendum putaverit, quasi dolo versatus, tradere compellatur.

11. Ulpianus, *lib.* 22. *ad edictum.*

Interrogatio de œtate.

De *œtate* quoquè (interdùm) interrogatus res-pondere debebit.

---

(1) L. 20. §. fin. infr. h. t.

héritiers civils, mais encore à l'égard de ceux qui le sont par le droit prétorien.

Du fidéicommissaire universel.

§. 7. Enfin Julien écrit que celui à qui la succession a été remise , c'est-à-dire , le fidéicommissaire doit répondre, lorsqu'il est interrogé en justice, *si elle lui a été remise , oui , ou non.*

S'il s'agit de l'action sur le pécule.

§. 8. S'il est question d'une action péculiaire , le père ou le maître n'est pas obligé de répondre si *son fils ou son esclave est en sa puissance* , parce que toute la question se réduit à savoir *si le pécule* , *soit du fils , soit de l'esclave est entre leurs mains.*

10. PAUL , *liv. 48. sur l'édit.*

De l'interrogatoire relatif à une maison.

Il est à-propos, lorsque nous voulons (1) exiger caution de quelqu'un , à l'effet de nous faire indemniser du tort que nous craignons de la chûte d'un édifice voisin du nôtre , il est à-propos, dis-je , de le faire préalablement interroger pour qu'il déclare si l'édifice où le lieu à l'égard duquel *nous craignons quelque dommage, lui appartient,* et pour quelle portion (2) , afin que s'il nie que l'édifice soit à lui, qu'il ne veuille pas donner caution , et que par la suite il pense devoir céder, ou procéder sur la demande de la caution que l'on exige de lui , il soit forcé à abandonner l'édifice, comme ayant agi de mauvaise foi.

11. ULPIEN , *liv. 22. sur l'édit.*

Interrogatoire sur l'âge.

Celui qui est interrogé sur son âge , est tenu quelquefois de répondre à cette interrogation.

---

(2) L. 1. in pr. supr. eod.

De falsâ responsione.

§. 1. Si quis , cùm heres non esset , interrogatus responderit , *ex parte heredem esse* : sic convenietur (1), atquè si ex eâ parte heres esset. Fides enìm ei contrà se habebitur.

§. 2. Qui ex quadrante heres , vel omninò cùm heres non esset , responderit *se heredem ex asse* : in assem institutâ actione convenietur.

§. 3. Si cùm esset quis ex semisse heres , dixerit se *ex quadrante* : mendacii hanc pœnam feret , quòd in solidum convenitur. Non enìm debuit mentiri , dùm se minoris portionis heredem adseverat. Interdùm tamèn justâ ratione potest opinari esse heredem ex minore parte. Quid enìm , si nescit sibi partem adcrevisse , vel ex incertâ parte fuit institutus : cur ei responsum noceat?

§. 4. Qui tacuit (quoquè) apud Prætorem , in eâ causâ est , ut institutâ actione in solidum conveniatur, quasì negavit se heredem esse. Nàm qui omninò non respondit , contumax est : contumaciæ autèm pœnam hanc ferre debet , ut in solidum conveniatur, quemadmodùm si negasset ; quià Prætorem contemnere videtur.

De silentio.

§. 5. Quod autèm ait Prætor, *omninò non respondisse* : posteriores sic exceperunt, ut omninò non respondisse videatur, qui ad interrogatum non respondit.

____

(1) L. 12. in pr. infr. eod.

D'une fausse réponse.

§. 1. Si quelqu'un n'étant pas héritier, a répondu qu'il était héritier pour telle portion , il sera actionné comme (1) s'il était réellement héritier pour cette portion, car on ajoutera foi à sa déclaration contre lui-même.

§. 2. Celui qui étant héritier pour un quart, ou ne l'étant pas du tout, a déclaré dans son interrogatoire *qu'il était unique héritier,* sera tenu de défendre contre l'action qui sera intentée contre lui , comme s'il était unique héritier.

§. 3. Si quelqu'un étant héritier par moitié, a déclaré qu'il ne l'était que *pour un quart,* il supportera la peine due à son mensonge, laquelle consistera en ce qu'il sera actionné en entier, car il n'a pas dû en imposer, en assurant qu'il était héritier pour une portion moindre que celle pour laquelle il était héritier. Il peut cependant arriver quelquefois qu'il ait une juste raison pour penser qu'il est héritier pour une moindre portion. En effet, ne peut-il pas avoir ignoré que la portion de son cohéritier lui fût accrue, ou ne peu-il pas se faire quil ait été institué pour une portion indéterminée? Pourquoi donc alors sa réponse lui serait-elle préjudiciable?

§. 4. Celui qui n'a pas voulu répondre lorsque le Préteur l'a interrogé, s'expose à ce que l'on forme contre lui l'action en entier, comme s'il eut nié être héritier. Car celui qui ne répond pas, est rangé dans la classe des contumaces. Or la peine réservée au coutumace consiste à accorder l'action en entier contre lui, comme s'il eut nié, parce que son refus de répondre est une preuve de son mépris pour le Préteur.

Du silence.

§. 5. Quant à ce que dit le Préteur, *celui qui n'a pas répondu,* les jurisconsultes nouveaux l'ont appliqué à celui qui ne répondrait pas exactement aux questions qu'on lui ferait.

De ineptâ responsione.

§. 6. Si interrogatus quis, *an ex asse heres esset*, responderit *ex parte* : si ex dimidiâ esset, nihil ei nocere responsum. Quæ sententia humana est.

De negatione, silentio, et obscurâ responsione.

§. 7. Nihil interest, neget quis, an taceat interrogatus, an obscurè respondeat, ut incertum dimittat interrogatorem.

Quibus casibus succurritur ei qui respondit.

§. 8. Ex causâ succurri ei, qui interrogatus respondit, non dubitamus. Nàm et si quis interrogatus, *an patri heres esset*, responderit; mox prolato testamento, inventus sit exheredatus : æquissimum est succurri ei (1). Et ità Celsus scribit. Hic quidèm et aliâ ratione, quod *ea , quæ posteà emergunt , auxilio indigent.* Quid enìm, si occultæ tabulæ, et remotæ, posteà prolatæ sunt ? Cur noceat ei, quid id responderit, quod in præsentiarum videbatur ? Idem dico et si, qui *heredem* se responderit, mòx falsum, vel inofficiosum, vel irritum testamentum fuerit pronunciatum : non enìm improbè respondit, sed scripturâ ductus.

Effectus interrogationis.

§. 9. Qui interrogatus responderit, sic tenetur, quasi ex contractû obligatus, pro quo pulsabitur (2), dùm ab adversario interrogatur. Sed et si

---

(1) V. §. 10. infr. hic. 1. 57. infr. de oblig. et act.

D'une réponse insuffisante ou évasive.

§. 6. Si quelqu'un étant interrogé à l'effet de déclarer s'il est unique héritier, a répondu qu'il l'était en partie, et qu'il le fût effectivement pour moitié, sa réponse ne lui sera pas préjudiciable, et c'est à juste titre.

De la dénégation , du silence , et d'une réponse ambigue.

§. 7. Il n'y a pas de différence entre celui qui refuse de répondre, ou qui répond d'une manière assez ambigue, pour ne pas éclairer celui qui l'interroge.

Dans quels cas on vient au secours de celui qui a répondu.

§. 8. Il est des cas où l'on doit, en connaissance de cause, venir au secours de celui qui étant interrogé s'il est héritier, a répondu, je n'en doute pas. Car si l'on a demandé à quelqu'un s'il était héritier de son père, et qu'il ait répondu *affirmativement*, qu'ensuite on exhibe un testament par lequel il est deshérité, rien de plus juste que de venir à son secours (1). C'est l'avis de Celse. Le même allègue une autre raison, fondée sur ce que l'on doit protéger ceux qui n'ont pu *découvrir leur erreur que par la suite.* En effet, qu'en serait-il si le testament avait été caché et soustrait, et qu'ensuite il vienne à être représenté? Pourrait-on avec raison et justice reprocher quelque chose à celui qui aurait répondu conformément aux circonstances? Je dis la même chose, si après que quelqu'un a répondu qu'il était héritier, on vient à déclarer le testament faux, inofficieux ou nul. Car ce n'est pas parce qu'il a été de mauvaise foi, qu'il a dit être héritier, mais parce qu'il l'a su par le testament.

Effet de l'interrogatoire.

§. 9. Celui qui étant interrogé en justice, aura répondu, ne sera pas moins obligé par sa réponse, que s'il se fût obligé par un contrat, et son adversaire pourra exciper de sa réponse pour le pousser pendant qu'on l'interrogera (2).

---

(1) L. 4. supr. h. t.

à Prætore fuerit interrogatus, nihil facit Prætoris auctoritas : sed ipsiùs responsum, sivè mendacium.

De errore.

§. 10. Qui justo errore ductus negaverit, *se heredem*, veniâ dignus est (1).

De culpâ.

§. 11. Sed et si quis sinè dolo malo, culpâ tamèn responderit, dicendum erit, absolvi eum debere : nisi (2) culpa dolo proxima sit.

De pœnitentiâ.

§. 12. Celsus scribit, licere responsi pœnitere, si nulla captio ex ejus pœnitentiâ sit actoris. Quod verissimum mihi videtur : maximè si quis posteà pleniùs instructus quid faciat, instrumentis, vel epistolis amicorum juris sui edoctus.

12. Paulus, *lib.* 17. *ad edictum.*

De filio qui se abstinuit paternâ hereditate.

Si filius, qui abstinuit se paternâ hereditate, in jure interrogatus responderit *se heredem (esse)* : tenebitur. Nàm ità respondendo, *pro herede gessisse* videtur. Sin autèm filius, qui se abstinuit, interrogatus tacuerit, succurrendum est ei : quia hunc, qui abstinuit, Prætor non habet heredis loco.

De heredibus.

§. 1. Exceptionibus, quæ institutis in judicio

____

(1) V. §. 8. supr. h. l.

Si c'est le Préteur qui lui fait subir interrogatoire, l'autorité du Préteur n'ajoutera rien à la chose, il n'y a que son mensonge ou sa réponse qui puisse l'obliger.

De l'erreur.

§. 10. Celui qui, abusé par une juste erreur, a nié être héritier, mérite que l'on ait pour lui de l'indulgence (1).

De la faute.

§. 11. Il faut dire la même chose de celui qui a fait cette réponse sans mauvaise foi, quoiqu'il y ait de sa faute, à moins que cette faute (2) n'approchât beaucoup de la mauvaise foi.

Du repentir ou regret.

§. 12. Celse écrit qu'il est permis de revenir sur la réponse que l'on a faite, pourvu que cela ne préjudicie en rien au demandeur. Ce qui me semble très-vrai, sur-tout lorsque celui qui a répondu a acquis des renseignemens plus étendus sur ses droits, soit par des pièces qu'il se sera procurées, soit par des lettres de ses amis.

12. PAUL, *liv.* 17. *sur l'édit.*

Du fils qui s'est abstenu de la succession paternelle.

Si un fils qui s'est abstenu de la succession de son père, interrogé en justice, a répondu qu'il *était héritier,* il sera obligé par sa réponse. Car en répondant de cette manière, il est censé avoir fait acte d'héritier. Si au contraire un fils qui s'est abstenu de la succession de son père, a gardé le silence, il faudra venir à son secours, parce que le Préteur ne regarde pas comme héritier celui qui s'est abstenu de la succession.

Des héritiers.

§. 1. Celui qui est actionné d'après ses réponses, peut

---

(2) Adde l. 11. infr. de incendio.

contrà reos actionibus opponuntur, etiàm is uti potest, qui ex suâ responsione convenitur : velutì pacti conventi, rei judicatæ, et cæteris.

13. IDEM. *lib.* 2. *ad Plautium.*

De falsis confessionibus.

Confessionibus falsis respondentes ità obligantur, si ejus nomine, de quo quis interrogatus sit, cum aliquo sit actio : quià, quæ cum alio actio esset, si dominus esset, in nosmèt confessione nostrâ conferemus. Et si eum, qui in potestate patris esset, respondissem, *filium meum esse*, ità me obligari, si ætas (1) ejus pateretur, ut filius meus esse possit : quià falsæ confessiones naturalibus convenire deberent. Proptèr quæ fiat, ut patris familiâs nomine respondendo, non obliger.

§. 1. Eum, qui patrem familiâs, *suum esse* responderit *servum*, non teneri noxali actione : ac ne si bonâ fide liber (2) homo mihi serviat, mecum noxali judicio agi potest : et si actum fuerit, manebit, integra actio cum ipso, qui admisit.

14. JAVOLENUS, *lib.* 9. *ex Cassio.*

Si is, cujus nomine noxæ judicium acceptum est, manente judicio liber judicatus est, reus absolvi debet. Nec quidquam interrogatio in jure facta proderit. Quià ejus personæ, cujus nomine quis cum alio actionem habet obligationem transferre non potest in eum, qui in jure suum esse

---

(1) V. l. 14. in fin. infr. h. t.

recourir aux exceptions que l'on oppose ordinairemeet aux demandes formées en justice contre les défendeurs; telles que celles de la convention, de la chose jugée, et autres.

13. LE MÉME, *liv.* 2. *sur Plautius.*

Des fausses déclarations.

Les fausses déclarations n'obligent ceux qui les ont faites, qu'autant que celui qui les a fait interroger, a une action relative à l'affaire sur laquelle ils ont été interrogés; parce qu'alors l'action qu'il aurait contre le maître de la chose, passe de droit contre celui qui a déclaré faussement l'être. Quoique j'eusse répondu que celui qui était sous la puissance de son père, *fût mon fils,* je ne serai, malgré tout, obligé qu'autant qu'il serait d'un âge à permettre qu'il fût mon fils (1), parce que les fausses déclarations, pour obliger, doivent au moins être en rapport avec la nature. Donc, s'il n'est pas d'un âge qui permette qu'il soit mon fils, je ne serai pas obligé, parce qu'alors je serai censé avoir répondu au nom du père de famille.

§. 1. Celui qui a répondu qu'un père de famille était *son esclave,* n'est pas soumis pour cela à l'action noxale; de même que l'on ne peut intenter l'action noxale contre moi si je possédais de bonne foi comme esclave (2) une personne qui serait libre; et si l'action a été formée, elle passe dans son entier contre celui qui a voulu défendre.

14. JAVOLENUS, *liv.* 9. *sur Cassius.*

Si celui au nom duquel l'action noxale a été formée, a été déclaré libre, pendant que l'instance était pendante, le défendeur doit être absous, et on ne pourra pas tirer avantage de la réponse qu'il aura faite en justice, parce qu'on ne peut pas transporter sur celui qui déclare en justice qu'un esclave lui appartient, l'obligation contractée par cet esclave au nom duquel il a une action contre un autre;

---

(2) L. 21. in fin. C. de furt.

confitetur ; velut alienum servum , *suum esse*
confitendo : liberi autèm hominis nomine , quià
cum alio actio non est , ne per interrogationem
quidèm, aut confessionem transferri poterit. Quo
casû eveniet , ut non rectè hominis liberi nomine
actum sit cum eo, qui confessus est.

§. 1. In totum autèm confessiones ità ratæ
sunt, si id , quod in confessionem venit , et jus
et naturam recipere potest (1).

15. POMPONIUS , *lib.* 18. *ad Sabinum.*

De servo hereditario.

Si antè aditam hereditatem , servum hereditarium *meum esse* respondeam , teneor: quià domini loco habetur hereditas (2).

De morte servi.

§. 1. Mortuo servo, quem in jure interrogatus
suum esse confessus sit , non tenetur is , qui
respondit : quemadmodùm , si proprius ejus fuisset , post mortem ejus non teneretur (3).

16. ULPIANUS , *lib.* 37. *ad edictum.*

De servo capto ab hostibus.

Si servus ab hostibus captus sit , de quo quis
in jure interrogatus responderit, *in suâ potestate
esse :* quamvis jura postliminiorum possint efficere dubitare nos : attamèn non puto locum esse
noxali actioni. Quià non est in nostrâ potestate.

---

(1) L. 13. supr. h. t.
(2) L. 31. infr. de hered. instit.

par exemple, en avouant que l'esclave d'un autre lui appartient. Or, comme on ne peut avoir d'action au nom d'un homme libre, contre un autre que lui-même, l'interrogatoire, ou la déclaration qu'il aura faite en justice, ne pourra pas opérer le transfert de son obligation sur un autre. Dans ce cas, il arrivera qu'on n'aura pas procédé régulièrement au nom d'une personne libre, contre celui qui aura avoué en justice qu'elle était son esclave.

§. 1. Les déclarations faites en justice, ne produisent d'effet qu'autant qu'elles ne sont pas en opposition avec la justice et la raison (1).

15. POMPONIUS, *liv.* 18. *sur Sabinus.*

De l'esclave de la succession.

Si avant d'avoir accepté une succession, je réponds que l'esclave qui en dépend est à moi, je suis obligé par ma réponse, en ce que la succession tient la place du maître (2).

De la mort de l'esclave.

§. 1. Si l'esclave que quelqu'un a avoué en justice être à lui, vient à mourir, dans ce cas celui qui a fait cet aveu, quoique faux, cesse d'être obligé ; de même que si c'était son propre esclave, il ne serait pas obligé après sa mort (3).

16. ULPIEN, *liv.* 37. *sur l'édit.*

De l'esclave pris par les ennemis.

Si l'esclave que quelqu'un a déclaré en justice *être en sa puissance*, est prisonnier chez les ennemis, quoique le maître ait été en quelque sorte en droit de douter s'il n'était pas encore en sa puissance par le droit de postliminie, je ne pense pas cependant qu'il y ait lieu à l'action noxale, parce qu'il n'est réellement pas en sa puissance.

---

(3) **L.** 39. in fin. supr. de noxal. act.

Si servus respondentis esse non potuit.

§. 1. Quanquàm autèm placet, etiàm eum teneri, qui *alienum servum suum* fassus esset: attamèn rectissimè placuit, eum demùm teneri, qui suum potuit habere. Cæterùm, si dominium quærere non potuit, non teneri.

17. IDEM, *lib.* 38. *ad edictum.*

De pluribus dominis.

Si servus non sit uniùs, sed plurium, et omnes mentiti sunt, *eum in suâ potestate non esse*, vel quidam ex illis; aut dolo fecerunt, quò minùs sit in potestate : unusquisquè illorum tenebitur in solidum (1) : quemadmodùm tenerentur, si haberent in potestate. Is verò, qui nihil dolo fecerit, quò minùs in potestate haberet, vel non negavit, non tenebitur.

18. JULIANUS, *lib.* 4. *ad Ursejum Ferocem.*

An confessio uniùs liberet alium.

Qui ex parte dimidiâ heres erat, cum absentem coheredem suum defendere vellet, ut satisdationis onus evitare possit, respondit *se solum heredem esse*, et condemnatus est : quærebat actor, cùm ipse solvendo non esset, an, rescisso superiore judicio, in eum, qui reverà heres erat, actio dari deberet? Proculus respondit, rescisso judicio posse agi. Idquè verum est.

---

(3) V. l. 5. l. 26. §. 1. l. 39. in pr. supr. d. t.

Si l'esclave n'a pas pu être celui de la personne qui a répondu.

§. 1. Encore qu'il semble que celui qui a déclaré que l'esclave d'autrui lui appartenait, doive être obligé, cependant on a décidé avec raison, qu'il ne serait obligé qu'autant qu'il serait possible que l'esclave fût à lui. Au surplus si le domaine de cet esclave n'a pu lui être acquis, il n'est pas tenu.

17. LE MEME, *liv.* 38. *sur l'édit.*

De plusieurs maîtres.

Si l'esclave n'appartient pas à un seul, mais à plusieurs, et que tous, ou quelqu'un d'entr'eux, aient assuré faussement *qu'il fût en leur puissance*, ou qu'ils aient cessé de le posséder par mauvaise foi, chacun d'eux sera obligé solidairement (1), de même qu'ils le seraient s'il était en leur puissance. Quant à celui qui ne s'en sera pas dessaisi par mauvaise foi, ou qui n'aura pas faussement nié, il ne sera pas tenu.

18. JULIEN, *liv.* 4. *sur Ursejus Férox.*

Si l'aveu de l'un libère l'autre.

Celui qui était héritier par moitié, voulant défendre son cohéritier absent, déclara pour se soustraire à l'obligation de donner caution d'exécuter le jugement pour ce cohéritier, qu'il était *seul et unique héritier,* et fut condamné. Le demandeur consultait pour savoir si, à cause de l'insolvabilité de celui-ci, il pourrait, en faisant rescinder le premier jugement, intenter une nouvelle action contre celui qui était réellement héritier. Proculus a répondu affirmativement, et son opinion est vraie.

19. Papinianus, *lib.* 8. *quæstionum.*

Si filius pro pratre agens non responderit.

Si filius, cùm pro patre suo ageret, taceat interrogatus, omnia perindè observanda erunt, ac si non esset interrogatus (1).

20. Paulus, *lib.* 2. *quæstionum.*

An confessio uniùs liberet alterum.

Qui servum alienum responderit *suum esse*, si noxali judicio conventus sit, dominum liberat(2). Alitèr atquè si quis confessus sit, *se occidisse servum*, quem alius occidit; vel si quis reponderit *se heredem* : nàm his casibus non liberatur, qui fecit, vel qui heres est. Nec hæc intèr se contraria sunt : nàm superiore casû ex personâ servi duo tenentur; sicut in servo communi dicimus, ubì altero convento alter quoquè liberatur(3). At is, qui confitetur *se occidisse*, vel vulnerasse, suo nomine tenetur. Nec debet impunitum esse delictum ejus, qui fecit, proptèr eum, qui respondit : nisì quasi defensor ejus, qui admisit, vel heredis, litem subiit hoc genere ; tunc enìm in factum exceptione datâ, summovendus est actor, quià ille negotiorum gestorum, vel mandati actione recepturus est, quod præstitit. Idem est in eo, qui mandatû heredis *heredem se esse* respondit, vel cùm eum aliàs defendere vellet.

Interrogatio de fundo,

§. 1. In jure interrogatus, *an fundum possideat* : quæro, an respondere cogendus sit, et

---

(1) V. l. 9. *s.* 3. supr. h. t.

19. PAPINIEN, *liv.* 8. *des questions.*

Si le fils agissant pour son père n'a pas répondu.

Si un fils, faisant les affaires de son père, ne veut pas répondre lorsqu'il est interrogé en justice, on devra se conduire à son égard, de même que s'il n'avait pas été interrogé (1).

20. PAUL, *liv.* 2. *des questions.*

Si la déclaration de l'un libère l'autre.

Celui qui aura répondu qu'un esclave qui ne lui appartenait pas, *était à lui*, s'il vient à être formé contre lui une action noxale, libérera par cet aveu le maitre de l'esclave (2). Il en est autrement s'il a avoué avoir tué un esclave qui l'a été par un autre, ou s'il a déclaré être héritier pendant qu'il ne l'était pas. Car dans ces hypothèses, ni le meurtrier de l'esclave , ni l'héritier ne sont libérés; et en cela il n'y a rien qui soit contradictoire. Car dans la première hypothèse , deux personnes sont obligées au nom de l'esclave, comme nous avons dit que cela serait à l'égard d'un esclave commun , ou l'un étant condamné, l'autre est libéré (3). Mais celui qui avoue avoir tué ou blessé, est tenu en son propre nom, et sa réponse ne doit pas opérer l'impunité du véritable meurtrier, à moins que celui qui l'a faite, n'eut l'intention de défendre celui qui a commis le meurtre, ou son héritier ; car alors le demandeur serait repoussé par une exception sur le fait qui lui serait opposée, par ce qu'il aurait, pour se faire indemniser et rembourser de ce qu'il aurait payé à cette occasion, l'action de la gestion des affaires, ou l'action du mandat. Il en est de même de celui qui, d'après l'ordre de l'héritier, ou bien parce qu'il veut le défendre, a répondu qu'il était héritier.

Interrogatoire relatif à un fonds ,

§. 1. Je demande si celui que l'on interroge en justice, pour déclarer s'il possède un fonds, est tenu de répondre,

---

(2) L. 8. supr. eod. v. l. 23. infr. de solution.
(3) L. 14. §. 2. in fin. infr. de servo corrupt.

quotâ ex parte fundum possideat? Respondi : Javolenus scribit, possessorem fundi (1) cogi debere respondere, *quotâ ex parte fundum possideat* : ut, si minore ex parte possidere se dicat, in aliam partem, quæ non defenderetur (2), in possessionem actor mittatur.

Vel de ædibus.

§. 2. Idem et si damni infecti (3) caveamus : nàm et hic respondere debet, *quotâ ex parte ejus sit prædium*, ut ad eam partem stipulationem accommodemus. Pœna autèm non repromittentis hæc est, ut in possessionem eamus : et ideò (eo) pertinet scire, an possideat.

21. ULPIANUS, *lib. 22. ad edictum.*

Quibus casibus interrogare opportet.

Ubicunquè judicem æquitas moverit, æquè oportere fieri interrogationem (4), dubium non est.

22. SCÆVOLA, *lib. 4. Digestororum.*

De effectû responsionis.

Procuratore Cæsaris ob debitum fiscale interrogante, unus ex filiis, qui nec bonorum possessionem acceperat, nec heres erat, respondit, *se heredem esse* : an quasi interrogatoriâ creditoribus cæteris teneatur? Respondit, ab his, qui in jure non interrogassent, ex responso suo conveniri non posse.

---

(1) L. 36. in pr. supr. de rei vind.
(2) L. 7. §. 17. infr. quib. ex caus. in possess.
(3) L. 10. supr. h. t.
(4) L. 9. C. de judic.

et de désigner pour quelle portion il possède. J'ai répondu que Javolenus a écrit que le possesseur du fonds est tenu de répondre (1), et même de déclarer *pour quelle portion il possède*, afin que s'il déclare posséder une moindre portion, le demandeur puisse être envoyé en possession de l'autre portion qui ne serait pas défendue (2).

Ou à une maison.

§. 2. Il en est de même de celui à qui nous demandons une caution pour sûreté de la réparation du tort que nous sommes autorisés à craindre à l'occasion (3) de sa chose. Car il doit répondre, et déclarer quelle portion il a dans le fonds, pour faire frapper la caution sur cette partie. La peine de celui qui refuse de donner caution, est d'envoyer le demandeur en possession de la chose, par conséquent, il a intérêt de savoir si son adversaire possède.

21. ULPIEN, *lib.* 22. *sur l'édit.*

Dans quels cas l'interrogatoire doit avoir lieu.

Nul doute que, lorsque le juge pense qu'il est de sa justice d'ordonner qu'un interrogatoire ait lieu, il ne doive être fait de la même manière (4).

22. SCEVOLA, *liv.* 4. *du Digeste.*

De l'effet de la réponse.

Le procureur de Cæsar interrogeant, à l'occasion d'une dette due au fisc, un des fils du débiteur, qui n'était ni héritier civil, ni héritier par le droit prétorien, celui-ci répondit être héritier : cette déclaration l'oblige-t-elle à l'égard des autres créanciers? J'ai répondu que cette réponse ne pouvait l'engager à l'égard de ceux qui ne lui auraient pas fait subir un interrogatoire en justice.

TITULUS SECUNDUS.

De (1) *quibus rebus ad eundem judicem eatur.*

1. Pomponius, *lib.* 13. *ad Sabinum.*

De judiciis quibus res dividuntur aut distinguntur.

S i intèr plures familiæ erciscundæ agetur, et intèr eosdem communi dividundo, aut finium regundorum : eundem judicem sumendum. Præ- tereà, quo faciliùs coïre coheredes, vel socii possint, in eundem locum omnium præsentiam fieri oportet.

2. Papinianus, *lib.* 2. *quæstionum.*

De tutoribus.

Cùm ex pluribus (2) tutoribus unus, quòd cæteri non sint idonei, convenitur, postulante eo, omnes ad eundem judicem mittuntur : et hoc rescriptis principum continetur.

---

(1) Adde l. 11. §. 1. supr. de jurisdict. l. 22. supr. de judic.
(2) L. 5. C. arbitr. tutelæ.

TITRE SECOND.

Des affaires que l'on peut plaider devant le même juge (1).

1. POMPONIUS, *liv.* 13. *sur Sabinus.*

Des actions en vertu desquelles les choses sont partagées ou distinguées.

Sɪ l'on forme l'action en partage de succession, ou en division de chose commune, ou en bornage de terres, et que ces actions intéressent plusieurs, tous doivent se présenter devant le même juge. Outre cela tous les cohéritiers et les associés doivent être cités à paraître dans le même endroit, afin de rendre leur réunion plus facile.

2. PAPINIEN, *liv.* 2. *des questions.*

Des tuteurs.

Lorsque de plusieurs tuteurs (2), il n'y en a qu'un seul d'actionné, parce que les autres ne sont pas solvables, tous doivent être renvoyés devant le même juge, lorsqu'il le demande. C'est ce qui est décidé par les rescrits des princes.

TITULUS TERTIUS.

De servo corrupto (1).

1. ULPIANUS , *lib.* 23. *ad edictum.*

Edictum.

AIT Prætor : *qui servum , servam , alienum , alienam recepisse* (2)*, persuasissevè quid ei dicetur dolo malo , quo eum, eam deteriorem faceret. in eum, quantì* (3) *ea res erit, in duplum judicium dabo.*

De bonœ fidei possessore.

§. 1. Qui bonâ fide servum emit, hoc edicto non tenebitur : quià nec ipse poterit servi corrupti agere; quià nihil ejus interest, servum non corrumpi. Et sanè, si quis hoc admiserit, eveniet, ut duobus actio servi corrupti competat : quod est absurdum. Sed nec eum. cui bonâ fide homo liber servit, hanc actionem posse exercere opinamur.

Quid sit recipere.

§. 2. Quod autèm Prætor ait , *recepisse* (4),

____

(1) Lib. 6. C. 2. §. 8. Inst. de oblig. quæ ex delict.
(2) §. 2. infr. h. l.

TITRE TROIS.

De l'esclave qui a été corrompu (1).

1. ULPIEN, *liv.* 23. *sur l'édit.*

Édit.

Lᴇ Préteur s'exprime ainsi : *J'accorderai une action au double contre celui qui aura reçu* (2) *chez lui par mauvaise foi l'esclave d'autrui, mâle ou femelle, ou lui aura conseillé de faire quelque chose qui put détériorer sa valeur, afin que le maître obtienne une réparation* (3) *proportionnée au tort qu'il aura éprouvé à cette occasion.*

Du possesseur de bonne foi.

§. 1. Celui qui aura acheté de bonne foi l'esclave d'autrui, ne sera pas tenu de cet édit, et il ne pourra pas lui-même former une action à ce sujet, parce qu'il n'a nul intérêt à ce que l'esclave ne soit pas corrompu. Sans doute si on lui accordait cette action, il s'ensuivrait que l'action relative à la corruption d'un esclave appartiendrait en même tems à deux personnes : ce qui est absurde. Nous sommes portés à croire que le maître d'un homme libre, qui le sert de bonne foi, comme esclave, ne peut former cette action.

Ce que l'on entend par recevoir.

§. 2. Ces expressions du Préteur, *avoir reçu* (4), doivent

---

(3) l. 9. §. 2. infr. eod.
(4) In pr, supr. hic. l. 2. l. 9. C. ad leg. Fab. de plagiar.

ità accipimus, si susceperit servum alienum ad
se : et est propriè *recipere*, refugium abscon-
dendi causâ servo præstare, vel in suo agro, vel
in alieno loco, ædificiove.

Quid sit persuadere. De dolo persuadentis.

§. 3. *Persuadere* autèm est plùs, quàm compelli, atquè cogi sibi parere. Sed persuadere, *ex
mediis* (scilicèt verbis) *est* : nàm et bonum consi-
lium quis dando potest suadere, et malum : et
ideò Prætor adjecit, *dolo malo, quo eum deteriorem faceret* : nequè enìm delinquit, nisì qui
tale aliquid servo persuadet, ex quo eum faciat
deteriorem. Qui igitùr servum sollicitat (1) ad
aliquid vel faciendum, vel cogitandum improbè,
hic videtur hoc edicto notari.

De servo bono vel malo.

§. 4. Sed utrùm ità demùm tenetur, si bonæ
frugi servum perpulit ad delinquendum, an verò
et si malum hortatus est, vel malo monstravit,
quemadmodùm faceret? Et est veriùs, etiamsì
malo monstravit, in quem modum delinqueret,
teneri eum. Imò et si erat servus omnimodò fu-
giturus, vel furtum facturus, hic verò laudator
hujus propositi extitit, tenetur. *Non enìm oportet laudando augeri malitiam.* Sivè ergò bonum
servum fecerit malum, sivè malum fecerit deteriorem, corrupisse videbitur.

Quibus modis servus corrumpetur.

§. 5. Is quoquè deteriorem facit, qui servo
persuadet, ut injuriam faceret, vel furtum, vel

____

(1) L. 4. C. de furt

s'appliquer

s'appliquer à celui qui a reçu chez lui l'esclave d'autrui. *Recevoir* un esclave, proprement dit, c'est lui offrir un réfuge pour se cacher soit dans son champ, soit dans l'endroit ou l'édifice d'autrui.

Ce que c'est que persuader. De la mauvaise foi de celui qui persuade.

§. 3. Le mot persuader, signifie plus qu'engager et contraindre un esclave à vous obéir. Le mot *persuader* a deux acceptions ; car on peut persuader le bien comme le mal. C'est la raison pour laquelle le Préteur a ajouté dans son édit le mot *mauvaise foi, et l'intention de détériorer l'esclave.* En effet, celui-là seul est coupable, qui conseille à un esclave de faire ce qui peut diminuer sa valeur. Cet édit concerne donc celui qui engage un (1) esclave a faire ou concevoir quelque chose.

De l'esclave de bonne ou mauvaise conduite.

§. 4. Mais pour être soumis à cette action faut-il seulement avoir conseillé à un esclave de bonne conduite de faire quelque chose de mal, ou bien faut-il y avoir excité un esclave naturellement vicieux, et lui avoir indiqué la manière de s'y prendre. Il est convenable de dire, que celui-là même qui a indiqué à l'esclave les moyens de faire le mal, y est soumis. Il y a plus : c'est que l'on est même soumis à cette action, lorsqu'on a approuvé le projet d'un esclave qui voulait fuir de chez son maitre, ou commettre un vol, car il ne faut pas *encourager les méchans par des éloges.* Ainsi donc celui qui aura rendu un esclave qui était bon, méchant, ou qui, de méchant, l'aura rendu pire, sera censé l'avoir corrompu.

De quelle manière l'esclave peut être corrompu.

§. 5. Celui qui persuade à un esclave de faire tort à quelqu'un, de commettre un vol, de prendre la fuite, ou qui engage l'esclave d'autrui dans une mauvaise action, à compromettre et embarrasser son pécule, à être libertin,

fugeret, vel alienum servum ut sollicitaret, vel ut peculium intricaret, aut amator existeret, vel erro (1), vel malis artibus esset deditus, vel in spectaculis nimius, vel seditiosus; vel si actori suasit verbis, sivè pretio, ut rationes dominicas intercideret, adulteraret, vel etiàm, ut rationem sibi commissam turbaret.

2. PAULUS, *lib.* 19. *ad edictum.*

Vel luxuriosum, vel contumacem (2) fecit; quivè, ut stuprum pateretur (3), persuadet.

3. ULPIANUS, *lib.* 23. *ad edictum.*

De dolo persuadentis et lusû.

Dolo malo adjecto calliditatem (4) notat Prætor ejus, qui persuadet. Cæterùm, si quis sinè dolo deteriorem fecerit, (non notatur:) et si lusûs gratiâ fecit, non tenetur (5).

Si quis persuaserit servo in tectum ascendere, vel in puteum.

§. 1. Undè quæritur, si quis servo alieno suaserit, *in tectum ascendere*, vel *in puteum* (6) *descendere*, et ille parens ascenderit vel descenderit, et ceciderit, crusque (7) vel quid aliud fregerit, vel perierit: an teneatur? Et, si quidèm sinè dolo malo fecerit, non tenetur : si dolo malo, tenebitur.

---

(1) L. 17. §. 14. infr. de ædil. edict.
(2) §. 23. Inst. de action.
(3) L. 6. in pr. infr. ad leg. Jul. de adult.
(4) L. 1. §. 2. supr. de dolo malo.

ou débauché (1), ou adonné à de mauvaises habitudes, ou d'être trop attaché aux spectacles, ou enfin à être séditieux, est censé l'avoir détérioré. Il en est de même de celui qui persuade à un esclave qui fait les affaires de son maître, soit par paroles, soit par argent, de soustraire les obligations faites au profit de son maître, de les altérer, même d'embrouiller et de mettre de la confusion dans l'administration qui lui a été confiée.

2. PAUL, *liv.* 19. *sur l'édit.*

Ou qui l'a rendu prodigue, ou peu docile (2), ou qui lui a conseillé (3) de souffrir sur sa personne les débauches des autres.

3. ULPIEN, *liv.* 23. *sur l'édit.*

De la mauvaise foi et de la plaisanterie de celui qui persuade.

Par le mot *mauvaise foi*, le Préteur a entendu parler des ruses et des artifices que met en usage celui qui persuade (4). Au surplus, celui qui détériore un esclave sans mauvaise foi, n'est pas soumis aux dispositions de cet édit, ainsi que celui qui l'a fait en jouant et en plaisantant (5).

Si quelqu'un conseille à un esclave de monter sur un toit ou de descendre dans un puits.

§. 1. C'est ce qui a donné lieu de demander si celui qui aurait conseillé à l'esclave d'autrui de *monter sur un toit,* ou de *descendre dans un puits* (6), serait soumis à cette action, dans le cas où cet esclave ayant suivi le conseil à lui donné, aurait tombé, ou se serait cassé la cuisse (7), ou quelqu'autre membre, ou enfin aurait péri. S'il l'a fait par mauvaise foi, il est soumis à cette action; dans le cas contraire, il n'y est pas soumis.

---

(5) Vide tamèn l. 10. supr. ad leg. Aquil.
(6) §. ult. Inst. de leg. Aquil.
(7) Adde l. 34. in pr. infr. de act. empt.

4. Paulus, *lib.* 19. *ad edictum.*

Sed commodius est, utili lege Aquiliâ eum teneri (1).

5. Ulpianus , *lib.* 23. *ad edictum.*

De dolo recipientis.

Doli verbum etiàm ad eum , qui recepit , referendum est : ut non alius teneatur , nisi qui dolo malo fecerit, cæterùm si quis , ut domino custodiret, recepit vel humanitate vel misericordiâ ductus , vel adprobatâ atquè justâ ratione : non tenebitur.

Si quis persuaserit servo quem liberum putabat.

§. 1. Si quis dolo malo persuaserit quid servo, quem liberum putabat, mihi videtur , teneri eum oportere ; majus enim delinquit , qui liberum putans corrumpit : et ideò , si servus fuerit, tenebitur.

De confitente.

§. 2. Hæc actio etiàm adversùs fatentem *in duplum* est , quamvìs Aquilia inficiantem duntaxàt coërceat (2).

Si servus fecisse dicatur.

§. 3. Si servus servavè fecisse dicetur , judicium cum noxæ deditione redditur .

---

(1) D. §. ult.
(2) L. 23. §. 10. supr. ad leg. Aquil.

4. PAUL, *liv.* 19. *sur l'édit.*

Mais il est plus avantageux de recourir à l'action de la loi Aquilia (1).

5. ULPIEN, *liv.* 23. *sur l'édit.*

Du dol de celui qui a reçu.

On doit rapporter le terme de *dol* ou de *mauvaise foi* à celui qui a reçu chez lui l'esclave fugitif, afin qu'il n'y ait de soumis à cette action que celui qui a retiré l'esclave par mauvaise foi. Au surplus, si quelqu'un, par un mouvement d'humanité ou de pitié, ou par tout autre motif juste et raisonnable, a retiré un esclave, dans l'intention de le conserver à son maître, il ne sera pas soumis à cette action.

Si quelqu'un a conseillé à un esclave qu'il croyait libre.

§. 1. Je pense que celui qui donne par mauvaise foi des conseils pernicieux à un esclave qu'il croyait libre, doit être soumis à cette action, car il a commis un délit plus grave, en voulant corrompre un homme libre. C'est pourquoi il sera tenu, s'il a corrompu un esclave.

De celui qui avoue.

§. 2. Cette action opère une condamnation au double, même contre celui qui avoue son délit, quoique la loi Aquilia ne condamne au double que celui qui nie avoir causé du dommage (2).

Si l'on dit que le délit a été commis par un esclave.

§. 3. Si c'est un homme esclave, ou une femme esclave que l'on prétend avoir commis le délit, c'est alors le maître qui est condamné, avec la faculté de pouvoir abandonner l'esclave pour tenir lieu de la réparation du dommage.

Ad quod tempus refertur hæc actio.

§. 4. Hæc actio refertur ad tempus servi corrupti, vel recepti, non ad præsens, et ideò (et) si decesserit, vel alienatus (1) sit, vel manumissus, nihilominùs locum habebit actio, nec extinguitur manumissione semèl nata actio (2).

6. Paulus, *lib.* 19 *ad edictum.*

Præteritæ enìm utilitatis æstimatio in judicium versatur.

7. Ulpianus, *lib.* 23, *ad edictum.*

Nàm et mali servi forsitàn consequuntur libertatem : et posterior causa ìnterdùm tribuit manumissionis justam rationem.

8. Paulus, *lib.* 19. *ad edictum.*

An heres agat.

Sed et heres ejus, cujus servus corruptus est habet hanc actionem (3) : non solùm, si manserit, in hereditate servus, sed et si exierit, forte legatus.

9. Ulpianus *lib* 23. *ad edictum.*

De servo communi,

Si quis servum communem, meum et suum corruperit, apud Julianum lib. IX. Digestorum quæritur, an hâc actione teneri possit ? Et ait, teneri eum socio, prætereà, poterit et communi

---

(1) V. l. ult. infr. arborum furtim cæsar.
(2) L. 56. infr. de oblig. et act.

A quel tems cette action est rapportée.

§. 4. Cette action se reporte à l'époque de la corruption de l'esclave, ou au moment où il a été retiré et reçu, et non pas au tems présent. C'est pourquoi s'il meurt, ou s'il est vendu (1) ou affranchi, l'action n'aura pas moins lieu, et une fois que l'action est acquise, elle ne peut s'éteindre par l'affranchissement de l'esclave (2).

6. PAUL, *liv.* 19. *sur l'édit.*

On estime dans ce jugement l'utilité que le maitre de l'esclave a pu retirer par le passé.

7. ULPIEN, *liv.* 23. *sur l'édit.*

Car il arrive quelque fois que des esclaves mauvais, et sous ce rapport indignes de la liberté, l'obtiennent ; et quelque fois aussi il peut survenir un juste motif pour affranchir l'esclave.

8. PAUL, *liv.* 19. *sur l'édit.*

Si l'héritier forme l'action.

L'héritier de celui dont l'esclave a été corrompu, peut même se servir de cette action (3), non-seulement lorsque l'esclave est resté dans la succession, mais quand bien même il en serait sorti, par exemple, s'il a été légué.

9. ULPIEN, *liv.* 23. *sur l'édit.*

De l'esclave commun,

On demande dans Julien, liv. IX. du Digeste, si celui qui aurait corrompu un esclave qui serait commun à lui et à moi, serait tenu de cette action ? Et il répond qu'il en est tenu envers son associé. Il pourra d'ailleurs, comme le dit Julien, être tenu de la réparation du dommage par

---

(3) L. 13. in pr. infr. h. t.

dividundo, (et pro socio, si socii sint) teneri,
ut Julianus ait. Sed cur deteriorem facit Julianus
conditionem socii, si cum socio agat, quàm si
cum extraneo agit? Nàm qui cum extraneo egit,
sivè recepit, sivè corruperit, agere potest; qui
cum socio, sinè alternatione, id est, si corrupit.
Nisì fortè non putavit Julianus, hoc cadere in
socium (1) : nemo enim suum recipit. Sed si ce-
landi animo recepit, potest defendi, teneri eum.

Aut cujus ususfructus alienus est recepto vel corrupto.

§. 1. Si in servo ego habeam usumfructum,
tu proprietatem, si quidèm à me sit deterior
factus, poteris mecum experiri : si tu id feceris,
ego agere utili actione possum. Ad omnes enim
corruptelas hæc actio pertinet : et interesse fruc-
tuarii videtur, bonæ frugi servum esse, in quo
usumfructum habet. Et si fortè alius eum rece-
perit, vel corruperit, utilis actio fructuario competit.

De duplo.

§. 2. Datur autèm actio, *quanti* (2) *ea res
erit, ejus dupli* (3).

De servo depretiato.

§. 3. Sed quæstionis est, æstimatio utrùm ejus
duntaxàt fieri debeat, quod servus in corpore,

---

(1) V. l. 51. infr. pro socio.

le jugement qui sera rendu sur la demande en partage d'une chose commune; ou par celui qui interviendra sur la société, s'ils sont associés. Mais pourquoi Julien rend-il la condition de l'associé plus désavantageuse lorsqu'il actionne son associé, que lorsqu'il actionne un étranger? Car celui qui attaque un étranger à cause de ce délit, peut le poursuivre, soit qu'il ait retiré l'esclave, soit qu'il l'ait corrompu; s'il forme au contraire son action contre son associé, il ne le peut faire que dans un cas déterminé; c'est-à-dire, que dans le cas où l'esclave a été corrompu. Peut-être est-ce parce que Julien a pensé que cela ne pouvait regarder l'associé (1), parce que l'on ne peut être censé retirer un esclave qui nous appartient. Mais si l'associé a retiré l'esclave, dans l'intention de le cacher, on peut dire qu'il y a lieu contre lui à l'action dont il est question.

Ou de celui dont un autre a l'usufruit qui a été retiré ou corrompu.

§. 1. Si j'ai l'usufruit d'un esclave, et vous la propriété, et que j'aie détérioré cet esclave, vous pourrez m'actionner à cette occasion. Si c'est vous qui l'avez détérioré, j'ai contre vous l'action utile: car cette action embrasse toute espèce de corruption; et l'usufruitier a intérêt à ce que l'esclave dont il a l'usufruit, soit d'une bonne conduite. Si tout autre que le propriétaire de l'esclave l'a corrompu, ou l'a retiré, l'usufruitier a contre lui une action utile.

Du double.

§. 2. L'effet de cette action est de condamner (2) au double de la valeur de la chose détériorée (3).

De l'esclave déprécié.

§. 3. Mais il s'agit de savoir si on doit seulement estimer la détérioration que l'esclave a éprouvée dans son

---

(2) L. 1. in pr. supr. h. t.
(3) D. l. 1. in pr. l. 5. §. 2. l. 14. §. 5. infr. eod.

vel in animo damni senserit, hoc est, quantò vilior servus factus sit, an verò et cæterorum? Et
Neratius ait, tantì condemnandum corruptorem,
quantì (1) servus ob id, quod subreptus sit, mi-
norìs sit.

10. Paulus, *lib.* 19. *ad edictum.*

De rebus quas servus secum abstul.t.

In hoc judicium etiàm rerum æstimatio (2)
venit, quas secum servus abstulit : quià omne
damnum duplatur. Nequè intererit, ad eum perlatæ fuerint res, an ad alium : sivè etiàm con-
sumptæ sunt. Etenim justiùs est, eum teneri,
qui princeps (3) fuerit delicti, quàm eum quæri,
ad quem res perlatæ sunt.

11. Ulpianus, *lib.* 23. *ad edictum.*

De furtis posteà factis.

Neratius ait, posteà furta facta in æstimationem non venire, Quam sententiam veram puto:
nàm et verba edicti, *quantì ea res erit*, omne
detrimentum recipiunt.

De instrumentis corruptis.

§. 1. Servo persuasi, *ut chirographa debitorum
corrumpat:* videlicèt tenebor. Sed si consuetudine
peccandi posteà et rationes (4), cæteraquè similia
instrumenta subtraxerit vel interleverit, deleve-
rit : dicendum erit, corruptorem horum nomine
non teneri.

---

(1) D. l. 14. §. 8.
(2) §. 23. in fin. Inst. de action.

corps, ou dans ses mœurs; c'est-à-dire, si l'on doit avoir égard à ce qu'il a perdu de son prix, ou si l'on doit considérer les autres dommages que le maître a souffert. Nératius a dit que le corrupteur doit être condamné dans les proportions de la diminution du prix (1) que l'esclave occasionne au maître par l'enlèvement de sa personne.

10. PAUL, *liv.* 19. *sur l'édit.*

Des choses que l'esclave a emportées avec lui.

Dans ce jugement on fait entrer l'estimation des choses (2) que l'esclave a enlevées; par la raison que tout le dommage que le maître a souffert doit être double; et il n'importe nullement que ces choses aient été transportées chez l'auteur du délit, ou chez tout autre, et même qu'elles aient été consommées. En effet, il est plus juste que l'auteur principal du délit (3) soit tenu, que d'aller chercher le détenteur des effets.

11. ULPIEN, *liv.* 23. *sur l'édit.*

Des vols qui ont été commis ensuite.

Nératius a dit que les vols faits postérieurement au délit, n'entraient pas dans l'estimation qui a lieu dans le jugement. J'adopte cette opinion qui me semble très-juste; car ces termes de l'édit, *en proportion de la quotité de la chose,* comprennent toute espèce de dommages.

Des pièces qui ont été altérées.

§. 1. J'ai conseillé à un esclave de détourner *les obligations que les débiteurs de son maître* ont souscrites à son profit. Nul doute que je ne puisse être actionné à cette occasion. Mais si (4) étant habitué à mal faire, il a par la suite soustrait, ou altéré, ou détruit les billets (5) et autres papiers appartenans à son maître, je ne serai pas responsable de ces délits postérieurs.

---

(3) Fac. l. 1. §. 11. supr. si quadrupes. l. 52. §. 1. supr. ad leg. Aquil.
(4) L. 1. §. ult. supr. h. t.

De concursû hujus, et aliarum actionum.

§. 2. Quamvìs autèm, rerum, subtractarum nomine, *servi corrupti* competat actio, tamèn et (1) *furti* agere possumus; ope enìm consiliovè sollicitatoris videntur res abesse (2). Nec sufficiet alterutrâ actione egisse : quiâ alteram non minuit. Idem et in eo, qui servum recepit, et celavit, et deteriorem fecit, Julianus scribit : sunt enìm diversa (3) maleficia furis, et ejus, qui deteriorem servum facit. Hoc ampliùs, et *condictionis* nomine tenebitur. Qamvìs enìm condictione hominem, pœnam autèm furti actione consecutus sit, tamèn et quod interest, debebit, consequi actione servi corrupti.

12. PAULUS, *lib.* 19. *ad edictum.*

Quià manet reus obligatus, etiàm rebus redditis.

13. ULPIANUS, *lib.* 23. *ad edictum.*

De tempore hujus actionis. De successoribus.

Hæc actio perpetua est : non temporaria : et heredi (4), cæterisquè successoribus competit : in heredem non dabitur, quià pænalis est.

De servo hereditario corrupto.

§. 1. Sed et si quis servum hereditarium cor-

---

(1) L. 16. in fin. infr. eod.
(2) L. 36. §. 2. infr. de furt.
(3) Fac. l. 2. §. pen. infr. de privat. delict. l. 4. C. de furt.

Du concours de cette action, et des autres actions.

§. 2. Quoique l'action qui dérive *de la corruption de l'esclave*, soit donnée dans le cas où l'esclave a détourné des effets appartenans à son maître, celui-ci peut cependant (1) intenter l'action du vol ; car il est censé en être privé par le secours et les conseils de celui qui les a donnés (2), et il lui est libre, s'il le veut, de ne pas se contenter de l'une ou de l'autre de ces deux actions, parce que l'une ne préjudicie pas à l'autre, et ne la diminue pas. Julien écrit qu'il en est de même à l'égard de celui qui a retiré un esclave, l'a caché, ou détérioré. Car il y a deux délits (3) : le vol commis par l'esclave, et la détérioration qu'il a soufferte. Il y aura de plus lieu à l'action appellée *condictio*, à l'effet de demander la chose volée. Car quoique le maître ait recouvré son esclave en vertu de l'action qu'il a pour se le faire rendre, et reçu, en vertu de l'action du vol, la somme à laquelle la punition du vol aura donné lieu, il pourra encore, par l'action qui provient de la corruption de l'esclave, recouvrer tout ce qu'il a intérêt de ne pas perdre ; c'est-à-dire, exiger des dommages et intérêts.

12. PAUL, *liv.* 19. *sur l'édit.*

Parce que le coupable reste toujours obligé, même après que les choses sont rendues.

13. ULPIEN, *liv.* 23. *sur l'édit.*

De la durée de cette action. Des successeurs.

Cette action est perpétuelle, et non pas donnée pour un tems limité ; elle passe à l'héritier (4) et aux autres successeurs ; elle n'est pas donnée contre l'héritier, parce qu'elle est pénale.

De l'esclave de la succession qui a été corrompu.

§. 1. Celui qui aura corrompu l'esclave de la succession, sera tenu de cette action. Il sera même tenu de l'action

---

(4) L. 8. supr. h. t.

ruperit, hâc actione tenebitur. Sed et petitione hereditatis, quasi prædo, tenebitur.

14. Paulus, *liv.* 19. *ad edictum.*

Ut tantùm veniat in hereditatis petitionem, quantùm in hanc actionem.

De filio familiás corrupto.

§. 1. De filio filiâvè familiás corruptis huic edicto locus non est : quià *servi corrupti* constituta actio est, qui in patrimonio nostro esset ; et pauperiorem se factum esse dominus probare potest, dignitate et famâ domûs integrâ manente. Sed utilis competit, officio judicis æstimanda : quoniàm interest nostrâ, animum liberorum nostrorum non corrumpi.

Si communis,

§. 2. Si servus communis, meus et tuus, proprium meum servum corruperit (1), Sabinus, non posse agi cum socio : perindè atquè si proprius meus servus corrupisset conservum. Item, si servus communis extraneum corruperit, videndum est, utrùm cum dobus agi debeat, an et cum singulis, exemplo cæterarum noxarum? Et magìs est, ut unusquisquè in solidum teneatur, altero autèm solvente, alterum liberari (2).

Vel fructuarius servus corruperit.

§. 3. Si is, in quo usumfructum habeo, ser-

---

(1) V. l. 27. §. 1. supr. ad leg. Aquil.

en demande d'hérédité, comme possesseur de mauvaise foi, s'il est actionné comme ayant recélé l'esclave.

14. PAUL, *liv.* 19. *sur l'édit.*

En sorte que le jugement rendu sur la demande en hérédité, contiendra les mêmes dispositions que celui qui a lieu dans cette action.

Du fils de famille qui a été corrompu.

§. 1. Cet édit ne concerne pas le fils ou la fille de famille qui auraient été corrompus, parce que l'action établie à l'occasion de la corruption d'un esclave, n'est admise que dans le cas où l'esclave qui a été corrompu, faisait partie des biens du maître, qui peut prouver que ce délit lui a été préjudiciable, sans cependant que l'honneur et la réputation de sa maison en aient souffert. Cependant on doit accorder dans ce cas une action utile, et le juge doit condamner le coupable à l'estimation du tort que nous avons souffert à cette occasion, parce que nous avons le plus grand intérêt à ce que l'esprit et le cœur de nos enfans ne soient pas corrompus.

Si l'esclave commun,

§. 2. Sabinus dit que si un esclave commun entre vous et moi a corrompu un esclave qui m'appartient en propre (1), je ne puis pas vous actionner, et que ce cas est le même que celui où l'un de mes propres esclaves aurait corrompu un de ses camarades. Nous avons à examiner si, dans l'hypothèse où un esclave commun entre deux personnes a corrompu l'esclave d'autrui, le maître de l'esclave corrompu, doit actionner les copropriétaires de l'esclave corrupteur, ou chacun en particulier, comme cela se fait dans les autres actions noxales. Il est plus à propos de dire que chaque maître est tenu solidairement, et que l'un payant l'autre, est libéré. (2)

Ou sujet à l'usufruit, a été coupable de la corruption.

§. 3. Si un esclave sur lequel j'ai l'usufruit, a corrompu

____

(2) L. 20. in pr. supr. de interrogat.

vum meum corruperit, erit mihi actio cum domino proprietatis.

De servo pignerato corrupto.

§. 4. Pignoris dati nomine debitor habet hanc actionem.

De duplo.

§. 5. In hâc actione non extrà rem duplum est: id enìm, quod damni datum est, duplatur (1).

De furto.

§. 6. His consequentèr et illud probatur, (ut), si servo meo persuaseris, ut Titio furtum faciat, non solùm in id teneris, quo deterior servus effectus est, sed et in id, quod Titio præstaturus sim.

De damno. De servo locato.

§. 7. Itèm non solùm, si mihi damnum dederit consilio tuo, sed etiàm si extraneo, eo quoquè nomine mihi teneris, quòd ego lege Aquiliâ obnoxius sim : aut si ex conducto (2) teneor alicui, quòd ei servum locavi, et proptèr te deterior factus sit, teneberis et hoc nomine. Et si qua talia sint.

De servo depretento,

§. 8. Æstimatio autèm habetur in hâc actione, quantì (3) servus vilior factus sit : quod officio judicis expedietur.

---

(1) V. l. 9. §. pen. supr. h. t.
(2) Adde l. 45. in fin. infr. locati.

un esclave qui m'appartient en propre, j'aurai action contre le maître de la propriété.

De l'esclave corrompu chez celui qui l'a en gage.

§. 4. Le débiteur peut exercer cette action, si l'esclave qu'il a donné en gage vient à être corrompu.

Du double.

§. 5. La condamnation au double ne peut s'étendre au-delà du dommage, car elle n'a lieu que pour le dommage qui a été causé. (1)

Du vol.

§. 6. Par conséquent si vous avez conseillé à mon esclave de voler Titius, vous serez responsable envers moi du tort que j'éprouve, non seulement parce que vous avez corrompu mon esclave, en lui donnant de mauvais conseils; mais vous serez encore tenu de m'indemniser de ce que j'aurai été obligé de payer à Titius, à l'occasion du vol que lui a fait mon esclave.

Du dommage. De l'esclave qui a été loué.

§. 7. De même vous êtes tenu envers moi non seulement lorsque j'ai éprouvé quelque dommage par l'effet des mauvais conseils que vous avez donnés à mon esclave, mais encore lorsque c'est un étranger qui en a souffert, parce qu'alors je suis soumis à l'action de la loi Aquilia; ou si je suis obligé envers quelqu'un en vertu de la location *ex con-ducto* (2), en ce que je lui ai loué un esclave que vous avez détérioré, vous serez tenu envers moi à cet égard. Il en est de même dans tous les autres cas semblables.

De l'esclave déprécié,

§. 8. On doit estimer dans cette action la perte que le maître de l'esclave a fait sous le (3) rapport de la valeur, et c'est au juge à déterminer et régler cette perte.

---

(3) L. 9. in fin. supr. h. t.

Vel facto inutili.

§. 9. Interdùm tamèn et inutilis sit, ut non expediat talem servum habere. Utrùm ergò et pretium cogitur dare sollicitator, et servum dominus lucrifaciat? An verò cogi debet dominus restituere servum, et pretium servi accipere? Et veriùs est, electionem domino dari : sivè servum detinere cupit, et damnum, quanti deterior servus factus est, in duplum accipere : vel, servo restituto, si copiam hujus rei habeat, pretium consequi; quòd si non habeat, pretium quidèm simili modo accipere debet, cedere autèm sollicitatori, periculo ejus, de dominio servi actionibus. Quod tamèn de restitutione hominis dicitur, tunc locum habet, cùm de homine vivo agitur. Quòd autèm si manumisso eo agatur, non facilè apud judicem audietur, dicendo, ideò se manumisisse, quoniàm habere noluerat domî : ut et pretium habeat, et libertum.

15. Gajus, *lib. 6. ad edictum provinciale.*

De contemplatione domini.

Corrumpitur animus servi, et si persuadeatur ei, ut dominum contemneret.

16. Alfenus (Varus) *lib. 2. Digestorum.*

De servo manumisso.

Dominus servum dispensatorem manumisit : posteà rationes ab eo accepit : et, cùm eis non constaret, comperit apud quandam mulierculam pecuniam eum consumpsisse : quærebatur, pos-

Ou devenu inutile.

§. 9. Il arrive cependant quelquefois que l'esclave a été corrompu au point qu'il n'y a nul intérêt pour le maître à le garder. Dans ce cas, celui qui a corrompu l'esclave sera-t-il tenu de payer en entier le prix de l'esclave, et le maître pourra-t-il le conserver, ou le maître à qui en aura payé la valeur entière de son esclave devra-t-il l'abandonner ? Il est plus vrai de dire que le choix doit être pleinement déféré au maître, et qu'il a la liberté de conserver son esclave et de recevoir le double du tort qu'il a éprouvé, ou de toucher le prix de l'esclave, en le remettant entre les mains de celui qui a été condamné, si toutefois il a la possibilité de le lui remettre. S'il n'a pas l'esclave entre les mains, il devra en recevoir le prix, sauf à lui, à céder l'action qu'il a pour recouvrer l'esclave, mais cette cession sera aux risques et périls de celui qui aura été condamné. Cependant ce que nous disons relativement à la restitution de l'esclave que le maître doit faire à celui qui a été condamné, ne doit s'entendre que du cas où l'esclave vit encore. S'il s'agissait d'un esclave que son maître aurait affranchi, celui-ci ne serait pas écouté s'il alléguait en justice qu'il ne l'a affranchi, que parce qu'il ne voulait pas le garder chez lui. Car si les choses étaient ainsi, il gagnerait le prix de l'esclave et les droits que le patron acquiert sur l'esclave qu'il affranchit.

15. GAJUS, *liv. 6. sur l'édit provincial.*

De la considération relative au maître.

Conseiller à un esclave de mépriser son maître, c'est corrompre son cœur et son esprit.

16. ALFENUS VARUS, *liv. 2. du Digeste.*

De l'esclave affranchi.

Un maître a affranchi un esclave qui faisait valoir son argent, ensuite il lui a demandé des comptes : mais comme ces comptes n'étaient pas en règle, il apprit que cet esclave avait dissipé l'argent chez une certaine femme. On demandait si le maître pouvait intenter contre cette femme l'action

setne agere servi corrupti cum eâ muliere, cùm is servus jàm liber esset ? Respondi posse (1) : sed etiàm (2) furti de pecuniis, quas servus ad eam detulisset.

17. MARCIANUS , *lib. 4. regularum.*

Si uxor conveniatur.

Servi corrupti nomine, et constante matrimonio, marito in mulierem datur actio : sed, favore nuptiarum, in simplum.

---

(1) L. 5. in fin. supr. eod.
(2) L. 11. §. ult. supr. eod.

à laquelle donne lieu la corruption d'un esclave, puisque cet esclave était libre? J'ai répondu (1) qu'il le pouvait, et que même il avait la faculté d'intenter l'action du vol (2) à cause de l'argent que l'esclave avait porté chez elle.

17. MARGIEN, *liv.* 4. *des règles.*

Si la femme est actionnée.

On accorde au mari contre sa femme, et pendant même l'existence du mariage, l'action qui a lieu dans le cas d'un esclave corrompu, mais par respect pour les liens du mariage, la condamnation est celle du simple.

TITULUS QUARTUS.

De fugitivis (1).

1. ULPIANUS, *lib.* 1. *ad edictum.*

De eo qui fugitivum celat.

Is, qui fugitivum celavit, fur est (2).

De his qui fugitivum admittunt aut protegunt, et de his qui reddunt vel exhibent.

§. 1. Senatus censuit : *ne fugitivi* (3) *admittantur in saltus : nequè protegantur à villicis, vel procuratoribus possessorum :* (et) *multam* statuit. *His autèm, qui intrà viginti dies fugitivos vel dominis reddidissent, vel apud magistratus exhibuissent, veniam in antè actum dedit.* Sed et *deinceps* eodem senatusconsulto *impunitas datur ei, qui intrà præstituta tempora, quàm reperit fugitivos in agro suo, domino vel magistratibus tradiderit.*

De fugitivo inquirendo,

§. 2. Hoc autèm senatusconsultum *aditum* (4) etiàm *dedit militi vel pagano, ad investigandum*

---

(1) Lib. 6. C. 1.
(2) L. 6. infr. ad leg. Fab. de plagiar.

TITRE QUATRE.

Des esclaves fugitifs (1).

1. ULPIEN, *liv.* 1. *sur l'édit.*

De celui qui recèle un esclave fugitif.

CELUI qui a récelé un esclave fugitif est un voleur (2)

*De ceux qui reçoivent et protègent les esclaves fugitifs,
et de ceux qui les rendent ou les représentent.*

§. 1. Le Sénat a décidé ce qui suit. « Les esclaves fugi-
» tifs ne pourront pas être reçus dans les terres (3), ni rece-
» voir protection de la part des fermiers des terres, ou des
» fondés de pouvoir des propriétaires, et il a prononcé *une
» amende* contre ceux qui enfreindraient cette ordonnance. »
» Quant à ceux qui dans les vingt jours rendront aux maîtres
» les esclaves fugitifs ou les représenteront devant le ma-
» gistrat, le sénat a ordonné qu'ils n'encourraient aucune
» peine pour le passé. Le même sénatus consulte accorde
» l'impunité à celui qui dans le tems marqué, aura rendu
» au maître, ou représenté devant le magistrat les esclaves
» fugitifs qu'il aura trouvé dans son champ. »

De l'esclave fugitif qui doit être recherché,

§. 2. Le même sénatus consulte (4) permet à tout *militaire*
ou *particulier* d'aller *sur les terres des sénateurs*, *et des*

(3) L. 12. C. de agricolis.
(4) L. 3. in fin. infr. h. t.

fugitivum in prœdia senatorum vel paganorum.
Cui rei etiàm lex Flavia prospexerat, et senatusconsultum Modesto consule factum, *ut fugitivos
inquirere volentibus litteræ* (1) *ad magistratus
dentur : multa etiàm centum solidorum in magistratus statuta, si litteris acceptis, inquiren-
tes non adjuvent. Sed et in eum, qui quœri apud
se prohibuit, eadem pœna statuta.* Est etiàm
generalis epistola divorum Marci et Commodi,
quâ declaratur, et præsides, et magistratus, et
milites stationarios dominum adjuvare debere (in)
inquirendis fugitivis, et ut inventos redderent,
et ut hi, apud quos delitescant, puniantur, si
crimine contingantur.

Et in publicam deducendo,

§. 3. Unusquisquè eorum, qui fugitivum ad-
prehendit, in publicum deducere debet.

Et custodiendo.

§. 4. Et méritò monentur magistratus, eos
diligentèr custodire, ne evadant.

Qui dicantur fugitive.

§. 5. *Fugitivum* accipe, et si quis erro sit.
Fugitivi autèm appellatione, ex fugitivâ natum
non contineri, Labeo, lib. 1. ad edictum scribit.

Quid sit in publicum deducere.

§. 6. *In publicum deduci* intelliguntur, qui
magistratibus municipalibus traditi sunt, vel
publicis ministeriis.

____

(1) D. 1. 5. in pr.

particuliers pour y *faire la recherche d'un esclave fugitif.*
La loi Flavia, et le sénatus consulte passé sous le consulat
de Modestus avaient ordonné la même chose. Cette loi, et ce
sénatus consulte portaient *que ceux qui voudraient recher-*
» *cher un esclave fugitif, obtiendraient des lettres adressées*
» *aux magistrats de l'endroit* (1) : Que le magistrat qui sur
» l'exhibition de ces lettres refuserait de prêter main forte
» pour cette recherche, payerait cent pièces d'or, en forme
» d'amende. La même peine était prononcée contre celui qui
» s'opposerait à ce que l'on recherchât l'esclave chez lui,
» ou sur ses propriétés.» Il y a pareillement un rescrit des empereurs Marc et Commode qui enjoint aux gouverneurs des
provinces, aux magistrats, et aux troupes stationées dans
l'endroit, de prêter main forte en cas de recherche d'esclaves fugitifs, toutes les fois que besoin en sera, de les
rendre à leurs maîtres lorsqu'ils seront trouvés, et de
punir ceux qui les ont cachés chez eux, s'ils sont con-
vaincus d'être l'auteur de leur fuite.

Et qui doit être conduit devant le magistrat,

§. 3. Quiconque s'est saisi d'un esclave fugitif doit le
conduire devant le magistrat chargé de l'autorité publique.

Et gardé sévèrement.

§. 4. Les magistrats sont obligés, et avec raison, de
veiller à ce qu'ils ne s'échappent pas.

Qui sont ceux que l'on regarde comme fugitifs.

§. 5. On entend par esclave *fugitif*, celui qui erre de côté
et d'autre comme un vagabon. Labéon au livre premier sur
l'édit, écrit que l'enfant né d'une esclave fugitive, n'est
pas compris sous cette dénomination.

Ce que c'est que de conduire devant le magistrat.

§. 6. Les esclaves fugitifs sont *censés être traduits devant*
l'autorité publique, lorsqu'ils sont livrés aux magistrats municipaux et aux officiers publics.

De fugitivo custodiendo ,

§. 7. Diligens custodia etiàm vincire per-
mittit.

*Et ad magistratum deducendo, ejus nomine, notis et
domino edendis.*

§. 8. Tamdiù autèm custodiuntur, quamdiù
ad præfectum Vigilum (1) , vel ad præsidem de-
ducantur : eorumque nomina, et notæ, et cujus
se quis esse dicat, ad magistratus deferantur :
ut faciliùs adgnosci et percipi fugitivi possint.
Notæ autèm verbo etiàm cicatrices continentur.
Idem juris est, si hæc in scriptis publicè vel in
ædes proponas.

2. **Callistratus**, *lib. 6. cognitionum.*

Pæna fugitivi.

Fugitivi simplices dominis reddendi sunt. Sed
si pro libero se gesserunt, (2) graviùs coërceri
solent.

3. **Ulpianus**, *lib. 7. de officio proconsulis.*

De fugitivo inquirendo.

Divus Pius rescripsit, eum, qui fugitivum vult
requirere in prædiis alienis, posse adire præsidem, litteras (3) ei daturum, et, si ità res exegerit,
apparitorem quoquè, ut ei permittatur ingredi,
et inquirere : et pœnam eundem præsidem in eum
constituere, qui inquiri non permiserit. Sed et

---

(1) L. ult. in fin. supr. de offic. præfect. vigil.
(2) L. 5. in fin. pr. infr. de manumiss.

De l'esclave qui doit être gardé étroitement,

§. 7. Comme les magistrats sont tenus de les garder **avec** soin, ils peuvent les faire mettre à la chaîne.

Et traduit devant le magistrat, de son nom, et des notes que le maître est obligé de fournir à son sujet.

§. 8. On les garde ainsi jusqu'à ce qu'ils soient traduits devant les préfets des villes (1), ou le gouverneur de la province, et que l'on ait donné leurs noms, leur signalement, et le nom de celui à qui il disent appartenir, afin que ces esclaves puissent être plus facilement reconnus et revendiqués. Dans *leur signalement*, on doit désigner les cicatrices qu'ils portent. Il en est de même si tout cela est constaté par écrit ou si les esclaves sont gardés dans des maisons particulières.

2. CALLISTRATE, *liv. 6. des connoissances.*

Peine portée contre l'esclave fugitif.

Les esclaves simplement fugitifs doivent être rendus à leurs maîtres, mais s'ils se sont donnés pour libres, ils doivent être punis avec plus de sévérité (2).

3. ULPIEN, *liv. 7. des fonctions du proconsul.*

De l'esclave fugitif qui doit être recherché.

L'empereur Antonin, a déclaré dans un rescrit, que celui qui voulait rechercher un esclave fugitif sur les terres d'autrui, devait aller trouver le gouverneur de la province, qui lui remettrait des lettres à cet effet, (3) que même si le cas le requérait, on lui donnerait un appariteur, un sergent, afin qu'il lui fût permis d'entrer et de faire sa recherche; que le gouverneur de la province serait autorisé à prononcer une peine contre celui qui se serait opposé à la

---

(3) L. 1. §. 2. supr. h. t.

divus Marcus oratione, quam in senatû recitavit;
facultatem dedit ingrediendi tàm Cæsaris, quàm
senatorum (1) et paganorum prædia volentibus
fugitivos inquirere : scrutariquè cubilia, atquè
vestigia occultantium.

4. PAULUS, *lib.* 1. *sententiarum.*

De fugitivo custodiendo, et ad præsidem transferendo.

Limenarchæ, et stationarii fugitivos deprehen-
sos rectè in custodiâ retinent. Magistratus mu-
nicipales ad officium præsidis provinciæ, vel
proconsulis comprehensos fugitivos rectè trans-
mittunt.

5. TRYPHONINUS, *liv.* 1. *disputationum.*

Si fugitivus in arenam se dederit.

Si in arenam fugitivus servus se dederit, ne
isto quidèm periculo discriminis vitæ tantùm sibi
irrogato potestatem domini evitare poterit. Nàm
Divus Pius rescripsit, omnimodò eos dominis
suis reddere, sivè antè pugnam ad bestias, sivè
post (pugnam) : quoniàm interdùm, aut pecuniâ
interversâ, aut commisso aliquo majore maleficio,
ad fugiendam inquisitionem, vel justitiam ani-
madversionis, in arenam se dare mallent. Reddi
ergò eos oportet.

---

(1) D. §. 2.

recherche de l'esclave. Mais l'empereur Marc dans un discours prononcé au sénat, a permis à ceux qui recherchent leurs esclaves fugitifs, d'entrer sur les terres des princes, ainsi que sur celles des sénateurs et des autres citoyens (1), de faire des recherches dans l'intérieur de leurs maisons, en un mot dans tous les endroits qui peuvent offrir une retraite.

4. PAUL, *liv.* 1. *des sentences.*

De l'esclave qui doit être gardé à vue et traduit devant le président.

Les intendans et les gardes des ports doivent garder les esclaves fugitifs et les retenir en prison. Les magistrats municipaux doivent les renvoyer lorsqu'ils sont pris, devant le gouverneur de la province, ou le proconsul.

5. TRYPHONINUS, *liv.* 2. *des disputes.*

Si un esclave fugitif se livre pour combattre dans l'arène.

Si un esclave fugitif se donne pour combattre dans l'arène, il ne pourra se soustraire à la puissance de son maître, même en exposant sa vie à un aussi grand danger. Car l'empereur Antonin a déclaré dans un rescrit que les esclaves fugitifs doivent être rendus à leurs maîtres, soit avant, soit après avoir combattu dans l'arène contre les bêtes féroces ; parce que quelquefois les esclaves pourraient beaucoup mieux aimer combattre dans l'arène, que de retomber sous la puissance de leurs maîtres, et ce pour échapper à la recherche que l'on ferait de leurs personnes, et éviter par là la punition qu'ils mériteraient, soit pour avoir volé de l'argent, soit pour avoir commis quelqu'autre crime. Ils doivent donc être rendus à leurs maîtres.

TITULUS QUINTUS.

De aleatoribus (1).

~~~~~~~~~~

4. ULPIANUS, *lib. 23. ad edictum.*

Edictum.

PRÆTOR ait : *Si quis eum, apud quem alea lusum esse dicetur, verberaverit, damnumvè ei dederit, sivè quid eo tempore dolo ejus subtractum est, judicium non dabo. In eum, qui aleæ ludendæ causâ vim intulerit, uti quæque res erit, animadvertam.*

De mutuis rapinis collusorum.

§. 1. Si rapinas fecerint inter se collusores, vi bonorum raptorum non denegabitur actio : *susceptorem* enim duntaxàt prohibuit vindicari, non et collusores, quamvìs et hi indigni videantur.

De loco et tempore.

§. 2. Itèm notandum, quod susceptorem, *verberatum* quidèm *et damnum passum*, ubicunquè et quandòcunquè non vindicat ; verùm furtum factum domî, et eo tempore, quo alea ludeba-

____
(1) Lib. 3. C. 43.
~~~~~~~~~~

TITRE CINQ.

Des jeux de hasard (1).

~~~~~~~~

1. ULPIEN , *liv.* 23 *sur l'édit.*

Édit.

Ainsi s'exprime le Préteur. « Si quelqu'un a frappé celui
» qui tient une maison de jeux de hasard, ou lui a fait
» éprouver quelque dommage, ou si le maître de ces jeux
» prétend, que pendant que l'on jouait il lui a été volé quel-
» que chose, je n'accorderai pas d'action dans ce cas. Je
» sévirai également contre celui qui aura employé la violence
» pour forcer quelqu'un à jouer à ces sortes de jeux. »

Du vol que commettent mutuellement les joueurs.

§. 1. Si les joueurs se sont volés entre eux quelque chose,
on ne leur refusera pas l'action qui dérive de l'envahissement
par violence du bien d'autrui. Car l'édit ne refuse protection qu'à celui qui donne à jouer, et non pas aux joueurs
quoique ceux-ci en soient en quelque sorte indignes.

Du lieu et du tems.

§. 2. Il y a de même à faire ici cette remarque, c'est
que l'édit porte que celui qui donne à jouer n'aura aucune
action, s'il vient à *être battu*, ou s'il *éprouve quelque tort*
quelque part que ce soit, et n'importe en quel tems; mais
le vol fait dans sa maison, et dans le tems ou on jouait aux
jeux de hazard, quoique fait par tout autre que par un
~~~~~~~~

tur, licèt lusor non fuerit, qui quid eorum fecerit, impunè fit. *Domum* autèm pro habitatione et domicilio (1) nos accipere debere, certum est.

Quæ actionem furto facto negantur.

§. 3. Quod autèm Prætor negat, *se furti actionem daturum*, videamus, utrum ad pœnalem actionem solam pertineat : an et si ad exhibendum velit agere, vel vindicare, vel condicere? Et est relatum apud Pomponium, solummodò pœnalem actionem denegatam. Quod non puto verum : Prætor enim simplicitèr ait : *si quid subtractum erit, judicium non dabo.*

De eo qui cumpulit ludere.

§. 4. *In eum*, inquit, *qui aleæ ludendæ causâ vim intulerit, uti quæquè res erit, animadvertandam.* Hæc clausula pertinet ad animadversionem ejus, qui compulit ludere, ut aut multâ multetur, aut in lautumias, vel in vincula publica ducatur.

2. PAULUS, *lib.* 19. *ad edictum.*

De ludis tàm concessis, quàm vetitis.

Solent enìm quidàm et cogere ad lusum, vel ab initio, vel victi, dùm retinent.

§. 1. Senatusconsultum vetuit in pecuniam ludere : præterquàm si quis certet hastâ, vel pilo jaciendo, vel currendo, saliendo, luctando, pugnando; quod virtutis causâ fiat.

____

(1) L. 5. §. 2. infr. de injur. l. 8. in fin. l. 22. §. 1. infr. ad leg. Jul. de adult. §. 8. vers. domum. Inst. de injur.

joueur est impuni. Il est constant que l'on doit entendre ici par le mot *maison* l'endroit qu'il habite, et ou il fait son domicile. (1)

Quelle action le Préteur refuse en cas de pareil vol.

§. 3. Examinons si, lorsque le Préteur dit qu'il *refusera l'action du vol à ces sortes de gens*, si ce refus concerne seulement l'action pénale, ou si elle est relative aux actions en vertu desquelles on peut demander la représentation de la chose volée, ou la revendiquer, ou en un mot se la faire rendre. On lit dans Pomponius qu'il n'y a que l'action pénale qui soit refusée. Mais je ne suis pas de cet avis ; car le Préteur dit simplement : *je ne donnerai pas d'action dans le cas où il y aura quelque chose de volé.*

De celui qui en a contraint un autre à jouer.

§. 4. Il ajoute « *je sévirai contre celui qui aura employé* « *la violence pour forcer quelqu'un à jouer aux jeux de* « *hasard.* Cette disposition de l'édit concerne la punition de celui qui a forcé un autre à jouer à un jeu de hasard, afin qu'il soit ou puni d'une amende, ou qu'il soit conduit en prison.

2. PAUL, *liv.* 19. *sur l'édit.*

Des jeux tant permis que défendus.

Car il est des gens qui ont coutume de forcer les autres à jouer, soit au commencement, soit à la fin du jeu ; c'est-à-dire qui les retiennent pour prendre leur revanche.

§. 1. Il existe un senatusconsulte qui défend de jouer de l'argent à d'autres jeux que ceux du javelot, de la course, du saut, de la lutte, ou du combat du ceste. La raison est que ces jeux sont un exercice qui dénote de l'adresse et du courage.

3. Marcianus, *lib. 5. regularum.*

(In) quibus rebus ex lege Titiâ, (et Publiciâ) et Corneliâ etiàm sponsionem facere licet. Sed ex aliis, ubi pro virtute certamén non fit, non licet.

4. Paulus, *lib.* 19. *ad edictum.*

Quod in convivio, vescendi causâ ponitur, in eam rem familiæ ludere permittitur.

Si servus aut filius familiâs luserit.

§. 1. Si servus, vel filius familiâs victus fuerit, patri, vel domino competit repetitio. Itèm si servus acceperit pecuniam, dabitur in dominum de peculio actio, non noxalis : quià ex negotio gesto agitur. Sed non ampliùs cogendus est præstare, quàm id, quod ex eâ re, in peculio sit.

De parente et patrono.

§. 2. Adversùs parentes et patronos repetitio ejus, quod in aleâ lusum est, utilis ex hoc edicto danda est,

3. MARCIEN, *liv. 5. des règles.*

D'après les lois Titia, Publicia, et Cornelia, il est permis de faire des gageures à ces sortes de jeux. Mais dans tous autres où les joueurs ne peuvent faire preuve de leur courage et de leur adresse, la chose n'est pas permise.

4. PAUL, *liv. 17. sur l'édit.*

Il est permis à des esclaves de jouer entre eux à qui gagnera le repas qui leur a été donné pour se nourrir.

Si l'esclave ou le fils de famille a joué.

§. 1. Si un esclave ou un fils de famille a perdu de l'argent au jeu, le père ou le maître pourra en obtenir la restitution. De même si un esclave a reçu de l'argent, on intentera contre le maître l'action du pécule, et non l'action noxale, parce que dans ce cas il est question de gestion d'affaires, c'est-à-dire, d'affaire faite par l'esclave au profit de son maître, mais on ne peut le forcer à donner plus qu'il ne se trouve dans le pécule.

Du père et du patron.

§. 2. Cet édit accorde une action utile aux parens et aux patrons pour répéter l'argent que leurs fils, ou leurs esclaves ont perdu aux jeux de hasard.

TITULUS SEXTUS.

Si mensor falsum modum dixerit.

1. ULPIANUS, *lib.* 24. *ad edictum.*

ADVERSUS mensorem agrorum Prætor in factum actionem proposuit, à quo falli nos non oportet. Nàm interest nostrâ, ne fallamur in modi renunciatione : si forté vel de finibus contentio sit, vel emptor scire velit, vel venditor, cujusmodi ager veneat. Ideò autèm hanc actionem proposuit, quià non crediderunt veteres intèr talem personam locationem (et conductionem) esse, sed magis operam beneficii loco præberi : et id, quod datur, ei ad remunerandum dari, et indè *honorarium* appellari. Si autèm ex locato (conducto) fuerit actum, dicendum erit, nec tenere intentionem.

De dolo, culpâ, imperitiâ mensoris.

§. 1. Hæc actio *dolum malum* duntaxàt exigit : visum est enìm, satìs abundèque coërceri mensorem, si dolus malus (solus) conveniatur ejus hominis, qui civilitèr obligatus non est. Proindè, si imperitè versatus est, sibi (1) imputare debet,

---

(1) §. 3. in fin. Inst. quib. mod. re contrab. oblig. §. ult. in fin. Inst. de societat.

TITRE SIX.

De l'arpenteur qui dresse un faux rapport.

1. ULPIEN, *liv.* 24. *sur l'édit.*

L E Préteur a établi une action expositive du fait contre les arpenteurs par lesquels on ne doit pas être trompé. Car nous avons le plus grand intérêt à ce que nous ne soyons pas trompés dans les rapports qu'ils font, lorsque, par exemple, les parties sont en procès pour raison de bornage de terres, ou qu'un acquéreur, ou un vendeur veut savoir quelle est la contenance d'un champ qu'il est question d'acheter ou de vendre. Or il a établi cette action, parce que les anciens n'avaient pas pensé qu'un arpenteur fût un homme qui pût tirer parti et avantage de ses peines, mais qu'ils regardaient ses opérations comme un effet de sa bienveillance, et de son amitié, pour les personnes à qui il rendait ce service. Ainsi ce que l'on donne à l'arpenteur pour le récompenser de ses peines, s'appelle *honoraire*. Si même on veut intenter contre lui l'action qui dérive du loyer *ex locato*, la procédure est nulle.

Du dol, de la faute, et de l'ignorance de l'arpenteur.

§. 1. On ne peut, par cette action, que poursuivre la *mauvaise foi* de l'arpenteur. Car on a pensé que c'était user d'une assez grande sévérité contre l'arpenteur, que de punir la mauvaise foi d'un homme qui n'est pas obligé civilement; par conséquent si l'arpenteur commet quelques fautes par ignorance, celui qui l'aura employé devra s'imputer à lui-même de s'être servi d'un tel homme. (1) L'arpenteur ne sera pas même responsable de sa négligence.

qui eum adhibuit : sed et si negligentèr, æquè mensor securus erit; latâ culpâ planè dolo comparabitur (1). Sed et si mercedem accepit, non omnem culpam eum præstare , proptèr verba edicti : utiquè enìm scit Prætor, et mercede eos intervenire.

De renunciatione.

§. 2. Is autèm tenetur hâc actione, qui *renunciavit*. Sed renunciasse et eum accipere debemus, qui per alium renunciavit.

2. PAULUS, *liv*. 25. *ad edictum*.

Vel per litteras.

De dolo ejus cui mensor mandavit.

§. 1. Sed si ego tibi, cùm esses mensor, mandaverim, ut mensuram agri ageres, et tu id Titio delegaveris, et ille dolo (malo) quid in eâ re fecerit: tu teneberis, quià dolo malo versatus es, qui tali homini credidisti.

3. ULPIANUS, *liv*. 24. *ad edictum*

De dolo plurium mensorum.

Si duobus mandavero, et ambo dolosè fecerint, adversùs singulos in solidum agi poterit : sed altero convento, si satisfecerit, in alterum actionem denegari oportebit.

De eo cujus interest.

§. 1. Competit autèm hæc actio ei, cujus in-

---

(1) L. 29. in pr. infr. mandati l. 8. §. 3. infr. de precario. l. 226. infr. de verb. sign.

Une faute grave tiendra lieu de mauvaise foi. (1) Mais s'il a reçu une récompense il n'est pas responsable de toutes les fautes qu'il peut avoir commis, à cause de ces termes de l'édit ; car le Préteur ne doute nullement que les arpenteurs ont coutume de recevoir des honoraires.

Du rapport.

§. 2. L'arpenteur infidèle dans son rapport est tenu de cette action. Nous devons le regarder comme ayant fait à cet égard son rapport lui-même, même dans le cas où il le transmet par le ministère d'un autre.

2 PAUL, *liv.* 25. *sur l'édit.*

Ou par lettres.

De la mauvaise foi de celui sur qui l'arpenteur s'est déchargé de l'opération de l'arpentage.

§. 1. Si je vous ai chargé en votre qualité d'arpenteur de mesurer un champ, et que vous vous soyez déchargé de ce soin sur Titius, si celui-ci s'en est acquitté avec mauvaise foi, vous serez tenu de cette action, parce que l'on peut vous taxer de mauvaise foi, pour en avoir chargé un autre.

3. ULPIEN, *liv.* 24. *sur l'édit.*

Du dol de plusieurs arpenteurs.

Si j'ai chargé deux arpenteurs, que tous deux aient agi de mauvaise foi, je pourrai les actionner chacun séparément, mais si celui que j'ai actionné le premier me satisfait, je n'aurai plus d'action contre l'autre.

De celui qui a un intérêt.

§. 1. Cette action appartient à celui qui avait intérêt à ce que l'arpenteur ne fît pas un faux rapport, c'est-à-dire à

terfuit falsum modum renunciatum non esse , hoc est , vel emptori, vel venditori , cui renunciatio offuit.

Si emptor ,

§. 2. Pomponius tamén scribit, si emptor plùs dederit venditori proptèr renunciationem , quià condicere potest quod plùs dedit, agi cum mensore non posse : nihil enìm emptoris interesse , cùm possit condicere ; nisì solvendo venditor non fuit : tunc enim mensor tenebitur. (1)

Aut venditor plùs dederit.

§. 3. Sed si venditor majorem modum tradiderit fraudatus a mensore , consequentèr dicit Pomponius , non esse actionem adversùs mensorem : quià est ex vendito actio adversùs emptorem ; nisì et hic emptor solvendo non sit.

De mensore proptèr judicium adhibito.

§. 4. Idem Pomponius scribit , si proptèr judicium adhibitus mensor fraudaverit me in renunciatione, teneri eum , si ob hoc de judicio minùs tuli. Planè si à judice adhibitus, contrà me renunciaverit dolo malo, dubitat, an teneri mihi debeat. Quod magìs admittit. (2)

De successoribus.

§. 5. Hanc actionem heredi , similibusquè personis dandam , Pomponius scribit. Sed in heredem , similesquè personas denegandam , ait.

---

(1) Adde l. 5. §. 1. iufr. h. t.

l'acquéreur ou au vendeur, à qui le faux rapport a été préjudiciable.

Si l'acheteur,

§. 2. Cependant Pomponius écrit que si à cause du rapport, l'acquéreur a plus donné au vendeur qu'il ne lui eût donné sans cela, au moyen de ce qu'il a une action pour répéter ce qu'il a donné de trop, il ne pourra pas actionner l'arpenteur ; car il importe peu à l'acquéreur d'avoir cette action , puisqu'il peut le répéter de son vendeur, à moins que celui-ci ne fût insolvable; car alors il aurait son recours contre l'arpenteur. (1)

Ou le vendeur a plus donné.

§. 3. Mais si le vendeur trompé par l'arpenteur a livré une plus grande étendue de terrein, Pomponius dit par une conséquence de ce qui vient d'être avancé plus haut, qu'il n'a pas d'action contre l'acquéreur , parce qu'il a pour lui l'action qui dérive de la vente *ex vendito* , à moins que l'acquéreur ne fût insolvable.

De l'arpenteur nommé d'office.

§. 4. Le même Pomponius écrit que , si un arpenteur nommé par mon adversaire et moi m'a trompé par son rapport infidèle , il est tenu envers moi si le juge, en raison de ce rapport, m'a moins accordé que je n'avais droit d'avoir. Mais il doute , si l'arpenteur que le juge a nommé, ayant fait un faux rapport par mauvaise foi , est tenu envers moi. Il penche cependant pour l'affirmative. (2)

Des successeurs.

§. 5. Le même jurisconsulte écrit que cette action doit être accordée à l'héritier , et aux autres successeurs, mais il ajoute en même tems qu'elle n'est pas donnée contre l'héritier , et ceux qui lui succèdent.

---

(2) Adde l. 18. §. 3. supr. de dolo malo.

De servo mensore.

§. 6. Servi autèm nomine magis noxale , quàm de peculio, competere ait : quamvis civilis actio de peculio competat.

4. PAULUS , *liv.* 25 *ad edictum.*

De tempore hujus actionis.

Hæc actio perpetua est : quià initium rei non à circumscriptione, sed à suscepto negotio originem accepit.

5. ULPIANUS , *liv.* 24. *ad edictum.*

De renunciatione dilatâ.

Si mensor non falsum modum renunciaverit, sed traxerit renunciationem , et ob hoc evenerit, ut venditor liberetur, qui adsignaturum se modum intrà certum diem (1) promisit : hæc actio locum non habet. Sed nec dari utilem debere, Pomponius ait. Erit ergò ad actionem de dolo decurrendum.

Si cum venditore actum sit.

§. 1. Si, cùm falsus modus renunciatus esset, emptor cum venditore ex empto egisset : agere poterit etiàm cum mensore. Sed , si nihil ejus interest, condemnari mensorem non oportet. Quòd si non de toto modo, qui deerat , cum venditore egerit , sed de minore : consequentèr scribit Pomponius, de residuo cum mensore agi posse.

____

(1) Adde l. 40. in pr. infr. de contrab. empt.

De l'esclave arpenteur.

§. 6. Si le délit en cette matière a été commis par un arpenteur esclave, suivant le même jurisconsulte, l'action dans ce cas est plutôt noxale que péculiaire, quoiqu'il y ait d'ailleurs une action civile sur le pécule de l'esclave.

4. PAUL, *liv.* 25. *sur l'édit.*

De la durée de cette action.

Cette action est perpétuelle, parce qu'elle tire son origine non pas du commencement de la mauvaise foi, mais du moment ou l'arpentage a été fait.

5. ULPIEN, *liv.* 24. *sur l'édit.*

Du rapport différé.

Si l'arpenteur n'a pas fait un faux rapport, mais qu'il ait différé de le faire, et que cette prolongation ait été cause que le vendeur qui s'était engagé (1) à fournir dans un certain délai l'état des biens, se trouve par-là déchargé de son obligation, il n'y a pas lieu dans ce cas à cette action. Pomponius, dit que l'on ne doit pas même accorder l'action utile. Il faudra donc recourir à l'action de la mauvaise foi.

Si on a actionné le vendeur.

§. 1. Quoique l'acheteur intente l'action de la vente *ex empto* contre le vendeur, pour se faire rendre l'excédent de la somme qu'il lui a payée induement, parce que l'arpenteur a fait un rapport infidèle, il peut cependant toujours former sa demande contre l'arpenteur. Mais si l'acheteur n'a nul intérêt à le faire, on ne devra pas condamner l'arpenteur. S'il n'a pas actionné le vendeur pour la totalité de la mesure qui lui manquait, mais seulement pour une partie, il pourra attaquer l'arpenteur pour le reste, c'est l'avis de Pomponius.

In quibus rebus hæc actio locum habet.

§. 2. Hoc judicium latiùs Prætor porrexit; nàm, et si cujus alteriûs rei mensuram falsam renunciavisse dicetur, hæc actio competit. Proindè, si in ædificii mensurâ fefellit, vel (in) frumenti, vel (in) vini;

6. PAULUS, *liv.* 24. *ad edictum.*

Sivè de itineris latitudine, sivè de servitute immittendi projiciendiquè quæratur, sivè aream, vel tignum, vel lapidem metiendo mentitus fuerit.

7. ULPIANUS, *liv.* 24. *ad edictum.*

Vel cujus alteriûs rei : tenebitur.

De mensore machinario.

§. 1. Et si mensor machinarius fefellerit, hæc actio dabitur.

De non mensore.

§. 2. Necnon illud quoquè Pomponius dicit, etiàm in eum, qui mensor non fuit, fefellit, tamèn in modo, competere hanc actionem.

De architecto redemptore.

§. 3. Hoc exemplo etiàm adversùs architectum (actio) dari debet, qui fefellit : nàm et Divus Severus, adversùs architectum et redemptorem actiones dandas, decrevit.

De tabulario.

§. 4. Ego etiàm adversùs tabularium puto actiones dandas, qui in computatione fefellit.

Pour quelles choses cette action a lieu.

§. 2. Le Préteur a donné plus d'étendue à cette action, car il a déclaré qu'il y avait lieu à cette action contre l'arpenteur, en cas de rapport infidèle en toute autre matière que celle de l'arpentage. Par conséquent, il y est donc soumis, s'il a fait un faux rapport à l'égard du toisé d'une maison, ou du mesurage de bled, ou de vin.

6. PAUL, *liv.* 24. *sur l'édit.*

Ou lorsqu'il s'agit de la largeur d'un chemin, ou de constater le droit que quelqu'un prétend avoir de faire porter sa poutre sur le mur de son voisin, de faire des avances sur lui, ou lorsqu'il a fait un faux rapport en toisant un terrein propre à bâtir, ou une poutre, ou une pierre.

7. ULPIEN, *liv.* 24. *sur l'édit.*

Ou de toute autre chose.

De l'arpenteur qui se sert d'un instrument faux.

§. 1. Cette action aura lieu contre l'arpenteur qui pour opérer, se sera servi de faux instrumens.

De celui qui n'est pas arpenteur.

§. 2. Pomponius dit qu'elle a également lieu contre quiconque fait un faux rapport en mesurant, encore même qu'il ne soit pas arpenteur.

De l'architecte entrepreneur de bâtimens.

§. 3. D'où il suit que cette action doit être accordée contre un architecte qui a trompé, car l'empereur Severe a décrété que l'on doit donner action contre l'architecte et les entrepreneurs.

De celui qui a fait le compte.

§. 4. Pour moi je pense que cette action a également lieu contre celui qui étant chargé de dresser un compte, l'aura rédigé avec mauvaise-foi, et dans l'intention de tromper.

TITULUS SEPTIMUS.

De religiosis (1), et sumptibus funerum, et ut funus ducere liceat.

1. ULPIANUS, *liv.* 10 *ad edictum.*

QUI propter funus aliquid impendit, cum defuncto contrahere creditur, non cum herede.

2. IDEM, *liv.* 15. *ad edictum.*

De servo sepulto.

Locum, in quo servus sepultus est, religiosum esse, Aristo ait.

De illatione in locum alienum. De fructuario. De socio.

§. 1. *Qui mortuum in locum alienum intulit, vel inferre curavit, tenebitur in factum actione. In locum alterius* accipere debemus, sivè in agro, sivè in ædificio (2). Sed hic sermo *domino* dat actionem, non bonæ fidei possessori. Nàm cùm dicat, *in locum alterius,* apparet de domino eum sentire, id est, eo, cujus locus est. Sed et fructuarius inferendo tenebitur domino

---

(1) Lib. 3. C. 44.

TITRE SEPT.

Des lieux consacrés à la sépulture (1), des frais funéraires, et de la liberté des sépultures.

~~~~~~~~

1. ULPIEN, *liv.* 10. *sur l'édit.*

Celui qui fait quelque dépense pour la sépulture d'un mort, est censé contracter avec le défunt, et non avec son héritier.

2. LE MEME, *liv.* 25. *sur l'édit.*

De l'inhumation d'un esclave.

Ariston dit que l'endroit où un esclave a été enterré, est religieux.

Du dépôt d'un mort dans le terrein d'autrui. De l'usufruitier. De l'associé.

§. 1. *Celui qui aura enterré, ou fait enterrer un mort dans le terrein d'autrui, sera soumis à une action expositive du fait.* Par ce mot *terrein d'autrui* nous devons entendre un champ, ou une maison (2). Mais cette ordonnance ne donne action qu'au maître de la propriété, et non au possesseur de bonne-foi, car en employant l'expression, du *terrein d'autrui*, elle donne à entendre, qu'elle a voulu désigner le maître du lieu dans lequel le mort a été enterré. L'usufruitier même qui fait enterrer un mort dans le terrein sujet à l'usufruit, serait tenu de cette action envers le maître

____

(a) Adde l. 7. §. 1. l. 8. §. 3. infr. h. t.
~~~~~~~~

proprietatis, an et socius teneatur, si ignorante socio intulerit, tractari potest ? Est tamèn veriùs, familiæ eriscundæ, vel communi dividundo, conveniri eum posse.

Edictum de eo qui mortuum ossave intulit quò non debuit.

§. 2. Prætor ait : *sivè homo mortuus , ossave hominis mortui, in locum purum alteriâs, aut in* (id) *sepulchrum, in quo jus non fuerit, illata esse dicuntur : qui hoc fecit , in factum actione tenetur, et pœnæ pecunariæ subjicietur.*

De finitio illationis.

§. 3. De eâ autèm *illatione* Prætor sensit, quæ sepulturæ causâ fit.

Loci puri.

§. 4. *Purus* autèm *locus* (1) dicitur, qui nequè sacer, nequè sanctus (est), nequè religiosus : sed ab omnibus hujusmodi nominibus vacare videtur.

Sepulchri.

§. 5. *Sepulchrum* est (2), ubi corpus ossave hominis condita sunt. Celsus autèm ait : non totus , qui sepulturæ destinatus est, locus religiosus fit , sed quatenùs (3) corpus humatum est.

Monumenti.

§. 6. *Monumentum* est (4), quod memoriæ servandæ gratiâ existat.

____

(1) L. 1. §. 2. infr. tit. prox. l. 6. §. 6. supr. communi divid. add. l. 6, in fin. infr. l. 2. l. 9. C. h. t.

de la propriété. On peut agiter la question de savoir si l'associé, qui à l'insçu de son coassocié, a fait inhumer un cadavre dans un terrein commun, est soumis à cette action envers son coassocié? On peut répondre avec raison qu'il y a lieu dans ce cas à l'action en partage de succession, ou en division d'une chose commune.

Édit relatif à celui qui a déposé le corps ou les ossemens de quelqu'un dans un endroit où il n'a pas du le faire.

§. 2. Le Préteur a dit, « *soit qu'un mort, ou ses osse-*
» *mens soient enterrés dans un lieu profane appartenant*
» *à autrui, ou dans un sépulchre dans lequel celui qui*
» *les a déposé n'avait pas le droit de le faire, je donnerai*
» *contre lui une action expositive du fait, et je le con-*
» *damnerai à une peine pécuniaire.* »

Ce que l'on entend par dépôt.

§. 3. Par ce mot *dépôt*, le Préteur entend parler du dépôt fait à titre de sépulture.

D'un lieu profane.

§. 4. On appelle *lieu profane* (1), celui qui n'est ni sacré, ni saint, ni religieux, et qui n'a aucune autre qualité semblable.

Un tombeau.

§. 5. On entend par un *sépulchre* (2) l'endroit qui renferme le corps ou les ossemens d'un mort. Celse dit qu'il n'y a que la place occupée par le défunt, qui soit religieuse, et non pas tout le terrein destiné à la sépulture des hommes (3).

Un monument.

§. 6. Un *monument* est un édifice (4) élevé pour transmettre à la postérité le souvenir d'un défunt.

---

(2) L. 3. §. 2. infr. de sepulchro viol.
(3) V. l. 4. C. h. t.
(4) L. 42. infr. eod.

Tom. 7.

De loco in quo ususfructus alienus est.

§. 7. Si usumfructum quis habeat, religiosum locum non facit. Sed et si aliùs proprietatem, aliùs usumfructum habuit, non faciet locum religiosum. Nec proprietarius (1): nisi (2) fortè ipsum, qui usumfructum legaverit, intulerit, cùm in alium locum inferri tàm opportunè non posset. Et ità Julianus scribit. Aliàs autèm invito fructuario, locus religiosus non fiet: sed, si consentiat fructuarius, magis est, ut locus religiosus fiat.

De loco serviente.

§. 8. Locum, qui servit, nemo religiosum facit; nisi consentiat is cui servitus deberetur. Sed si non minùs commodè per alium locum servitute uti potest, non videtur servitutis impediendæ causâ id fieri : et ideò religiosus fit. Et sanè habet hoc rationem.

De agro pignerato.

§. 9. Is qui pignori dedit agrum, si in eum suorum mortuum intulerit, religiosum eum facit: sed et si ipse inferatur, idem est. Cæterùm alii concedere non potest.

3. PAULUS, *lib. 27. ad edictum.*

Ex consensû tamèn omnium, utilius est dicere, religiosum posse fieri. Idquè Pomponius scribit.

4. ULPIANUS, *lib. 25. ad edictum.*

De loco defuncto hereditario, vel legato.

Scriptus heres priùs, quàm hereditatem adeat,

____

(1) §. 9. Iust. de rer. divis.

Du lieu dont quelqu'un a l'usufruit.

§. 7. L'usufruitier ne peut rendre un endroit religieux par le fait seul de l'inhumation d'un mort. Mais si celui-ci a la propriété, celui-là l'usufruit d'un terrein, ni l'un ni l'autre ne peuvent rendre l'endroit religieux, pas même le propriétaire, disons-nous (1), à moins (2) qu'il n'ait inhumé dans ce terrein le cadavre du testateur, c'est-à-dire de celui qui en a légué l'usufruit, n'ayant pas trouvé un endroit commode pour l'inhumer. C'est ce qu'écrit Julien. Autrement le lieu ne peut être rendu religieux malgré l'usufruitier. Mais si l'usufruitier y consent, il est plus probable que le lieu devient religieux.

Du lieu grevé d'une servitude.

§. 8. Personne ne peut rendre religieux un endroit grevé d'une servitude, à moins que celui à qui la servitude est due, n'y consente. Si cependant on pouvoit jouir de la servitude non moins commodément en exerçant son droit sur toute autre partie du terrein, la sépulture ne sera plus censée avoir été faite dans l'intention d'en troubler l'exercice, par conséquent le lieu devient religieux. Et en effet rien de plus conforme à la raison.

Du champ donné en gage.

§. 9. Celui qui fait inhumer un des siens dans un champ qu'il a donné en gage, rend ce champ religieux. Il en est de même si c'est lui qui y est enterré. Mais il ne peut céder ce droit à un autre.

3. PAUL, *liv.* 27. *sur l'édit.*

Il vaut mieux cependant dire qu'un endroit peut devenir religieux du consentement de toutes les parties intéressées, c'est l'avis de Pomponius.

4. ULPIEN, *liv.* 25. *sur l'édit.*

Du lieu dépendant de la succession du défunt, ou légué.

L'héritier institué rend religieux, avant même qu'il ait

---

(2) L. 17. in pr. supr. de usufr.

6..

patrem familiâs mortuum inferendo , locum facit religiosum. Nec quis putet, hoc ipso *pro herede*(1) eum gerere: finge enim, adhùc eum deliberare de adeundâ hereditate. Ego, etiàmsi non heres eum intulèrit, sed quivìs aliùs, herede vel cessante , vel absente, vel verente, ne pro herede gerere videatur , tamèn locum religiosum facere puto : plerumquè enim defuncti antè sepeliuntur , quàm quis heres (eis) existet. Sed tunc locus fit religiosus , cùm defuncti fuit : naturalitèr enim videtur ad mortuum pertinere locus, in quem infertur : præsertim si in eum locum inferatur, (in) quem ipse destinavit. Usquè adeò, ut , etiàmsi in legatum locum sit illatus ab herede , illatione tamèn testatoris fit religiosus : si modò (2) in alium locum tàm opportunè inferri non potuit.

5. GAJUS , *liv*. 19. *ad edictum provinciale*.

De sepulchris familiaribus , et hereditariis.

Familiaria (3) sepulchra dicuntur , quæ quis *sibi, familiæquè suæ* constituit. *Hereditaria* (4) autèm, quæ quis *sibi heredibusquè suis* constituit:

6. ULPIANUS , *liv*. 25. *ad edictum*.

Vel quod pater familiâs jure hereditario adquisiit. Sed in utroquè, heredibus quidèm , cæterisquè successoribus, qualescunquè (5) fuerint, licet sepeliri, et mortuum inferre : etiàm si ex minimâ parte heredes ex testamento, vel ab intestato sint : licet non consentiant alii. Liberis autèm cujuscun-

---

(1) L. 14. §. 8. infr. h. t. l. 49. in fin. supr. famil. erciss. l. 20. §. 1. infr. de adquir. vel amit. hered.

(2) L. 53. §. 7. infr. de legat. 1.

accepté la succession, l'endroit où il a fait inhumer le défunt ; et que l'on ne pense pas qu'en cela il fait *acte d'héritier* (1). Et en effet ne peut-on pas supposer que dans ce tems il délibere encore s'il acceptera la succession. Pour moi je pense, que le lieu deviendrait religieux quand bien même ce ne serait pas l'héritier qui y aurait fait inhumer le défunt, mais toute autre personne, parce que, par exemple, l'héritier aurait tardé à le faire, ou parce qu'il aurait été absent, ou qu'il aurait craint que par sa démarche on eût cru qu'il faisait acte d'héritier ; car assez souvent les personnes décédées sont enterrées avant que leurs héritiers ne se présentent, et aient pris cette qualité. Mais alors ce lieu ne devient religieux qu'autant qu'il appartenait au défunt. En effet le lieu où le défunt est enterré semble continuer naturellement de lui appartenir, sur-tout s'il a été enterré dans l'endroit que lui-même avait destiné pour sa sépulture. Et cela est si vrai, que si l'héritier l'avait fait inhumer dans un endroit qui eût été légué, cet endroit deviendrait religieux par le fait seul du dépôt du corps du testateur. Pourvu toutes fois qu'il ne se fut pas trouvé d'endroit où il eût pu être enterré commodément (2).

5. GAJUS, *liv.* 19. *sur l'édit provincial.*

Des sépultures domestiques, et de celles héréditaires.

On doit entendre par sépulture *domestique* (3) celle que quelqu'un a choisie pour lui-même et toute sa maison, et sépulture *héréditaire* (4), celle qu'il a destinée à sa sépulture et à celle de ses héritiers.

6. ULPIEN, *liv.* 25. *sur l'édit.*

Ou celle que le père de famille a acquis à titre de succession. Dans les deux espèces de sépulture dont on vient de parler, il est permis aux héritiers, et autres successeurs (5) quels qu'ils soient, de ceux à qui elles ont appartenues, de s'y faire enterrer, et d'y enterrer un mort, encore qu'ils ne soient institués héritiers par testament, que pour une très-

---

(3) L. 4. l. 8. l. 13. C. h. t.
(4) L. 3. s. 3. infr. de sepulchro violat.
(5) V. l. 4. §. 21. infr. de fideicom. libert.

què sexûs, vel gradûs, etiàm filiis familiâs , et
emancipatis, idem jus (1) concessum est : sivè
extiterint heredes, sivè sese abstineant (2). Ex-
heredatis autèm, nisi specialitèr testator justo odio
commotus eos vetuerit, humanitatis gratiâ tantùm
sepeliri, non etiàm alios prætèr suam posteritatem
inferre, licet. *Liberti* (3) autèm nec sepeliri, nec
alios inferre potuerunt, nisi heredes extiterint patrono : quamvis quidàm inscripserint, *monumentum sibi libertisquè suis fecisse :* et ità Papinianus
respondit, et sæpissimè idem constitum est.

De monumento et cenotaphio.

§. 1. Si adhùc monumentum purum (4) est,
poterit quis hoc et vendere et donare. Si (5) ce-
notaphium sit, posse hoc venire, dicendum est :
nec enim esse hoc religiosum, Divi Fratres rescripserunt.

7. GAJUS, *liv.* 19 *ad edictum provinciale.*

De eo qui mortuum intulit in locum,

Is, qui intulit mortuum in alienum locum, aut
tollere id, quod intulit, aut loci pretium præstare
cogitur per in factum actionem ; quæ tàm heredi ,
quàm in heredem competit, et perpetua est.

Aut monumentum alienum.

§. 1· Adversùs eum, qui in alteriûs arcam (6)
lapideam (7), in quâ adhùc mortuus non erit con-

---

(1) L. 8. C. h. t.
(2) Adde l. 33. infr. eod.
(3) L. 6. C. eod.
(4) L. 5. §. 10 infr. de donat. inter vir. et uxor.

petite portion, ou qu'ils soient héritiers *ab intestat*, et même malgré leurs cohéritiers. Le même droit est accordé (1) aux enfans des deux sexes, et de tout dégré, ainsi qu'aux fils de famille émancipès ou non, soit qu'ils se soient portés héritiers de leur père, soit qu'ils aient renoncé à sa succession (2). Il est permis aux enfans exhérédés, et cette permission est fondée sur l'humanité, de s'y faire enterrer eux et leur postérité, et non d'y faire enterrer d'autres personnes, à moins que le père, mû par un juste sentiment de haine, ne les ait spécialement privés de ce droit. Les affranchis ne pourront n'y être enterrés, n'y y enterrer les autres, à moins qu'ils ne soient héritiers de leurs patrons. Il y a cependant des personnes qui ont déclaré que leur volonté était *que le monument qu'ils avaient fait élever*, leur servit ainsi qu'à leur postérité. Papinien a répondu que cette disposition était valable, et plusieurs constitutions l'ont autorisée.

Du monument et du cénotaphe.

§. 1. Si le monument n'est pas encore devenu religieux (4) par le dépôt d'un mort, il peut être vendu, et on peut le donner. On doit dire que si c'est un simple cénotaphe (*a*), il peut être vendu (5), car les Empereurs frères ont déclaré dans un rescrit, qu'un cénotaphe n'est pas regardé comme religieux.

7. GAJUS, *liv.* 19. *sur l'édit provincial.*

De celui qui a déposé un mort dans un lieu,

On a une action expositive du fait contre celui qui a enterré un mort dans le terrein d'autrui, pour le faire condamner à l'enlever, ou à payer la valeur du terrein. Elle passe à l'héritier, et a lieu contre l'héritier, et elle est perpétuelle.

Ou un cercueil appartenant à autrui.

§. 1. Le proconsul donne une action utile expositive du fait contre celui qui dépose un mort dans un cercueil de pierre (6) appartenant à autrui (7), dans lequel on n'a

---

(5) L. 42. in fin. infr. h. t. l. 6. in fin. l. 7. supr. de divis. rer.
(6) L. 39. infr. h. t.
(7) V. l. 2. §. 1. supr. eod.

(*a*) Un cénotaphe n'était qu'une simple représentation de sépulture.

ditus, mortuum intulerit, utilem actionem in factum Proconsul dat: quiâ non propriè vel in sepulchrum, vel in locum alteriûs, intulisse dici potest.

8. ULPIANUS *lib.* 25. *ad edictum.*

Si loci dominus ossa , aut corpus illatum effodiat.

Ossa (1), quæ ab alio illata sunt, vel corpus, an liceat domino loci effodere vel eruere sinè decreto Pontificum, seu jussû Principis, quæstionis est ? Et ait Labeo, expectandum vel permissum Pontificale, seu jussionem Principis (2) : alioquìn injuriarum (3) fore actionem adversus eum, qui ejicit.

De eo qui locum religisiosum pro puro vendidit.

§. 1. Si locus religiosus pro (4) *puro* venisse dicetur, Prætor in factum actionem in eum dat ei, ad quem ea res pertinet : quæ actio et in heredem competit, cùm quasi ex empto actionem contineat.

De illatione in locum publicis usibus destinatum.

§. 2. Si in locum publicis usibus destinatum intulerit quis mortuum, Prætor in eum judicium dat, si dolo fecerit; (et) erit extrà ordinem plectendus, modicâ tamèn coërcitione : sed, si sinè dolo, absolvendus est.

Quid sit locus purus.

§. 3. In hâc autèm actione, *loci puri* appellatio et (5) ad ædificium producenda est.

—————————

(1) Adde l. 38. infr. eod.
(2) L. 14. C: eod. adde l. 44. in fin. infr. eod. l. ult. infr. ut in possess. legat.

pas encore renfermé un mort, parce qu'à proprement parler, on ne peut pas dire qu'il ait enterré ce mort, soit dans la sépulture, soit dans le terrein d'autrui.

8. Ulpien, *liv.* 25. *sur l'édit.*

Si le maître du lieu fouille et exhume les os ou le corps qui y ont été déposés.

On a agité la question de savoir si le maître d'un terrein dans lequel auront été enterrés les ossemens (1) ou le corps d'un homme, peut découvrir la fosse, ou les exhumer, sans un décret du pontife, ou l'ordre du prince. Labéon a dit qu'il fallait attendre ou la permission du pontife, ou l'ordre du prince (2); autrement, il y aurait lieu à l'action des injures contre celui qui se serait ainsi conduit (3).

De celui qui a vendu un lieu religieux comme étant profane.

§. 1. Si un lieu religieux a été vendu comme *profane* (4), le Préteur accordera une action expositive du fait à celui que la chose regarde. Cette action a lieu pour et contre l'héritier, parce qu'elle a par sa nature beaucoup de rapport avec l'action qui dérive de la vente *ex empto.*

Du dépôt d'un mort fait dans un lieu destiné à des usages publics.

§. 2. Le Préteur condamnera celui qui aura fait enterrer un mort dans un lieu destiné à des usages publics, s'il l'a fait avec mauvaise foi. Il pourra même être poursuivi extraordinairement, et encourir une punition légère; mais s'il n'y a pas de mauvaise foi de sa part, il doit être absous.

Ce que l'on doit entendre par un lieu profane.

§. 3. Dans cette action, l'expression de *lieu profane* (5) doit s'étendre à un terrein profane.

---

(3) L. 1. §. 6. infr. de injur.
(4) V. l. 2. §. 4. l. 6. §. 1. supr. h. t.
(5) Adde l. 2. §. 1. in pr. §. 4. supr. eod.

Quibus datur hæc actio.

§. 4. Nec solùm domino hæc actio competit, verùm ei quoquè, qui ejusdem loci habet usumfructum, vel aliquam servitutem (1) : quià jus prohibendi etiàm hi habent.

De eo qui prohibitus est inferre quò jus inferendi habuit.

§. 5. *Ei, qui prohibitus* (2) *est inferre in eum locum, quo ei jus inferendi esset, in factum actio competit*, et interdictum : etiàm si non ipse prohibitus sit, sed procurator ejus; quià intellectû aliquo ipse prohibitus videtur.

9. Gaıus, *lib.* 19. *ad edictum provinciale.*

Liberum est ei, qui prohibetur, mortuum (ossave mortui) inferre, aut statìm interdicto (3) uti, quo prohibetur ei vis fieri, aut alio inferre, et posteà in factum agere, per quam consequitur actor, quantì ejus interfuerit, prohibitum non esse : in quam computationem cadit loci empti prætium, aut conducti merces, itèm sui loci pretium, quem quis, nisi coactus (est), religiosum facturus non esset. Undè miror, quarè constare videatur : *nequè heredi, nequè in heredem dandam hanc actionem;* nàm, ut apparet, pecuniariæ quantitatis ratio in eam deducitur : certè, perpetuò (4) ea inter ipsos competit.

---

(1) D. l. 2. §. 7. §. 8.
(2) L. 1. §. 1. infr. de mortuo inferend.
(3) L. 1. §. 4. infr. d. t.
(4) L. 31. in fin. infr. h. t.

A qui cette action est accordée.

§. 4. Non-seulement cette action appartient au maître du terrein, mais encore à celui qui a l'usufruit du même terrein, ou un droit de servitude quelconque (1), parce que ceux-ci ont aussi le droit de s'opposer à la sépulture.

De celui que l'on a empêché d'inhumer dans l'endroit où il avait droit de le faire.

§. 5. Celui que l'on empêche d'enterrer un mort dans un endroit où il a le droit de le faire(2), a en sa faveur une action expositive du fait, il a même un interdit pour se maintenir dans sa possession. Il n'est pas même nécessaire que ce soit lui-même qui éprouve cette opposition, il suffit que l'on empêche son fondé de pouvoir d'exécuter ses intentions, parce que celui-ci est censé le représenter.

9. GAJUS, *liv.* 19. *sur l'édit provincial.*

Il est libre à celui que l'on empêche d'enterrer les ossemens, ou le corps d'un mort, ou de se servir sur-le-champ de l'interdit établi (3) contre ceux qui emploient la violence pour troubler quelqu'un dans la jouissance de son droit, ou de l'enterrer ailleurs, et ensuite de former contre l'opposant une action expositive du fait. Par cette action le demandeur obtient des dommages et intérêts proportionnés à l'intérêt qu'il avait à n'être pas troublé dans la jouissance et l'exercice de son droit. On comprendra dans cette condamnation, le prix du terrein qu'il aura été obligé d'acheter, ou le loyer de celui qu'il aura été contraint de louer à cette occasion. Il pourra aussi se faire payer la valeur de son propre terrein, qu'il a rendu religieux par le dépôt qu'il y a fait du mort, mais que sans l'opposition qu'il a éprouvée, il n'eut pas rendu religieux. Aussi suis-je étonné qu'il paraisse constant que cette action ne soit pas *transmissible ni pour ni contre l'héritier* : car, comme on le voit, elle contient dans certain cas la demande d'une certaine somme d'argent. Assurément elle est perpétuelle (4), et est accordée aux héritiers et contre eux.

10. Ulpianus , *lib.* 25 *ad edictum.*

De viâ ad sepulchrum.

Si venditor fundi exceperit (1) locum sepulchri ad hoc, *ut ipse . posteriquè ejus illo inferrentur ,* si viâ uti prohibeatur, ut mortuum suum inferret, agere potest : videtur enìm etiàm hoc exceptum inter ementem et vendentem, *ut* (2) *ei per fundum sepulturæ causâ ire liceret.*

11. Paulus , *lib.* 27 *ad edictum.*

De lege venditionis nè mortui inferantur.

Quòd si locus monumenti hâc lege venierit , *nè in eum inferrentur , quos jus est inferri :* pactum quidèm ad hoc non sufficit (3) sed stipulatione id caveri oportet.

12. Ulpianus , *lib.* 25 *ad edictum.*

Si via ad sepulchrum non sit.

Si quis sepulchrum habeat, viam autèm ad sepulchrum non habeat, et à vicino ire prohibeatur : imperator Antoninus cum patre rescripsit, *iter ad sepulchrum peti precariò , et concedi solere : ut , quotièns non debetur , impetretur ab eo , qui fundum adjunctum habeat.* Non tamèn hoc rescriptum , quod impetrandi dat facultatem, etiàm actionem civilem inducit ; sed extrà ordinem interpelletur. Præses etiàm compellere debet , justo pretio iter ei præstari : ità tamèn , ut judex etiàm

---

(1) V. l. 5. infr. de sepulchro violat.
(2) L. 12. in pr. infr. h. t.

10. ULPIEN , *liv. 25. sur l'édit.*

Du chemin pour aller à la sépulture.

Si quelqu'un en vendant (1) un fonds, en excepte une portion qu'il destine *à sa sépulture et à celle des siens,* il pourra actionner son acquéreur, s'il lui refuse un chemin pour y aller. Car on peut à juste titre penser que les parties contractantes ont également eu intention d'excepter ce chemin, *afin qu'il y eût la possibilité* (2) *d'aller au lieu de la sépulture.*

11. PAUL , *liv 27. sur l'édit.*

De la clause de la vente par laquelle il ne sera fait aucune inhumation.

Si on a vendu un terrein sur lequel se trouve un monument, *à condition qu'on n'y enterrera plus ceux que l'on avait le droit d'y enterrer,* il ne suffira pas d'une simple convention (3), mais il faudra qu'il y ait une stipulation particulière.

12. ULPIEN , *liv. 25. sur l'édit.*

S'il n'y a pas de chemin pour aller à la sépulture.

Si quelqu'un a un endroit destiné à la sépulture, mais qu'il n'ait pas de chemin pour y aller, et que le voisin s'oppose à ce qu'il puisse s'y rendre. l'empereur Antonin, et son père ont déclaré dans un rescrit *qu'il pouvait demander, à titre de précaire, un passage pour y aller, et que l'on avait coutume de le lui accorder ; ensorte que toutes les fois qu'il n'est pas dû, il l'obtient de celui qui a un terrein contigu.* Cependant ce rescrit en vertu duquel on peut obtenir un passage, ne donne pas d'action civile pour l'exiger; mais le voisin est sommé par voie extraordinaire, de l'accorder. Le gouverneur de la province doit même forcer ce voisin à accorder à celui à qui appartient la sépulture, un chemin pour y aller, en payant, par ce dernier, pour

---

(3) Vide tamèn l, 48. supr. de pactis,

de opportunitate loci prospiciat , nè vicinus magnum patiatur detrimentum.

De usû sepulchri.

§. 1. Senatusconsulto cavetur, *nè usus sepulchrorum permutationibus polluatur ;* id est , nè sepulchrum alienæ conservationis usum accipiat.

Edictum de actione funerariâ.

§. 2. Prætor ait : *quod funeris causâ sumptus factus erit , ejus recuperandi nomine , in eum , ad quem* (1) *ea res pertinet , judicium dabo.*

De ejus ratio.

§. 3. Hoc edictum justâ ex causâ propositum est : ut , qui funeravit , persequatur id , quod impendit. Sic enim fieri , nè insepulta corpora jacerent : nevè quis de alieno funeretur.

Qui funus facere debent.

§. 4. Funus autèm eum facere oportet, quem descendens elegit : sed, si non ille fecit, nullam esse hujus rei pænam, nisi (2) aliquid pro hoc emolumentum ei relictum est ; tunc enìm, si non (3) paruerit voluntati defuncti, ab hoc repellitur. Sin autèm de hâc re defunctus non cavit, nec ulli delegatum id munus est, scriptos heredes ea res contingit : si nemo scriptus est, legitimos, vèl cognatos quosquè suo ordine, quo succedunt.

---

(1) L. 14. in fin. infr. h. t.

cette concession, un prix raisonnable; de manière cependant que le juge prendra en considération la situation du local, afin que le voisin n'éprouve pas à cette occasion un grand dommage.

De l'usage de la sépulture.

§. 1. Il existe un senatusconsulte qui défend de *souiller et profaner par des innovations les endroits destinés aux sépultures*, c'est-à-dire, d'appliquer un tel endroit *à tout autre usage.*

Édit relatif à l'action funéraire.

§. 2. Le Préteur dit : *j'accorderai une action en vertu de laquelle les dépenses que quelqu'un aura faites pour des funérailles, pourront être répétées par lui, de celui qui doit les payer* (1).

De son motif.

§. 3. Cet édit doit son existence à un motif fondé sur la justice; car rien de plus juste que d'accorder à celui qui avance les frais funéraires, le droit de s'en faire rembourser. Et en effet, c'est le seul moyen d'empêcher que les morts ne restent sans sépulture, ou qu'ils soient inhumés aux dépens d'autrui.

Qui sont ceux qui sont tenus de faire les funérailles.

§. 4. Les frais funéraires doivent être faits par celui que le défunt a désigné. S'il ne le fait pas il n'encourt aucune peine, à moins que pour cela on ne lui ait accordé quelque (2) gratification; car alors s'il n'a pas rempli les intentions du défunt (3), il en est privé. Si au contraire; le défunt n'a pas pourvu lui-même aux frais de ses funérailles, qu'il n'ait chargé personne de les avancer, ils regardent les héritiers institués. S'il n'y a pas d'héritier institué, ce sont ses héritiers légitimes, ou ses parens, chacun dans leur dégré, qui en sont chargés.

---

(2) Adde d. l. 14. §. 2.
(3) V. l. pen. in fin. C. de legat.

De quantitate sumptûs funeris.

§. 5. Sumptus funeris arbitrantur pro faculatibus (1), vel dignitate (2) defuncti.

De magistratû sumptûs decernente. Quâ pecuniâ funus fit.

§. 6. Prætor, vel Magistratus municipalis ad funus sumptus decernere debet : si quidèm est pecunia in hereditate, ex pecuniâ : si non est, distrahere debet ea, quæ tempore peritura sunt, quorum retentio onerat hereditatem : si minùs, si quid auri, argentiquè fuerit, distrahi, aut pignerari jubebit, ut pecunia expediatur :

13. GAJUS, *lib.* 19. *ad edictum provinciale.*

Vel à debitoribus, si facile exigi possit.

14. ULPIANUS, *lib.* 25. *ad edictum.*

Et si quis impediat eum, qui emit, quo minùs ei res tradantur Prætorem intervenire oportere, tueriquè hujusmodi factum, si quid impediat, quominùs ei res venditæ tradantur.

§. 1. Si colonus, vel inquilinus sit is, qui mortuus est, nec sit, undè funeretur, ex invectis illatis eum funerandum Pomponius scribit : et, si quid superfluum remanserit, hoc pro debitâ pensione teneri.

Sed et si res legatæ sint à testatore, de cujus funere agitur, nec sit, unde funeretur, ad eas quoquè manum mittere oportet : *satiùs* (3) *est*

____

(1) D. l. 14. §. 6. in medio et fin. infr. h. t.
(2) D. l. 14. §. 6. in pr. l. 21. infr. eod. v. l. 12. §. 3, infr. de admin. et peric. tut.

De ce à quoi doivent monter les frais funéraires.

§. 5. Les frais funéraires sont réglés suivant (1) les facultés et la dignité (2) du défunt.

Du magistrat qui ordonne de faire les funérailles. Avec quel argent ils doivent être faits.

§. 6. Le Préteur, ou le magistrat municipal doit ordonner les frais funéraires. S'il se trouve de l'argent comptant dans la succession, ce sera avec cet argent qu'on subviendra à ces dépenses. S'il ne s'en trouve pas, on doit vendre les effets de la succession qui sont dans le cas de se perdre en les gardant, et dont la conservation deviendrait onéreuse à la succession. S'il n'y a rien dans ce genre, on vendra ou on engagera les vases, soit d'or, soit d'argent, afin de se procurer de l'argent.

13. Gajus, *liv.* 19. *sur l'édit provincial.*

Ou on exigera, si faire se peut, des débiteurs les dettes qu'ils doivent à la succession.

14. Ulpien, *liv.* 25. *sur l'édit.*

Le Préteur doit intervenir si quelqu'un empêche que l'acquéreur ne puisse s'emparer de l'effet qui lui a été vendu, et protéger la vente en tranchant la difficulté qui s'oppose à la livraison de l'effet vendu.

§. 1. Si celui qu'il s'agit d'inhumer était un fermier, ou un locataire, et qu'il ne se trouvât pas dans sa succession de quoi le faire enterrer, Pomponius écrit que les frais funéraires seront pris sur les effets et ustenciles qui garnissent la ferme ou la maison, et que l'excédent répondra des loyers. Mais si le testateur qu'il s'agit d'inhumer, a fait quelques legs qui absorbent tout son avoir, ensorte qu'il ne se trouve plus rien pour l'enterrer, il faut s'en saisir pour subvenir aux frais funéraires. *Car il est plus juste et plus convenable* (3) *que le défunt soit enterré aux dépens de son bien, que de laisser quelques légataires jouir*

---

(3) §. 13. infr. hic.

Tom. 7.

7

I

*enìm, de suo testatorem funerari, quàm aliquos
legata consequi.* Sed si adita fuerit posteà hereditas, res emptori auferenda non est : quià bonæ
fidei possessor est, et dominium habet, qui auctore judice comparavit (1). Legatarium tamèn
legato carere non oportet, si potest indemnis ab
herede præstari. Quod si non potest, *meliùs* (2)
*est legatarium non lucrari, quàm emptorem
damno adfici.*

Si ei cui testator mandavit funus non duxerit.

§. 2. Si (3) cui funeris sui curam testator man-
daverit, et ille, acceptâ pecuniâ, funus non duxerit, de dolo actionem in eum dandam Mela
scripsit. Credo tamèn, et extrà ordinem eum à
Prætore compellendum funus ducere.

Qui sunt sumptus funeris.

§. 3. *Funeris causâ sumptus factus* videtur
is demùm, qui ideo (4) fuit, ut funus ducatur,
sinè quo funus duci non possit : utputà si quid
impensum est in delationem mortui, sed et si
quid in locum fuerit erogatum, in quem mortuus inferetur, funeris causâ videri impensum
Labeo scribit : quià necessariò locus paratur, in
quo corpus conditur.

§. 4. Impensa peregrè (5) mortui, quæ facta
est, ut corpus perferretur, funeris est, licèt
nondùm homo funeretur. Idemquè et si quid
ad corpus custodiendum, vel etiàm commen-

---

(1) L. 137. infr. de reg. jur.
(2) V. l. 41. in fin. infr. de reg. jur.
(5) Adde l. 12. §. 4. supr. h. t.

de leurs legs. Si la succession a été acceptée après, on ne peut pas ôter l'effet légué, à celui qui l'a acheté, parce qu'il est possesseur de bonne foi, et que celui qui a acquis par autorité de justice une chose, en a acquis également le domaine (1). Il ne faut pas cependant que le légataire soit privé de son legs, si l'héritier a de quoi le rendre indemne. S'il ne le peut pas, il vaut mieux (2) *que le légataire ne bénéficie pas de son legs, que d'exposer l'acheteur à supporter quelque dommage.*

Si celui que le testateur a chargé de faire les dépenses des funérailles, ne les fait pas.

§. 2. Si celui que le testateur a chargé du soin de ses funérailles (3), ne s'en acquitte pas, quoiqu'il ait reçu l'argent nécessaire pour cela, Méla écrit que dans ce cas il est soumis à l'action du dol. Je crois cependant qu'il peut être extraordinairement forcé par le Préteur à faire les funérailles du défunt.

Ce que l'on entend par frais funéraires.

§. 3. On appelle *frais funéraires* ceux qui sont relatifs à l'inhumation (4), et sans lesquels elle n'eut pu avoir lieu ; par exemple, lorsqu'il a été dépensé quelque chose pour le dépôt du mort, ensorte que les dépenses faites pour préparer et disposer l'endroit où le mort a été placé, sont regardées comme faisant partie des frais funéraires, parce que pour déposer un mort dans sa dernière demeure, il faut nécessairement la préparer. C'est le sentiment de Labéon.

§. 4. Les dépenses faites pour le transport d'une personne décédée loin du lieu où elle doit être inhumée, sont réputées frais funéraires, quoique la personne n'y soit pas actuellement inhumée. Il en est de même si l'on a dépensé quelque chose pour garder le corps, ou pour le déposer en

---

(4) Adde l. 37. infr. eod.
(5) L. 112. §. pen. infr. de condit. et demonstr.

dandùm factum sit , vel si quid in marmor , vel vestem collocandam.

Quæ non debent cum corporibus condè.

§. 5. Non autèm oportet ornamenta cum corporibus condi (1) : nec quid aliud hujusmodi , quod homines simpliciores faciunt.

Qualis sit hæc actio funeraria. Quod in eam veniat ,

§. 6. Hæc actio , quæ *funeraria* dicitur , ex bono et æquo oritur : continet autèm *funeris causâ* tantùm *impensam* , non etiàm cæterorum sumptuûm. *Æquum* autèm accipitur ex dignitate (2) ejus , qui funeratus est , ex causá , ex tempore , et ex bonâ fide : ut nequè plùs imputetur sumptûs nomine , quàm factum est : nequè tantùm , quantùm factùm est , si immodicè factum est. Deberet enim haberi ratio facultatum ejus , in quem factum est : et ipsius rei , quæ *ultrà modum* sinè causâ consumitur. Quid ergò , si ex voluntate testatoris impensum est ? Sciendum est , nec voluntatem sequendam (3) si res egrediatur *justam* sumptûs rationem : pro modo autèm facultatum sumptum fieri.

Et quibus competit.

§. 7. Sed interdùm is , qui sumptum in funus fecit , *sumptum non recipit* , si pietatis (4) gratiâ fecit , non hoc animo , quasi recepturus sumptum , quem fecit : et (ità) imperator noster rescripsit.

____

(1) V. l. 113. in fin. infr. de legat. 1. l. ult. in fin. infr. de auro, argento.
(2) L. 12. §. 5. supr. h. t.

attendant le moment de son inhumation; ou s'il en a coûté quelque chose pour son épitaphe en marbre, ou pour le loyer des habits funéraires que le mort doit porter.

Quelles sont les choses qui ne doivent pas être renfermées avec les corps.

§. 5. Il ne faut pas enterrer un mort avec les marques distinctives de sa dignité, ou autre chose semblable, comme le font ordinairement les gens simples.

Quelle est cette action funéraire. Qu'es-ce qui la compose,

§. 6. Cette action que l'on appelle *funéraire*, est une action de bonne foi. Elle n'est relative qu'aux dépenses faites pour les funérailles, et non aux autres. Pour apprécier si la dépense à été raisonnablement faite, il faut considérer la dignité de la personne décédée; le tems où cette dépense a été faite, et la bonne foi de celui qui l'a faite, afin de ne pas la porter à une somme au-dessus de celle à laquelle elle a dû monter, si elle est exhorbitante; car on doit avoir égard aux facultés de celui pour qui elle a été faite, et à celles de la succession qui ne doit pas être absorbée par des dépenses excessives et faites sans raison. Mais si la dépense avait été faite du consentement du testateur, qu'en serait-il? Il faut observer que dans ce cas (3) on ne doit pas suivre la volonté du défunt, si ces dépenses excèdent les justes bornes de la raison ; car en général les frais funéraires doivent être proportionnés aux facultés du défunt.

Et à qui elle appartient.

§. 7. Mais quelquefois il arrive que celui qui fait les dépenses des frais funéraires, n'en est pas remboursé; lorsque par exemple, il les fait par affection pour le défunt (4). C'est ce que notre empereur a déclaré dans un rescrit. Ce

---

(3) Adde l. 1. in fin. infr. ad leg. Falcid.
(4) V. l. 27. §. 1. supr. de negot. gest. l. 32. §. pen. infr. de condict. indeb.

Igitur æstimandum erit arbitro , et perpendendum, quo animo sumptus factus sit: utrùm negotium quis vel defuncti , vel heredis gerit , vel ipsius humanitatis ; an verò misericordiæ, vel pietati tribuens , vel affectioni. Potest tamèn distingui et misericordiæ modus, ut in hoc fuerit misericors, vel pius , qui funeravit , ut eum sepeliret , ne insepultus jaceret , non etiàm , ut suo sumptû fecerit ; quod si judici liqueat , non debet eum , qui convenitur , absolvere : *quis enìm sinè pietatis intentione alienum cadaver funerat?* Oportebit igitur testari , quem quo animo funerat ; ne posteà patiatur quæstionem.

De his qui testantur se pietatis causâ facere.

§. 8. Pleriquè filii , cum parentes suos funerant , vel alii , qui heredes fieri possunt ; licèt ex hoc ipso nequè pro herede geritio (1) nequè aditio præsumitur : tamèn nè vel *miscuisse* se necessarii , vel cæteri *pro herede gessisse* videantur , solent testari , *pietatis gratiâ facere se sepulturam.* Quid si supervacuo fuerit factum ? ad illud se munire videntur , ne miscuisse se credantur : ad illud non , ut sumptum consequantur : quippè protestantur , *pietatis gratiâ id se facere ,* pleniùs igitùr eos testari oportet , *ut et sumptum possint servare.*

De parte sumptûs recuperandâ.

§. 9. Fortassis quis possit dicere , interdùm

____

(1) L. 4. supr. h. t. l. 20. §. 1. infr. de adquir. vel omitt. hered.

sera donc le cas de la part de l'arbitre, d'estimer et d'examiner quelles pouvaient être les intentions de celui qui a fait les dépenses des funérailles, si c'est comme gérant les affaires du défunt, ou de son héritier, ou par affection pour lui, ou s'il a été mû par un sentiment de commisération, d'attachement, ou d'amitié. On peut cependant distinguer et apprécier le motif de commisération qui aura engagé quelqu'un à subvenir aux frais funéraires d'un autre, parce qu'il pourrait se faire qu'il n'y ait eu que l'humanité qui l'ait déterminé, afin qu'il ne restât pas sans sépulture, sans cependant avoir voulu qu'il fût enterré à ses frais. Si la chose est constante devant le juge, celui-ci ne doit pas renvoyer absous celui qui est actionné pour rembourser ces frais : car quel est *celui qui fait enterrer un mort qui ne lui est de rien, sans avoir un motif pieux ?* Il faut donc que celui qui enterre un mort, déclare devant témoins dans quelle intention il le fait, afin que par la suite, on ne lui suscite pas de mauvaise contestation.

De ceux qui déclarent qu'ils agissent par un motif de piété.

§. 8. La plupart des enfans qui enterrent leurs parens, ou tous autres à qui ils peuvent succéder (1), quoique de fait on ne puisse pas conclure qu'ils ont accepté la succession, ou qu'ils ont fait acte d'héritiers, ont coutume, pour que l'on ne croie pas qu'ils *se soient immiscés dans la succession*, s'ils sont héritiers *siens*, ou qu'ils aient fait acte d'héritiers, *s'ils sont héritiers volontaires*, de déclarer devant témoins que *c'est par un sentiment de piété qu'ils font les dépenses des funérailles, et non pas par tout autre motif.* Qu'en serait-il s'ils avaient fait cette déclaration sans nécessité ? Ils seraient censés avoir pris cette précaution, pour que l'on ne présumât pas qu'ils eussent fait acte d'héritiers, et non pas pour qu'on leur remboursât les dépenses des funérailles, *puisqu'ils ont déclaré que c'est par amitié pour le défunt qu'ils les ont faites.* Il faut donc, d'après ce qui vient d'être dit, *s'ils veulent que leurs dépenses leur soient remboursées*, qu'ils fassent une déclaration plus circonstanciée.

D'une partie de la dépense que l'on peut réclamer.

§. 9. Peut-être pourra-t-on dire que quelquefois on aurait le droit de se faire rembourser d'une partie des

partem sumptûs facti posse recuperari , ut quis pro parte quasinegotium gerens, pro parte pietatis gratiâ id faciat. Quod est veriùs , partem igitur sumptûs consequetur , quem non donandi animo fecit.

De modico sumptû.

§. 10. Judicem , qui de eâ æquitate cognoscit, interdùm sumptum omninò non debere admittere modicum factum, si fortè in contumeliam defuncti hominis locupletis modicus factus sit : nàm non debet hujus rationem habere , cùm contumeliam defuncto fecisse videatur, ità eum funerando.

De eo qui se heredem putat funerante.

§. 11. Si quis, dùm se heredem putat, patrem familiâs funeraverit, funerariâ actione uti non poterit : quià non hoc animo fecit, quasì alienum negotium gerens. et ità Trebatius et Proculus putant. Puto tamèn, et ei ex causâ dandam actionem funerariam (1),

An actio funeraria cum aliis concurrat.

§. 12. Labeo ait, quotiéns quis aliam (2) actionem habet de funeris impensa consequendâ, *funerariâ* eum agere non posse : et ideò, si *familiæ erciscundæ* agere possit (3), funerariâ non acturum. Planè : si jàm familiæ eriscundæ judicio actum sit, posse agi.

---

(1) L. 32. in pr. infr. h. t.
(2) §. 15. in fin infr. hic.

frais funéraires, comme les ayant faits en partie par amitié pour le défunt, et en partie avec l'intention de gérer les affaires d'autrui : et cela est vrai. On aura donc ainsi le droit de répéter la portion des frais funéraires que l'on n'aura pas voulu faire à titre de libéralité.

D'une dépense modique.

§. 10. Il est des cas où le juge qui connaît de ces matières, doit ordonner que l'on ne tiendra pas compte à quelqu'un d'une modique dépense qu'il aurait faite pour la sépulture d'une personne riche, s'il est prouvé qu'il n'a agi ainsi que pour insulter à la mémoire de cette personne. Et en effet, on ne doit pas avoir égard à une telle dépense, en ce que celui qui l'a faite, semble avoir voulu injurier le défunt, en réglant ainsi ses funérailles.

De celui qui se croyant héritier, fait les avances des frais funéraires.

§. 11. Si quelqu'un, se croyant héritier d'un père de famille, en a fait les obsèques, il ne pourra se servir de l'action funéraire pour répéter ses dépenses, parce qu'il n'a pas eu l'intention de gérer les affaires d'autrui. C'est ainsi que pensent Trébatius et Proculus. Je pense cependant que l'on peut en ce cas lui donner une action utile pour répéter ces frais funéraires, mais en connaissance de cause (1).

Si l'action funéraire concourt avec les autres.

§. 12. Labéon dit que toutes les fois que quelqu'un, pour se faire rembourser des frais funéraires qu'il a payé, a une action différente (2) de l'action funéraire, il ne peut se servir de *cette dernière* ; parconséquent, s'il peut intenter l'action en partage (3) de succession, il ne pourra se servir de l'action funéraire. Assurément, si déjà il a été procédé au partage de la succession, et que les frais funéraires ne lui aient pas été remboursés, il pourra exercer l'action funéraire pour en être payé.

---

(3) V. L. 49. in fin. supr. famil. ercisc.

Si quis herede prohibente ,

§. 13. Idèm Labeo ait, si prohibente herede funeraveris testatorem, ex causâ competere tibi funerariam. Quid enìm, si filium testatoris heres ejus prohibuit ? Huic contradici potest, *ergò pietatis gratiâ funerasti*; sed pone me testatum : *habiturum me funerariam actionem :* de suo (1) enim expedit mortuos funerari; et quid, si testator quidèm funus mihi mandavit, heres prohibet, ego tamèn nihilominùs funeravi ? nonnè æquum est, mihi funerariam competere? et generalitèr puto, judicem (justum) non meram negotiorum gestorum actionem imitari, sed solutius æquitatem sequi; cùm hoc ei et actionis natura indulget.

§. 14. Divus autèm Marcus rescripsit, *eum heredem , qui prohibet funerari ab eo quem testator elegit , non rectè facere : pœnam tamèn in eum statutam non esse.*

Vel mandato alicujus ,

§. 15. Qui mandatû alteriùs funeravit , non habet funerariam actionem, sed is scilicèt , qui mandavit funerandum , (sivè) solvit ei cui mandavit , sivè debet. Quòd si pupillus mandavit sinè tutore auctore, utilem funerariam dandam adversùs heredem ei , qui impendit : lucrari enìm heredem iniquum est. Si autèm pupillus funus ad

____

(1) §. 1. supr. hic.

Si quelqu'un, l'héritier s'y opposant,

§. 13. Le même Labéon dit que si, malgré l'héritier, vous avez fait l'avance des frais funéraires du testateur, vous pourrez cependant, en connaissance de cause, intenter l'action funéraire pour vous les faire rembourser. En effet, qu'en serait-il si c'était le fils du testateur que l'héritier eut empêché de faire ces avances? L'héritier peut lui opposer ce raisonnement : *c'est donc un sentiment de piété qui vous a porté à faire les frais de l'enterrement ;* mais supposé que j'aie déclaré devant témoins que j'étais dans l'intention de me faire rembourser des frais que j'avançais, *aurais-je l'action funéraire ?* car il convient que les frais de l'inhumation soient pris sur les biens du défunt (1). Et qu'en serait-il si le testateur m'avait chargé de ses funérailles, et que malgré son héritier j'aie rempli ses intentions? N'est-il pas juste que l'on m'accorde l'action funéraire pour obtenir le remboursement des avances que j'ai faites ? Je pense en général qu'un juge qui veut être équitable, ne doit pas s'attacher particulièrement à suivre scrupuleusement les règles de l'action de la gestion des affaires, mais qu'il doit s'appliquer à suivre ce que prescrit l'équité, comme la nature même de l'action lui en accorde le droit et la liberté.

§. 14. L'empereur Marc Aurèle a déclaré dans un rescrit *que l'héritier qui s'oppose à ce que la personne que le testateur a chargé du soin de ses funérailles, exécute ses intentions, fait mal en s'y opposant; mais que cependant il n'y avait pas de peine contre lui.*

Ou par l'ordre de quelqu'un,

§. 15. Celui qui par les ordres d'un autre a fait les frais de l'inhumation d'un défunt, ne peut pas exercer l'action funéraire ; il n'y a que celui qui a donné cet ordre, soit qu'il les ait payés, soit qu'il les doive. Mais si c'est un pupille qui a donné cet ordre sans le consentement de son tuteur, on doit lui accorder l'action utile pour être remboursé de ses dépenses par l'héritier ; car il serait injuste que celui-ci bénificiât à cette occasion. Mais si un pupille sans y être autorisé par son tuteur, a chargé quelqu'un des frais funéraires d'un défunt, qui le regardaient particulièrement, je pense que celui qui aura fait ces frais par son

se pertinens sinè tutoris auctoritate mandavit, dandam in eum actionem arbitror, si et heres extitit ei, qui funeratus est, solvendoquè hereditas est. Contrà si quis mandatû heredis funeravit, non posse eum funerariâ agere (1), Labeo scribit: quià habet mandati actionem.

Vel quasi negotium heredis gerens, funeraverit.

§. 16. Si tamèn quasi negotium heredis gerens funeravit, licèt ratum non habeat, tamèn funerariâ eum agere posse, Labeo scribit.

Adversùs quos datur funeraria, et primùm de successoribus.

§. 17. Datur autèm hæc actio *adversùs eos, ad quos funus pertinet* (2), utputà adversùs heredem, bonorumvè possessorem, cæterosquè successores (3).

15. Pomponiuus, *lib. 5 ad Sabinum.*

De patrono qui petit bonorum possessionem contrà tabulas.

Funeris impensam et patronus (4), qui bonorum possessionem petit contrà tabulas, præstat.

16. Ulpianus, *lib.* 25. *ad edictum.*

De marito, et patre.

In eum, ad quem (5) dotis nomine quid pervenerit, dat Prætor funerariam actionem : æquissimum enim visum est veteribus, mulieres, quasi

----

(1) §. 12. supr. hic.
(2) L. 12. §. 2. supr. h. t.
(3) Adde l. 15. l. 21. l. 51. in pr. infr. eod.

ordre, doit avoir une action contre lui, pourvu que le pupille soit l'héritier du défunt, et que la succession soit solvable. Au contraire, suivant l'opinion de Labéon, celui que l'héritier a chargé de faire les frais de l'inhumation du défunt, ne peut pas exercer l'action funéraire (1), par la raison qu'il peut intenter l'action du mandat.

Ou agissant comme gérant d'affaires, a pourvu aux frais
funéraires.

§. 16. Si cependant, d'après le même Labéon, il a fait les frais funéraires du défunt, comme gérant les affaires de l'héritier, quoique celui-ci ne les approuve pas, il pourra former l'action funéraire.

Contre qui cette action est accordée, et d'abord des
successeurs.

§. 17. On accorde cette action *contre ceux que les frais funéraires regardent* (2); tels, par exemple, que l'héritier, l'héritier à titre prétorien, et les autres successeurs (3).

15. POMPONIUS, *liv.* 5. *sur Sabinus.*

Du patron qui demande au Préteur l'envoi en possession
des biens, contre le testament.

Le patron (4) qui hérite de son affranchi, par le droit prétorien, doit payer les frais de son inhumation.

16. ULPIEN, *liv.* 25. *sur l'édit.*

Du mari, et du père.

Le Préteur accorde l'action funéraire contre celui à qui doit retourner la dot de la femme défunte (5); car il a paru aux anciens qu'il était de toute équité que les funérailles des femmes fussent prises sur les biens qui constituent

---

(4) L. 6. in fin. supr. si pars hered.
(5) L. 17. L. 18. L. 19. L. 20. §. 1. infr. h. t. l. 13. C. de negot. gest.

de (1) patrimoniis suis, ità de dotibus funerari:
et eum, qui morte mulieris dotem lucratur, in
funus conferre debere, sivè pater mulieris est,
sivè maritus.

17. Papinianus, *lib.* 3. *responsorum.*

Sed si nondùm pater dotem recuperaverit, vir
solus convenietur: reputaturus patri, quod eo nomine præstiterit.

18. Julianus, *lib.* 10. *Digestorum.*

Impensa enìm funeris, æs alienum dotis est.

19. Ulpianus, *lib.* 15. *ad Sabinum.*

Ideòque etiàm dos sentire hoc æs alienum debet.

20. Idem, *lib.* 25. *ad edictum.*

Neratius quærit, si is, qui dotem dederat pro
muliere, stipulatus est duas partes dotis reddi,
tertiam apud maritum remanere, pactus sit, *ne
quid maritus in funus conferret*, an funerariâ
maritus teneatur? Et ait, si quidèm ipse stipula-
tor mulierem funeravit, locum esse pacto, et
inutilem ei funerariam fore. Si verò alius funeravit,
posse eum maritum convenire: quià pacto hoc
publicum jus infringi non possit (2). Quid tamèn,
si quis dotem hâc lege dederit pro muliere: *ut ad
ipsum rediret, si in matrimonio mortua esset,
aut quoquo modo soluto matrimonio?* nunquid
hic in funus non conferat? Sed cùm dos morte

---

(1) V. l. 3. §. 5. in fin. supr. de minor. l. 4. infr. de collat.
(2) L. 8. supr. de pact. l. 1. §. 9. infr. magistrat. conven. l. 15. §. 1.
infr. ad leg. Falcid.

leur dot, comme faisant partie de leur patrimoine (1), et que celui qui bénéficie et profite de la dot de la femme, fût tenu de contribuer aux frais funéraires, soit qu'il soit le père de la femme, soit qu'il soit son mari.

17. PAPINIEN, *liv.* 3. *des réponses.*

Si le père n'est pas encore rempli de la dot de la femme, il n'y aura que le mari qui devra être actionné, sauf à lui à répéter du père ses avances.

18. JULIEN, *liv.* 10. *du Digeste.*

Les dépenses de l'inhumation sont une dette dont la dot est chargée.

19. ULPIEN, *liv.* 15. *sur Sabinus.*

Par conséquent la dot doit supporter cette dette.

20. LE MEME, *liv.* 25. *sur l'édit.*

Nératius fait la question suivante : si celui qui avait constitué une dot à une femme, avait stipulé dans le contrat, que le mariage une fois dissous, les deux tiers de la dot lui seraient rendus, et que l'autre tiers appartiendrait au mari, et que *moyennant cette convention, le mari ne serait pas obligé de contribuer en aucune manière aux frais funéraires,* le mari, dans cette hypothèse, serait-il tenu de l'action funéraire? Et il répond que, si les frais funéraires avaient été faits par celui-là même qui avait fait la stipulation, le mari pourrait exciper de la convention, et qu'alors l'action funéraire lui deviendrait inutile. Si au contraire les frais d'inhumation avaient été avancés par un autre, celui-ci pourrait actionner le mari, parce que la convention faite ne peut pas préjudicier au droit public (2). Mais qu'en serait-il, *si quelqu'un avait constitué une dot à une femme, à cette condition, que la dot lui reviendrait, si la femme mourait pendant l'existence du mariage, ou lors de la dissolution du mariage, n'importe la cause qui y eût donné lieu?* Est-ce qu'il serait obligé

mulieris ad eum pervenerit, potest dici, conferre eum.

§. 1. Si maritus (1) lucratur dotem, convenietur funerariâ : pater autèm, non. Sed in hunc casum puto, si dos, quià permodica fuit, in funus non sufficit, in superfluum in patrem debere actionem dari (2).

§. 2. Cùm mater familiàs decedit, nec (est) ejus solvendo hereditas, funerari eam ex dote tantùm oportet : et ità Celsus scribit.

21. PAULUS, *lib.* 27. *ad edictum.*

In patrem (3) cujus in potestate fuerit is, cujus funus factum erit, competit funeraria actio, pro dignitate et facultatibus (4).

22. ULPIANUS, *lib.* 25. *ad edictum.*

Celsus scribit : Quotièns mulier decedit, ex dote, quæ penès virum remanet, et cæteris mulieris bonis, pro portione (5) funeranda est.

23. PAULUS, *lib.* 27. *ad edictum.*

Velutì, si in dote centùm sint, in hereditate ducentà : duas partes heres, unam vir conferet;

24. ULPIANUS, *lib.* 25. *ad edictum.*

Julianus scribit, non deductis legatis,

---

(1) L. 16. supr. h. t. arg. l. 29. in fin. infr. eod.
(2) L. 28. infr. eod.
(3) L. 16. 17. 18. supr. l. 28. l. 31. in pr. infr. eod.

le

(le mari) de contribuer aux frais de l'inhumation de sa femme? Si la dot a passé au mari après la mort de sa femme, celui-ci doit faire les frais de son inhumation.

§. 1. Si le mari (1) profite de la dot de sa femme, il doit être poursuivi en vertu de l'action funéraire. Mais je pense que dans ce cas si la dot que le mari a reçue de sa femme, ne suffit pas pour couvrir les dépenses de son inhumation, parce qu'elle était trop modique, le père doit être actionné pour payer l'excédent des dépenses auxquelles l'inhumation aura donné lieu (2).

§. 2. Lorsqu'une mère de famille meurt, si la succession est insuffisante pour subvenir aux frais de son inhumation, ils doivent être pris sur sa dot. C'est l'opinion de Celse.

21. PAUL, *liv.* 27. *sur l'édit.*

On peut diriger l'action funéraire contre le père de celui (3) qu'il avait en sa puissance, en proportion de sa dignité, et de ses facultés (4).

22. ULPIEN, *liv.* 25. *sur l'édit.*

Celse écrit ce qui suit : les frais funéraires de la femme doivent être pris proportionnellement sur sa dot, qui se trouve en la puissance de son mari, et sur ses autres biens paraphernaux (5).

23. PAUL, *liv.* 27. *sur l'édit.*

Supposons, par exemple, que la dot s'élève à cent pièces, et la succession à deux-cents, l'héritier paiera les deux tiers des frais, et l'autre tiers sera a la charge du mari.

24. ULPIEN, *liv.* 25. *sur l'édit.*

Julien écrit que sans la déduction des legs.

---

(4) L. 12. §. 5. supr. eod.
(5) L. 25. 24. 25. 26. 27. L. 5o. in fin. infr. eod.

25. PAULUS, *lib.* 27. *ad edictum.*

Nec prætiis manumissorum ,

26. POMPONIUS, *lib.* 15. *ad Sabinum.*

Nec ære alieno deducto.

27. ULPIANUS, *lib.* 25. *ad edictum.*

Sic pro rata et maritum et heredem conferre in funus oportet.

§. 1. Maritus funerariâ non convenietur, si (1) mulieri in matrimonio dotem solverit, ut Marcellus scribit. Quæ sententia vera est: in his tamèn casibus, in quibus hoc ei facere legibus permissum (2) est.

§. 2. Prætereà maritum puto funerariâ in id demùm teneri, quod facere potest: id enim lucrari videtur, quod præstaret mulieri, si conveniretur.

28. POMPONIUS, *lib* 15. *ad Sabinum.*

Quod si nulla dos esset, tunc omnem impensam patrem (3) præstare debere, Atilicinus ait: aut heredes ejus mulieris, putà emancipatæ. Quòd si nequè heredes habeant, nequè pater solvendo sit, maritum in quantùm facere potest, pro hoc conveniri: ne injuriâ ejus videretur, quondàm uxorem ejus insepultam relinqui.

29. GAJUS, *lib.* 19. *ad edictum provinciale.*

Si mulier post divortium alii nupta decesserit,

---

(1) Adde l. 29. §. 1. infr. eod.
(2) V. l. 22. §. 3. in fin. infr. soluto matrim. Nov. 97. c. 6. in pr. vers. quia enim.

25. PAUL, *liv*. 27. *sur l'édit*.

Ni du prix des esclaves affranchis.

26. POMPONIUS, *liv*. 15. *sur Sabinus*.

Ni des dettes.

27. ULPIEN, *liv*. 23. *sur l'édit*.

Le mari et l'héritier contribueront ainsi aux funérailles, dans la proportion de leurs parts de la succession.

§. 1. Marcellus écrit que si le mari a payé à sa femme sa dot pendant le mariage (1), il n'est pas soumis à l'action funéraire. Cette opinion est vraie, pourvu toutes fois que le mari n'ait rendu à sa femme sa dot, que dans les cas où la loi l'autorisait à le faire (2).

§. 2. J'estime aussi que le mari n'est tenu de l'action funéraire, que jusqu'à la concurrence de ce qu'il peut faire ; car il n'est censé profiter de la dot, que de ce qu'il serait obligé de donner à sa femme, si elle l'actionnait à l'effet d'être remplie de sa dot.

28. POMPONIUS, *liv*. 15. *sur Sabinus*.

S'il n'y avait pas de dot, alors ce serait le père (3) qui, suivant Atilicinus, serait obligé de subvenir à cette dépense, ou les héritiers de la femme, supposé qu'elle soit émancipée. Mais si la femme n'a pas d'héritiers, que son père soit hors d'état de faire cette dépense, le mari pourra être actionné à l'effet d'être condamné à subvenir aux frais funéraires, proportionnellement à ses facultés, afin qu'il n'éprouve pas l'affront dont il serait couvert, s'il laissait sans sépulture celle qui fut sa femme.

29. GAJUS, *liv*. 19. *sur l'édit provincial*.

Si une femme divorcée meurt l'épouse d'un autre,

____

(3) L. 20. §. 1. l. 21. supr. h. t.

non putat Fulcinius priorem maritum, licèt lucri dotem faciat, funeris impensam præstare.

§. 1. Is, qui filiam familiâs funeravit, antequàm (1) dos patri reddatur, cum marito rectè agit : redditâ dote patrem obligatum habet. Utiquè autèm, si cum marito actum fuerit, is eo minùs patri mulieris restituturus est.

30. Pomponius, *lib.* 15. *ad Sabinum.*

Contrà quoquè, quod pater in funus filiæ impendit, aut alio agente secùm funeratitiâ præstitit, ipse actione de dote à marito recipit (2).

§. 1. Sed si emancipata in matrimonio decedat, collaturos heredes, bonorumvè possessores, et patrem, (pro portione dotis, quam recipit, et virum) pro portione dotis, quam lucratus est.

31. Ulpianus, *lib.* 25. *ad edictum.*

Si funeretur filius familiâs miles.

Si filius familiâs miles sit, et habeat castrense peculium, puto successores ejus antè teneri : sic deindè ad patrem venire.

De domino funerato funeratævè.

§. 1. Qui *Servum* alienum vel *ancillam* sepelivit, habet adversùs dominum funerariam actionem.

---

(1) Adde l. 17. l. 20. §. 1. l. 27. §. 1. supr. eod.
(2) L. 60. infr. soluto matrimonio.

Sulcinius ne pense pas que son premier mari, quoiqu'il profite de la dot, soit tenu des frais funéraires.

§. 1. Celui qui a avancé les frais funéraires d'une fille de famille mariée avant que sa dot fût payée (1) au beau-père, pourra actionner régulièrement le mari, à l'effet de se faire rembourser de ses avances; si la dot a été payée au beau-père, il a action contre lui; mais si déjà il avait actionné le mari, et que celui-ci eût rendu la dot au père de sa femme, le mari aurait le droit de se faire rembourser par lui de ce qu'il aura payé.

30. POMPONIUS, *liv.* 15. *sur Sabinus.*

Par la raison contraire, ce que le père aura dépensé pour les funérailles de sa fille, ou ce qu'il aura été obligé de payer à tout autre qui les aura avancés, lui sera rendu par son gendre, en vertu de l'action qui dérive de la restitution de la dot (2).

§. 1. Mais si la fille emancipée est décédée après son mariage, les frais de son inhumation seront supportés par ses héritiers, soit civils, soit prétoriens, son père, et son mari, (dans la proportion de ce qu'ils retireront de sa succession).

31. ULPIEN, *liv.* 25. *sur l'édit.*

De l'inhumation d'un fils de famille, soldat.

S'il est question d'un fils de famille, soldat, qui ait un pécule provenant de ce qu'il a amassé à l'armée, je pense que ses héritiers sont d'abord tenus des frais de son inhumation, et ensuite son père.

Du maître dont l'esclave ou la femme esclave a été enterré.

§. 1. Celui qui a donné la sépulture à un esclave, n'importe le sexe, appartenant à autrui, a contre le maître l'action funéraire, pour se faire rembourser de ses dépenses.

De tempore hujus actionis. De successoribus.

§. 2. Hæc actio non est annua, sed perpetua (1):
et heredi, cæterisquè successoribus, et in successores datur.

32. Paulus, *lib.* 27. *ad edictum.*

Si possessor hereditatis funus fecerit.

Si possessor hereditatis funus fecerit, deindè
victus, in restitutione non deduxerit quod im-
penderit, utilem esse ei funerariam (2).

De viro et uxore eodem momento mortuis.

§. 1. Si eodem momento (3) temporis vir et
uxor decesserit, Labeo ait, in heredem viri pro
portione (4) dotis dandam hanc actionem : quoniàm id ipsum dotis nomine ad eum pervenerit.

33. Ulpianus, *lib.* 68. *ad edictum.*

Cui erepta ut indigno retinet jus sepulchri.

Si quis fuit heres, deindè hereditas ablata sit
ei, quasi indigno, magis est, ut penès eum jura
sepulchrorum remaneant.

34. Paulus, *lib.* 64. *ad edictum.*

*Heres in locum sub conditione legatum, pendente condi-
tione, inferre non potest.*

Si locus sub conditione legatus sit, interim heres
inferendo mortuum, non facit locum religiosum.

____

(1) L. 9. in fin. supr. h. t.
(2) V. l. 12. §. 11. supr. eod.
(3) V. l. 9. §. 3. infr. de reb. dubiis.

De la durée de cette action. Des héritiers.

§. 2. La durée de cette action n'est pas renfermée dans l'espace d'une année, mais elle est perpétuelle (1) ; et elle a lieu tant en faveur des héritiers, que contre les héritiers, ou autres successeurs du défunt, à quelque titre qu'ils succèdent.

32. PAUL, *liv.* 27. *sur l'édit.*

Si le possesseur de la succession a pourvu à l'inhumation du défunt.

Si le possesseur de bonne foi d'une succession a fait les frais d'inhumation du défunt, qu'ensuite ayant été évincé de la succession, il ait omis de se les faire rembourser, en rendant la succession, il aura une action funéraire utile, pour être indemne de ses dépenses (2).

Du mari et de la femme morts dans le même moment.

§. 1. Si le mari et la femme meurent dans le même tems (3), Labeon dit que l'action funéraire pourra être intentée contre l'héritier du mari, en proportion (4) de la dot, parce qu'il trouve la dot dans la succession du mari, dont il devient l'héritier.

33. ULPIEN, *liv.* 68. *sur l'édit.*

Celui à qui une succession a été enlevée comme indigne, conserve le droit de sépulture.

Tout porte à croire que celui qui, après avoir accepté une succession, en est dépouillé comme en étant indigne, conserve le droit de sépulture qui lui avait été transmis dans cette succession.

34. PAUL, *liv.* 64. *sur l'édit.*

L'héritier ne peut enterrer un mort dans un lieu légué sous condition, tant que la condition est en suspens.

L'héritier qui enterre un mort dans un endroit légué sous condition, ne le rend pas religieux, tant que la condition n'est pas remplie.

---

(4) V. l. 22. supr. h. t.

35. MARCELLUS, *lib.* 5. *Digestorum.*

Lugere qui non debent ; seu non lugendis.

Minimè majores lugendum (1) putaverunt eum, qui ad patriam delendam, et parentes, et liberos interficiendos venerit : quem si filius patrem, aut pater filium occidisset, sinè scelere, etiàm præmio adficiendum omnes constituerunt.

36. POMPONIUS, *lib.* 26. *ad Quintum Mucium.*

Per hostes capta loca ut desinant esse religiosa.

Cùm loca capta sunt ab hostibus (2), omnia desinunt religiosa vel sacra esse : sicùt homines liberi in servitutem perveniunt. Quod si ab hâc calamitate fuerint liberata , quasi (quodàm) postiliminio reversa, pristino statui restituuntur.

37. MACER, *lib.* 1. *ad legem* 20. *hereditatum.*

Qui sunt sumptus funeris.

Funeris sumptus accipitur, quidquid (3) corporis causâ, veluti unguentorum (4), erogatum est : et pretium loci, in quo defunctus humatus est : et si quâ vectigalia sunt, vel sarcophagi, et vectura; et quidquid corporis causâ, antequàm sepeliatur, consumptum est, funeris impensam esse existimo.

---

(1) L. 11. §. 3. supr. de his, qui notantur infam.
(2) Adde l. 4. infr. de sepulchro. violat.

35. MARCELLUS, *liv. 5. du Digeste.*

Qui sont ceux qui ne doivent pas porter le deuil ; de ceux dont on ne doit pas le porter.

Nos ancêtres ont pensé (1) que l'on ne devait pas porter le deuil de celui qui est venu porter la guerre et la désolation dans le sein de sa patrie, et pour égorger ses parens et ses enfans. Il y a plus : c'est qu'ils ont décidé que si un fils avait tué son père, ou un père son fils, qui se serait rendu coupable d'un crime aussi atroce, l'un ou l'autre méritait des récompenses.

36. POMPONIUS, *liv.* 26. *sur Quintus Mucius.*

Les lieux cessent d'être religieux dès l'instant où l'ennemi s'en est emparé.

Lorsque les ennemis se sont emparés d'un lieu (2), tout cesse d'être religieux, de même que les hommes libres qui tombent sous leur puissance, cessent d'être libres. Si les ennemis sont forcés de l'abandonner, les lieux sacrés et religieux reprennent leur première dignité, par une espèce de droit de postliminie.

37. MACER, *au liv.* 1. *sur la loi* 20. *des héritages.*

Ce que l'on entend par frais funéraires.

Il faut entendre par *frais funéraires*, tout ce qui a été dépensé à l'occasion du cadavre (3) du défunt, tels que les aromates pour l'embaumer (4), et le prix du lieu où il a été inhumé. Je pense même que si avant d'enterrer le défunt, il en a coûté quelque chose pour les droits de transport, les frais de cercueil, de voiture, et pour toute autre chose faite relativement au corps, ces dépenses doivent être censées *dépenses funéraires*.

---

(3) L. 14. §. 3, 4. 5. supr. h. t.
(4) V. l. 7. §. 5. infr. de in rem verso.

De monumento.

§. 1. *Monumentum* autèm sepulchri id esse, Divus Adrianus rescripsit, quod (1) monumenti, id est, causâ muniendi ejus loci factum sit, in quo corpus impositum sit. Itaquè si amplum quid ædificari testator jusserit, veluti in circuitum porticationes, eos sumptus funeris causâ non esse.

38. ULPIANUS, *lib.* 9. *de omnibus tribunalibus.*

Mora ne fiat sepulturæ præsidiis officium est.

Ne corpora aut ossa mortuorum detinerentur (2) aut vexarentur, nevè prohiberentur, quo minùs viâ publicâ transferrentur, aut quo minùs (3) sepelirentur, præsidiis provinciæ officium est.

39. MARCIANUS, *lib.* 3 *institutionum.*

De non inquietando corpore condito, id est non commovendo, transferendo.

Divi fratres edicto admonuerunt, *ne justæ sepulturæ traditum, id est, terrâ conditum, corpus inquietetur.* Videtur autèm terrâ conditum, et si in arculâ conditum hoc animo sit, ut non alibì transferatur. Sed arculam ipsam, si res exigat, in locum commodiorem licere transferre non est denegandum.

---

(1) L. 2. §. 6. supr. l. 42. infr. h. t.
(2) L. 3. §. 4. infr. de sepulchro violat. v. Nov. 60. in pr. circa fin. et c. 1. §. 1. Nov. 115. c. 5. §. 1.

Du monument.

§. 1. L'empereur Adrien a déclaré dans un rescrit, que l'on entendait par le (3) *monument sépulcral*, l'édifice élevé sur le lieu où le corps a été inhumé, pour l'enfermer, et le mettre à l'abri de toute espèce de profanation. C'est pourquoi si le testateur avait ordonné qu'on lui élevât un monument magnifique et spacieux, et qu'on l'ornât de portiques, ces dépenses ne seraient pas rangées dans la classe des dépenses funéraires.

38. ULPIEN, *liv.* 9. *de toutes les jurisdictions.*

Il est du devoir des gouverneurs des provinces de veiller à ce que les sépultures n'éprouvent pas de retard.

Les gouverneurs des provinces doivent veiller à ce que les corps ou les ossemens des morts (2) ne soient pas retenus dans des endroits particuliers, ou exposés à de mauvais traitemens; ils doivent également s'opposer à ce que personne n'empêche qu'ils passent par les chemins publics, et à ce qu'on leur rende les honneurs et les devoirs de la sépulture (3).

39. MARCIEN, *liv.* 3. *des institutes.*

Du mort dont le repos ne doit pas être troublé, et qui ne doit être ni remué ni transporté.

Les empereurs Marc-Aurèle, et Lucius Verus ont défendu par une ordonnance qu'ils ont rendue, de troubler le repos d'un mort qui a reçu la sépulture, c'est-à-dire, qui a été mis en terre. Or, un corps est censé être déposé en terre, lors même qu'il a été renfermé dans un coffre placé dans une muraille, sans qu'on ait le projet de le transporter ailleurs. Mais on ne peut refuser la liberté de pouvoir enlever le coffre pour le mettre dans un endroit plus commode, si le cas l'exige.

---

(3) L. 8. infr. de sepulchro violat. v. 1. 6. C. eod.

40. Paulus, *lib.* 3, *questionum.*

Si quis (enim) eo animo corpus intulerit, quòd cogitaret indè alio posteà transferre, magisquè temporis gratiâ deponere, quàm quod ibi sepeliret mortuum, et quasi æternâ sede dare destinaverit : manebit locus profanus.

41. Calistratus, *lib.* 2. *institutionum.*

De communi pluribus loco religioso.

Si plures sint domini ejus loci, ubi mortuus infertur, omnes consentire debent, cùm extranei inferantur : nàm ex ipsis dominis quemlibet rectè ibi sepeliri constat, etiàm sinè cæterorum consensû ; maximè, cùm alius non sit locus, in quo sepeliretur.

42. Florentinus, *lib.* 7, *institutionum.*

Definitio monumenti, sepulchri, cænotaphii.

Monumentum (1) generalitèr res est memoriæ causâ in posterum prodita : in quâ si corpus *vel* reliquiæ inferantur, fiet *sepulchrum* ; si verò nihil eorum inferatur erit monumentum memoriæ causâ factum, quod Græci (2) *inanè sepulchrum* appellant.

43. Papinianus, *lib.* 8. *questionum.*

De his qui religiosum locum facere non possunt, interdicto tamèn de mortuo inferendo utiliter agunt, putà de proprietario, et socio.

Sunt personæ, quæ quanquàm religiosum locum

------

(1) L. 2. §. 6. supr. h. t.

40. PAUL, *liv.* 3. *des questions.*

Si on a déposé un corps dans un lieu, avec l'intention de l'en extraire, pour ensuite le transporter dans un autre, de sorte qu'il n'y ait qu'un dépôt, le lieu restera toujours profane.

41. CALLISTRATE, *liv.* 2. *des institutes.*

D'un lieu religieux commun à plusieurs.

Si le lieu où un mort a été placé, appartient à plusieurs personnes, le consentement de tous les copropriétaires devient nécessaire, si le défunt n'est pas un des copropriétaires; car il est constant qu'un des propriétaires peut s'y faire enterrer malgré les autres, sur-tout s'il ne se trouve pas d'autre endroit plus commode pour l'enterrer.

42. FLORENTINUS, *liv.* 7. *des institutes.*

Définition d'un monument, d'un sépulcre, d'un cénotaphe.

En général (1) *un monument* n'est fait que pour perpétuer la mémoire d'un défunt; et s'il renferme le corps, ou les restes d'un défunt, alors il devient un sépulcre. Si au contraire il ne renferme rien de ce genre, ce ne sera plus qu'un simple monument élevé pour transmettre à la postérité le souvenir du défunt, et que les Grecs appellent un tombeau vide (2).

43. PAPINIEN, *liv.* 8. *des questions.*

De ceux qui ne pouvant rendre un lieu religieux, peuvent cependant recouririr à l'interdit établi contre ceux qui s'opposent à la sépulture d'un mort, par exemple, du propriétaire et de l'associé.

Il est des personnes qui, sans pouvoir rendre un lieu

____

(2) L. 6. in fin. supr. sqd.

facere non possunt, Interdicto tamèn de *mortuo* inferendo utilitèr agunt. Utputà dominus proprietatis (1), si in fundum, cujus fructus alienus est, mortuum inferat, aut inferre velit: nàm, si intulerit, non faciet justum sepulchrum; sèd, si prohibeatur, utilitèr interdicto, qui de jure dominii quæritur aget. Eademquè sunt in socio, qui in fundum communem invito socio mortuum inferre vult. Nàm *propter publicam utilitatem; nè insepulta cadavera jacerent, strictam rationem insupèr habemus: quæ nonnunquàm in ambiguis religionum quæstionibus omitti solet; nàm summam esse rationem, quæ pro religione facit.*

44. Paulus, *lib.* 3. *questionum.*

De sepulto in diversis locis.

Cùm in diversis locis sepultum est, uterquè quidèm locus religiosus non fit : quià una sepultura plura sepulchra efficere non potest; mihi autèm videtur, illum religiosum esse, ubi quod est principale, conditum est, id est, caput, cujus imago sit, indè cognoscimur.

Si reliquia transferuntur.

§. 1. Cùm autèm impetratur, ut reliquiæ transferantur, desinit locus religiosus esse.

----

(3) L. 2. §. 8. supr. eod. l. 1. §. 2. infr. tit. prox.

religieux, peuvent cependant se servir avec avantage de l'interdit établi contre ceux qui, sans motif valable, s'opposent à la sépulture d'un mort. Tel est, par exemple, le maître de la nue propriété (1), qui veut inhumer, ou faire inhumer un mort dans le terrein d'un fonds dont un autre a l'usufruit ; car s'il y enterre un mort, la sépulture ne sera pas légitime ni religieuse. Si cependant l'usufruitier s'y opposait, celui qui voudrait conserver son droit de propriété dans la jouissance duquel il serait troublé, pourrait dans ce cas recourir utilement à l'interdit dont nous venons de parler. Il en est de même à l'égard d'un associé qui *veut enterrer quelqu'un dans un fonds commun, malgré son associé. En effet, la considération de l'utilité publique, qui veut que les morts ne restent pas sans sépulture, nous fournit des raisons plus que suffisantes pour ne pas nous arrêter trop rigoureusement au maintien de certains droits privés qu'on doit quelquefois compromettre en quelque sorte dans les questions douteuses qui s'élèvent sur les matières de religion ; car tout ce qui est relatif à la religion, l'emporte sur toute autre considération particulière.*

44. PAUL, *liv. 3. des questions.*

D'un mort enterré dans différens endroits.

Lorsqu'un mort est enterré dans plusieurs lieux, chaque lieu où ses restes sont déposés, ne devient pas pour cela religieux, parce que la sépulture d'un seul homme ne peut pas faire plusieurs sépulcres. Pour moi, j'estime que le lieu où la principale partie de l'homme est inhumée, c'est-à-dire, la tête, dont on tire ordinairement la représentation, et par le moyen de laquelle il est reconnu, j'estime, dis-je, que ce lieu-là seul est religieux.

Si les restes d'un mort sont transférés.

§. 1. Si l'on obtient la permission de transférer ailleurs les restes d'un mort, dès l'instant où ils sont extraits du lieu où d'abord ils avaient été mis, il cesse d'être religieux.

45. MARCIANUS, *lib.* 8. *fideicommissorum.*

Privilegium funerarium seu funerariæ actionis.

Impensa funeris semper ex hereditate deducitur, quæ etiàm omne creditum solet præcedere, cùm bona solvendo non sint.

46. SCÆVOLA, *lib.* 2. *quæstionum.*

Si defunctus omnium prædiorum usumfructum separatim legaverit.

Si plura prædia quis habuit, et omnium usumfructum separatim legaverit, poterit in unum inferri : et electio erit heredis et gratificationi locus ; sed fructuario utilem actionem (1) in heredem dandam ad id recipiendum, quod propter eam electionem minutus est ususfructus.

De herede, et marito defunctæ.

§. 1. Si heres mulieris inferat mortuam in hereditarium fundum, à marito, qui debet in funus conferre, pro æstimatione loci consequatur.

Si vestimenta legata in funus erogentur.

§. 2. Ei, cui vestimenta legantur, si in funus erogata sint, utilem actionem in heredem dandam placuit : et privilegium funerarium.

---

(1) L. 17. in pr. supr. de usufr. l. 66. §. 4. infr. de legat. 2.

45. MARCIEN, *au liv. 8. des fidéicommis.*

Privilège funéraire, ou de l'action funéraire.

Les *frais funéraires* sont pris sur la succession, et ils sont prélevés avant toutes autres dettes, lors même que la succession n'est pas solvable.

46. SCÆVOLA, *liv. 2. des questions.*

Si le défunt a légué separément l'usufruit de tous ses biens fonds.

Le propriétaire de plusieurs fonds de terre dont il a légué séparément l'usufruit, pourra se faire inhumer dans l'un de ces fonds de terre, et l'héritier sera le maitre de choisir celui qu'il voudra adopter de préférence. En cette considération, il fera un avantage à l'usufruitier du fonds qu'il aura choisi. Mais alors l'usufruitier (1) a une action utile contre l'héritier, pour avoir une indemnité, en ce que le choix que l'on a fait lui devient préjudiciable.

De l'héritier, et du mari de la défunte.

§. 1. Si l'héritier d'une femme l'enterre dans un fonds de la succession, il pourra répéter du mari qui doit contribuer aux frais funéraires, une partie du prix du lieu destiné à la sépulture, d'après l'estimation qui en sera faite.

Si les vêtemens légués ont été employés aux funérailles.

§. 2. Il a été décidé, que dans le cas où des vêtemens légués auraient été employés pour l'enterrement du défunt, le légataire avait une action utile contre l'héritier, et jouissait du privilège attaché à l'action funéraire.

TITULUS OCTAVUS.

De mortuo inferendo et sepulchro ædificando.

~~~~~~~~~

2. ULPIANUS, *lib.* 68. *ad edictum.*

Interdictum de mortuo inferendo.

PRÆTOR ait : *quo quavè illi mortuum inferre invito te jus est , quo minùs illi eo eavé mortuum inferre , et ibi sepelire liceat , vim fieri veto.*

Quid sit prohibere inferre.

§. 1. Qui inferendi mortuum jus habet , non prohibetur inferre (1). Prohiberi autèm inferre videtur, sivè in locum inferre prohibeatur, sivè itinere arceatur.

De domino proprietatis.

§. 2. Hoc interdicto (2) de mortuo inferendo dominus proprietatis (3) uti potest : quod etiàm de loco puro competit.

---

(1) L. 8. in fin. supr. tit. prox.
(2) D. l. 8. in fin.
~~~~~~~~~

TITRE HUIT.

De l'action établie contre ceux qui s'opposent à l'inhumation d'un mort et à la construction d'un tombeau.

I. ULPIEN, *liv.* 68. *sur l'édit.*

Interdit contre ceux qui s'opposent à la sépulture d'un mort.

Voici ce que dit le Préteur : *il est permis d'enterrer un défunt dans un terrein, malgré celui qui veut s'y opposer, et je défends d'exercer aucune violence contre celui qui a le droit de le faire.*

Ce que l'on doit entendre par s'opposer à la sépulture d'un mort.

§. 1. On ne doit pas apporter d'obstacle au droit que quelqu'un a d'enterrer un défunt (1). On est censé être troublé dans ce droit, soit en éprouvant de l'opposition lorsqu'il s'agit d'inhumer un défunt, soit par le refus qu'on nous fait d'un chemin pour aller au lieu de la sépulture.

Du maître de la propriété.

§. 2. Le maître de la nue propriété du terrein dans lequel il veut enterrer un défunt (2), peut recourir à l'interdit établi contre ceux qui s'opposent à l'inhumation d'un mort (3). Il a lieu même lorsque le terrein n'est pas encore devenu religieux par la sépulture d'un mort.

____

(1) L. 43. supr. tit. prox.

Si quis viâ prohibeatur, et aliis servitutibus.

§. 3. Itèm si mihi in fundum via debeatur, in quem fundum inferre volo, et viâ prohibear, hoc interdicto posse me experiri, placuit; quià inferre prohibeor, qui viâ uti prohibeor : idquè erit probandum, et si alia servitus debeatur.

Quale sit hoc interdictum.

§. 4. Hoc interdictum prohibitorium (4) esse, palàm est.

Interdictum de sepulchro œdificando.

§. 5. Prætor ait : *Quo illi jus est invitò te mortuum inferre, quo minùs illi in eo loco sepulchrum sinè dolo malo œdificare liceat, vim fieri veto.*

Ejus ratio.

§. 6 Interdictum hoc proptereà propositum est, quià religionis interest, monumenta extrui et exornari.

De sepulchro vel monumento faciendo.

§. 7. Facere sepulchrum, sivè monumentum in loco, in quo ei jus est, nemo prohibetur.

Quid sit prohibere œdificare.

§. 8. *Ædificare* videtur *prohibere*, et qui prohibet eam (2) materiam convehi, quæ ædificio

____

(1) L. 9. supr. d. t. §. 1. Inst. de interdict.

Si quelqu'un s'oppose à ce que l'on se serve du chemin qui conduit à l'endroit de la sépulture, et des autres servitudes.

§. 3. Il a été décidé que je pouvais me servir du même interdit, si j'avais un droit de chemin sur un fonds dans lequel je voudrais inhumer un défunt, et que l'on me refusât ce chemin pour y aller. Car c'est s'opposer à l'enterrement que je veux faire, que de me refuser l'usage de ce chemin en cette occasion. Il en est de même à l'égard de toute autre servitude.

Quel est cet interdit.

§. 4. Nul doute que cet interdit ne soit prohibitif (1).

Interdit contre ceux qui s'opposent à la construction d'un tombeau.

§. 5. Le Préteur ajoute : *je défends d'employer la violence contre celui qui voudra ériger de bonne foi un tombeau dans un lieu où il a le droit de sépulture, malgré celui qui veut s'y opposer.*

Son motif.

§. 6. C'est par la raison qu'il importe à la religion que l'on puisse construire et orner des tombeaux, que le Préteur a proposé cet interdit.

Du tombeau ou du monument qui est à faire.

§. 7. Personne ne peut être privé de la liberté de construire un tombeau, ou un monument dans un lieu où il a le droit de le faire.

Ce que l'on entend par s'opposer à la construction.

§. 8. Celui qui empêche le transport des matériaux nécessaires à la construction d'un monument (2), est censé par cela même s'opposer à ce qu'il soit construit ; par

____

(2) L. 4. in pr. L. 5. in pr. infr. de itinere actuque privat.

necssaria sit; proindè et, si operi necessarios prohibuit quis venire, interdictum locum habet : et si machinam alligare quis prohibeat; si tamèn eo loci prohibeat, qui servitutem debeat; cæterùm si in meo solo velis machinam ponere, non tenebor interdicto, si jure te non patiar.

Quid sit ædificare.

§. 9. Ædificare autèm non solùm, qui novum opus molitur, intelligendus est, verùm is quoquè, qui vult reficere.

De eo qui agit ut labatur sepulchrum.

§. 10. Is, qui id agit, ut labatur sepulchrum, hoc interdicto tenetur,

2. MARCELLUS, *lib. 28. Digestorum.*

De prægnante defunctâ non antè humandâ, quàm partū exciso.

Negat lex Regia, mulierem, quæ prægnans (1) mortua sit, humari, antequàm partus ei excidatur : qui contrà fecerit, spem animantis cum gravidâ peremisse videtur.

3. POMPONIUS, *lib. 9. ad Sabinum.*

Si propiùs ædificium alienum aut ædificetur sepulchrum,

Si propiùs ædes tuas quis ædificet (et) sepulchrum, opus novum (tu) nunciare poteris : sed facto opere, nullam habebis actionem, nisi *quod vi aut clàm.*

---

(1) L. 18. supr. de statu homin. l. 5. infr. de pænis.

conséquent, il y a lieu à cet interdit contre celui qui empêche que les ouvriers nécessaires à sa construction, ne se transportent sur les lieux. Il en est de même à l'égard de celui qui s'oppose à ce que l'on place les machines qu'exige sa construction, pourvu toutes fois que le lieu où ces machines doivent être posées, soit sujet à quelque servitude au profit de celui qui veut les employer; car si vous voulez placer une machine sur mon terrein, qui n'est grevé d'aucune servitude à votre profit, je ne serai pas soumis à cet interdit.

Ce que c'est que de construire.

§. 9. Celui qui fait réparer un tombeau, est censé le construire, de même que celui qui le commence à neuf.

De celui qui fait quelque chose pour faire crouler un tombeau.

§. 10. Celui qui fait quelque chose qui peut faire crouler un tombeau, est censé le détruire, par conséquent, soumis à cette action.

2. MARCELLUS, *liv.* 28. *du Digeste.*

De la femme morte enceinte que l'on ne doit pas enterrer, avant que l'on n'ait extrait de son corps l'enfant.

Une loi rendue par les rois qui ont gouverné autrefois Rome, défendait d'enterrer une femme morte enceinte (1) avant que l'on eut extrait de son sein l'enfant qu'elle portait. Agir autrement, c'est se rendre coupable de la mort d'un être animé, à qui l'on peut quelquefois espérer de conserver le jour.

3. POMPONIUS, *liv.* 9. *sur Sabinus.*

Si un tombeau est construit trop près de la maison d'autrui,

Si quelqu'un construit un tombeau trop près de votre maison, vous pourrez vous oppposer à la construction de l'ouvrage. Mais si l'ouvrage est achevé, vous n'aurez pas d'action autre que celle qui derive de l'action de la violence ou de la clandestinité.

Aut mortuus inferatur.

§. 1. Si propiùs ædificium alienum intrà legitimum (1) modum mortuus illatus sit, posteà eum probibere non poterit ædificii dominus, quo minùs alium mortuum eo inferat, vel monumentum ædificet, si ab initio domino sciente hoc fecerit.

4. ULPIANUS, *lib.* 2. *responsorum..*

De jure sepulchri acquirendo.

Longâ possessione jus sepulchri non tribui ei, cui jure non competit (2).

5. IDEM, *lib.* 1. *opinionum.*

De monumento perficiendo,

Si in eo monumento, quod imperfectum esse dicitur, reliquiæ hominis conditæ sunt, nihil impedit, quo minùs id perficiatur.

Vel reficiendo.

§. 1. Sed si religiosus locus jam factus sit, pontifices explorare debent, quatenùs, salvâ religione, desiderio reficiendi operis medendum sit.

---

(1) V. l. ult. supr. fin. regand.
(2) Vide tamèn l. 6. C. de religios.

Finis libri undecimi.

Ou si un mort est enterré également trop près.

§. 1. Si l'on enterre un mort près d'un édifice appartenant à autrui, mais cependant à une distance voulue (1) par la loi, le propriétaire de cet édifice ne pourra s'opposer à ce que par la suite on y enterre un autre mort, ou qu'on y construise un monument, pourvu toutes fois que dans le principe, le maître en ait eu connaissance.

4. ULPIEN, *liv. 2. des réponses.*

De l'acquisition du droit de sépulture.

On ne peut acquérir sans titre, par une longue possession, le droit de sépulture(2).

5. LE MÊME, *liv. 1. des opinions.*

Du monument qui est à achever,

Si le monument dans lequel sont renfermés les restes d'un défunt, n'est pas parfait, rien n'empêche de l'achever.

Ou à réparer.

§. 1. Mais si déjà le lieu est religieux, les pontifes doivent examiner comment on s'y prendra pour, sans compromettre le respect dû à la religion, réparer le tombeau.

Fin du livre onzième.

LIBER DUODECIMUS.

TITULUS PRIMUS.

*De rebus creditis, si certum (1) petetur,
et de condictione.*

1. ULPIANUS *lib.* 26. *ad edictum.*

Expositio tituli de rebus creditis.

Ere est, priùs quàm ad verborum interpretationem perveniamus, pauca de significatione ipsiûs tituli referre. Quoniàm igitur multa ad contractus varios pertinentia jura sub hoc titulo Prætor inseruit, ideò *rerum creditarum* titulum præmisit. Omnes enim contractus, quos alienam fidem secuti instituimus, complectitur : nàm, ut lib. 1. quæstionum Celsus ait, *credendi* generalis appellatio est ; ideò sub hoc titulo Prætor, et de commodato, et de pignore edixit : nàm quicumquè rei adsentiamur, alienam fidem secuti, mòx recepturi quid ex hoc contractú *cre-*

LIVRE DOUZE.

TITRE PREMIER.

De l'action en vertu de laquelle (1) on demande une chose due, et de l'action à laquelle le prêt donne lieu.

1. ULPIEN, *liv.* 26. *sur l'édit.*

Exposition du titre relatif aux choses dues.

Il est à propos qu'avant d'interpréter des termes, nous exposions sommairement le sens de ce titre. Comme le Préteur a renfermé dans ce titre plusieurs principes relatifs à différens contrats, il a jugé nécessaire de faire précéder un titre général *des créances.* Car toutes les obligations dans lesquelles on s'est fié à la promesse d'un autre, sont renfermées dans ce mot. En effet, comme le dit Celse au livre 1. des questions, le terme de *créance* est général. C'est pourquoi le Préteur a classé sous le même titre les différens édits qu'il a fait, sur le prêt à usage, et le gage; car toutes les fois que nous faisons une convention, et que nous nous en rapportons à la bonne-foi de celui avec qui nous traitons, pour les avantages que nous devons retirer par la suite de la convention que nous avons faite, nous devenons *créancier*, et nous prenons ce nom. Le

dere dicimur. **Rei** quoquè verbum, ut generale, Prætor elegit.

2. Paulus, *lib.* 28. *ad edictum.*

Mutuum quomodò,

Mutuum damus recepturi non eandem speciem, quam dedimus (alioquìn commodatum erit, aut depositum), sed idèm genus : nàm si aliud genus, veluti, ut pro tritico vinum recipiamus, non erit mutuum.

Et quibus in rebus contrahitur.

§. 1. Mutui (1) datio consistit in his rebus, quæ pondere, numero, mensurâ consistunt : quoniàm eorum datione possumus in creditum ire, quià in genere suo functionem recipiunt per solutionem, quàm specie; nàm in cæteris rebus ideò in creditum ire non possumus, quià aliud pro alio invitò (2) creditori solvi non potest.

De ethimologiâ, et effectû mutui.

§. 2. Appellata est autem *mutui datio* ab eo, quòd de meo tuum fit (3) : et ideò si non fiat tuum, non nascitur obligatio.

Quid intersit inter creditum et mutuum.

§. 3. *Creditum* ergò à *mutuo* differt, quâ genus à specie : nàm creditum existit extrà eas res, quæ pondere, numero, mensurâ continentur : sicùt, si eandem rem recepturi sumus, creditum

______

(1) L. 1. §. 2. de oblig. et act. et in pr. Inst. quib. modis re contrah. oblig.

Préteur a adopté l'expression *de chose* due parce qu'elle est générale.

2. PAUL, *liv.* 28. *sur l'édit.*

Comment,

Nous prêtons une chose pour recevoir dans la suite, non la même chose que nous avons donnée, (autrement ce serait un prêt à usage, ou un dépôt), mais une autre chose du même genre; car si ce que l'on nous rend est d'un autre genre, par exemple, si nous recevons du vin pour du bled, ce ne sera plus un prêt.

Et pour quelles choses le prêt est contracté.

§. 1. Le prêt consiste (1) dans les choses qui se pèsent, se comptent, ou se mesurent, parce qu'en en transférant le domaine, nous pouvons opérer un prêt, puisqu'elles peuvent être remplacées par d'autres choses du même genre, et que l'on peut les payer, en rendant des choses de la même espèce, en place de celles que l'on a prêtées; car la raison pour laquelle les autres choses ne peuvent être prêtées, vient de ce que nous ne pouvons pas donner à notre créancier en payement, malgré lui, une chose diffé-rente (2) de celle que nous lui devons.

De l'éthymologie, et de l'effet du prêt.

§. 2. Le prêt *mutui datio*, est ainsi nommé de ce que la chose prêtée de mienne qu'elle était, devient la vôtre (3). Par conséquent si elle ne devient pas la vôtre, il n'y a pas d'obligation.

Quelle est la différence qu'il y a entre une créance et le prêt.

§. 3. *Une créance* diffère donc du *prêt*, comme le genre de l'espèce; car une créance peut exister sans qu'elle ait pour objet des choses qui se pèsent, se comptent, et se me-

---

(2) L. 16. l. 17. C. de solution. l. 9. C. de rescind. vend. in pr. Inst. quib. modis tollitur oblig.

(3) In fin. pr. Inst. quib. modis re contrahitur oblig.

est. Itèm mutuum non potest esse, nisi proficiscatur pecunia : creditum autèm interdùm, etiàmsi nihil proficiscatur, veluti si post nuptias dos promittatur.

Qui mutuum dare possunt.

§. 4. In mutui datione oportet dominum esse dantem ; nec obest, quòd filius familiâs et servus, dantes peculiares nummos, obligant : id enìm tale est, quale, si voluntate meâ tu des pecuniam : nàm mihi actio adquiritur, licèt (1) mei nummi non fuerint.

Si verbis credatur.

§. 5. Verbis quoquè credimus, quodàm actû ad obligationem comparandam interposito : veluti stipulatione.

3. POMPONIUS, *lib.* 27. *ad sabinum*

Qualis res in mutuo reddi debet.

Cùm quid mutuum dederimus, et si non cavimus, *ut œquè bonum nobis redderetur*, non licet debitori deteriorem rem, quæ ex eodem genere sit, reddere : veluti vinum novum pro vetere; nàm *in contrahendo quod agitur, pro cauto habendum est* : id autèm agi intelligitur, ut ejusdem generis, et eâdem bonitate solvatur, quâ datum sit.

---

(1) L. 9. §. 8. infr. h. t.

surent, comme si, par exemple, nous devons recevoir la même chose que nous avons prêtée, c'est alors une créance. Il n'y a point de prêt sans numération d'espèce ; cette créance au contraire peut avoir lieu sans numération d'espèce, comme si, par exemple, on promet au mari après le mariage une dot au nom de sa femme.

Qui sont ceux qui peuvent prêter.

§. 4. Le prêt ne peut avoir lieu qu'autant que celui qui fait le prêt, est propriétaire de la chose qu'il prête, et il importe peu que l'obligation soit acquise au profit d'un fils de famille, ou d'un esclave qui prête de l'argent provenant de son pécule ; car ce cas est le même que si vous donniez de l'argent à un autre par mon ordre, puisque l'obligation m'est acquise, encore que les deniers prêtés ne m'appartinssent pas.

Si la créance provient d'une convention verbale.

§. 5. Une créance peut provenir d'une convention verbale, lorsqu'il intervient un acte propre à faire naître une obligation, telle est, par exemple, la stipulation.

3. POMPONIUS, *liv.* 27. *sur Sabinus.*

Quelle est dans le prêt la chose qui doit être rendue.

Lorsque nous prêtons quelque chose, encore que nous ne soyons pas convenus expressément *qu'elle nous serait rendue dans le même état de bonté où elle était au moment du prêt*, le débiteur ne peut pas cependant rendre une chose quoique dans le même genre de celle prêtée, d'une qualité mauvaise ou inférieure, par exemple, du vin nouveau pour du vieux, *Car dans les contrats, l'intention des parties contractantes, doit être regardée comme une convention expresse.* Or, dans l'espèce dont il est ici question, les parties contractantes ont entendu que l'on rendît une chose du même genre, et de la même qualité..

4. ULPIANUS, *lib. 34. ad Sabinum.*

De deposito futuri mutui causâ contracto. De eo qui rem vendendam accipit, ut pretio uteretur.

Si quis nec causam, nec propositum fœnerandi habuerit, et tu empturus prædia, desideraveris mutuam pecuniam, nec volueris creditæ nomine, antequàm emisses, suscipere, atquè ità creditor, quià necessitatem fortè proficiscendi habebat, deposuerit apud te hanc eandem pecuniam, *ut, si emisses, crediti nomine obligatus esses*, hoc depositum periculo est ejus, qui suscepit. Nàm et qui rem vendendam acceperit, *ut pretio uteretur*, periculo suo rem habebit.

De pignore et fructibus.

§. 1. Res pignori data, pecuniâ solutâ, condici potest : et fructus ex injustâ causâ percepti condicendi sunt. Nàm et si colonus post lustrum (1) completum, fructus perceperit, condici eos constat : ità demùm, si non ex voluntate domini percepti sunt : nàm, si ex voluntate, procul dubiò cessat condictio.

De his quæ flumen abstulit.

§. 2. Ea, quæ vi fluminum importata sunt, condici (2) possunt.

5. POMPONIUS, *lib. 22. ad Sabinum.*

De re peremptâ, et de morâ.

Quod te mihi dare oporteat, si id posteà perierit, quàm per te factum erit, quò minùs id

---

(1) L. 67. in fin. infr. de furt.

4. ULPIEN, *liv.* 34. *sur Sabinus.*

Du dépôt qui a pour cause un prêt futur. De celui qui reçoit une chose pour la vendre, et se servir du prix qui en proviendra.

Si quelqu'un sans le motif ni le projet de placer son argent à intérêt, mais pour vous rendre un service à vous, qui voulant acheter une terre, desireriez trouver de l'argent à emprunter, sans cependant que vous voulussiez l'avoir à titre de prêt, avant d'avoir acheté la terre, si cette personne dis-je, dépose son argent entre vos mains, parce qu'elle est obligée de faire un voyage, sous la condition que *si vous achetez la terre, l'argent vous restera à titre de prêt*, cet argent sera à vos risques, périls et fortune, car lorsque celui qui a reçu une chose pour la rendre, il a été convenu que le *prix lui en restera à titre de prêt*, la chose est à ses risques.

Des fruits et du gage.

§. 1. Lorsque le créancier est payé, on peut demander la chose qui a été donnée en gage, de même que les fruits qui ont été perçus sans un juste titre ; car si un fermier a perçu des fruits après l'expiration de son bail (1) sans le consentement du maître, il est constant que le maître peut se les faire restituer. Mais si le maître y a consenti, nul doute qu'il n'y a pas lieu à les redemander.

Des choses que les eaux d'un fleuve ont entraînées.

§. 2. On peut demander la restitution des choses (2) qui ont été emportées par le débordement d'un fleuve.

5. POMPONIUS, *liv.* 22. *sur Sabinus.*

De la chose qui a péri, et du retard.

Il est certain que si la chose que vous étiez obligé de me donner vient à périr après que vous avez été en demeure

(2) Adde l. 9. §. 1. infr. de damno infect.

mihi dares, tuum fore id detrimentum constat. Sed cùm quæratur, an per te factum sit, animadverti debebit, non solùm in potestate tuâ fuerit id, necnè; aut dolo (1) malo feceris, quò minùs esset vel fuerit, necnè; sed etiàm, si aliqua justa causa sit, propter quam intelligere deberes te dare oportere.

6. Paulus, *lib.* 28. *ad edictum.*

Certi definitio.

Certum est (2), cujus species vel quantitas, quæ in obligatione versatur, aut nomine suo, aut eâ demonstratione, quæ nominis vice (3) fungitur, qualis quantaquè sit, ostenditur. Nam et Pedius libro primo de stipulationibus nihil referre ait, proprio nomine res appelletur, an digito ostendatur, an vocabulis quibusdàm demonstretur : quatenùs mutuâ vice fungantur, quæ tantundem præstent.

7. Ulpianus, *lib.* 26. *ad edictum.*

Quæ inseri mutuo possunt : de mutuo conditionali.

Omnia, quæ inseri stipulationibus possunt, eadem possunt etiàm numerationi pecuniæ : et ideò et conditiones.

8. Pomponius, *lib.* 6. *ex Plautio.*

Proindè mutui datio interdùm pendet, ut ex post facto confirmetur (4) veluti, si dem tibi mutuos nummos, *ut si conditio aliqua extiterit,*

---

(1) L. 17. §. 1. vers. quod si dolo. supr. de rei vind.
(2) L. 74. l. 75. infr. de verb. oblig.

de me la livrer, cette perte est pour vous. Mais lorsqu'il sera question de savoir si vous avez été en demeure de livrer la chose que vous deviez, il faudra examiner non-seulement si elle était en votre puissance, mais encore si elle a pu y être, ou si ce n'est pas par mauvaise-foi (1), que vous avez cessé de la posséder; on doit même examiner si vous n'aviez pas de justes raisons qui dussent et pussent vous faire penser que vous deviez la rendre.

6. PAUL, *liv.* 28. *sur l'édit.*

Définition de ce que l'on appelle chose certaine.

On entend par chose certaine (2) celle dont l'espèce ou la quantité qui constitue l'obligation est désignée ou par son nom, ou par une dénomination équivalente (3); car Pédius au livre 1. des stipulations, dit qu'il importe peu que la chose soit appellée par son propre nom, ou désignée avec le doigt, ou signalée par certaines expressions propres à la faire connaître, parce que les choses qui produisent le même effet, peuvent être indifféremment prises l'une pour l'autre.

7. ULPIEN, *liv.* 26. *sur l'édit.*

Quelles sont les clauses dont le prêt est susceptible. Du prêt conditionnel.

On peut insérer dans le prêt d'argent toutes les clauses que l'on insère dans les stipulations; un prêt d'argent peut donc être fait sous des conditions.

8 POMPONIUS, *au liv.* 6. *sur Plautius.*

Par conséquent la confirmation du prêt dépend quelque fois d'un fait postérieur (4), par exemple, *je vous donne une somme pour qu'elle soit à vous à titre de prêt, si certaine condition arrive, auquel cas j'acquerrai l'obligation du*

______

(3) L. 34. in pr. infr. de condit. et demonstr.
(4) V. l. 19. in pr. infr. h. t.

tui fiant, sisquè mihi obligatus : itèm, si legatam pecuniam heres (1) crediderit; deindè legatarius eam noluit ad se pertinere; quià heredis (2) ex die aditæ hereditatis videntur nnmmi fuisse, ut credita pecunia peti possit. Nàm Julianus ait, et traditiones ab herede factas ad id tempus redigi, quo hereditas adita fuerit, cùm repudiatum sit legatum aut adpositum.

9. Ulpianus, *lib.* 26. *ad edictum*

Quibus ex causis incerti condictio competit.

Certi condictio competit ex omni causâ, ex omni obligatione, ex quâ certum petitur : sivè ex certo (3) contractû petatur, sivè ex incerto, licet enìm nobis ex omni contractû certum condicere, dummodò præsens sit obligatio : cæterùm si in diem sit vel sub conditione obligatio, antè diem (4) vel conditionem (5) non potero agere.

§. 1. Competit hæc actio etiàm ex legati causâ, et ex lege Aquiliâ : sed et ex causâ furtivâ per hanc actionem condicitur. Sed et si ex senatusconsulto agetur, competit hæc actio : velutì si is, cui fiduciaria hereditas restituta est, agere volet.

De obligatione suo vel alieno nomine.

§. 2. Sivè autèm suo nomine quis obligatus sit sivè alieno, per hanc actionem rectè convenitur.

---

(1) L. 15. infr. de rebus dub.
(2) L. 44. S. 1. infr. de legat. 1.
(3) V. l. 74. infr. de verb. oblig.

prêt. De même si l'héritier prête une somme d'argent léguée (1), et qu'ensuite le légataire renonce a son legs, cette somme est censée alors avoir appartenu à l'héritier, du jour ou il a accepté la succession (2) ; car Julien dit que la délivrance des choses léguées faite à quelqu'un par l'héritier remonte au tems où il a accepté la succession, lorsque le legs est accepté, ou refusé.

9. ULPIEN, *liv.* 26. *sur l'édit.*

Des causes pour lequelles on peut redemander une chose certaine.

La restitution d'une chose certaine a lieu en vertu de tout titre, de toute obligation par laquelle on peut exiger une chose certaine, soit qu'on la demande, d'après un contrat certain (3), soit incertain ; car il nous est permis d'exiger une chose certaine en vertu de toute espèce de contrat, pourvu que l'obligation soit sans condition ; mais si elle est faite sous un certain jour, ou sous une certaine condition, je ne pourrai pas agir avant que (4) le jour ne soit arrivé, ou que la condition ne soit remplie (5).

§. 1. Cette action a lieu lorsque l'on demande un legs, ou que l'on poursuit, en vertu de la loi Aquilia, la réparation d'un tort ; même lorsque l'on demande la restitution d'un vol. Elle a encore lieu lorsque l'on agit en vertu d'un sénatusconsulte ; comme si, par exemple, un fidéicommissaire demande le paiement d'une dette en vertu des droits à lui acquis par la restitution qui lui a été faite d'une succession.

De l'obligation contractée en son propre nom ou en celui d'autrui.

§. 2. Soit que l'on soit obligé en son propre et privé nom, soit au nom d'autrui, on est régulièrement soumis à cette action.

---

(4) L. 41. §. 1. infr. de oblig. et act. l. 137. in fin. §. 2. infr. de verb oblig. l. 186. infr. de reg. jur. §. 2. Inst. de verb. oblig.

(5) L. 36. infr. h. t. l. 213. infr. de verb. sign. l. 169. in fin. infr. d. reg. jur.

Quibus ex causis certi condictio competit.

§. 3. Quoniàm igitùr ex omnibus contractibus hæc certi condictio competit, sivè re fuerit contractus factus, sivè verbis, sivè conjunctim, referendæ sunt nobis quædàm species, quæ dignum habent tractatum, an hæc actio ad petitionem eorum sufficiat.

Si numerationem sequatur stipulatio inutilis.

§. 4. Numeravi tibi decem, et hæc alii stipulatus sum : nulla est stipulatio (1). An condicere decem per hanc actionem possim, quasi duobus contractibus intervenientibus : uno, qui re factus est, id est, numeratione : alio, qui verbis, id est, inutilitèr : quoniàm alii (2) stipulari non potui ? Et puto, posse.

§. 5. Idèm erit, si à pupillo fuero sinè tutoris auctoritate stipulatus, cui tutore (auctore) credidi : nàm et tunc manebit mihi condictio ex numeratione.

§. 6. Itèm quæri potest, et si, quod numeravi, sub impossibili conditione stipuler : cùm enìm nulla sit stipulatio, manebit condictio.

§. 7. Sed et, si ei numeravero, cui posteà bonis interdictum est, mòx ab eo stipuler, puto, pupillo eum comparandum : quoniàm et stipulando sibi adquirit. (3)

---

(1) L. 3. C. de contrah. et committ. stipul.
(2) L. 58. §. 17. infr. de verb. oblig. §. 4. §. 19. Inst. de inutil. stipul.

*Pour quelles causes il y a lieu à redemander une chose
certaine.*

§. 3. Au moyen donc de ce que la restitution d'une
chose certaine a lieu en vertu de toute espèce de contrats,
soit qu'il y ait eu tradition de la chose, soit que l'on ait
contracté verbalement, soit enfin que l'une et l'autre de
ces deux choses ait concouru, nous croyons devoir rapporter quelques espèces remarquables dans lesquelles nous
examinerons si cette action est suffisante pour demander
tout ce qui constitue un contrat.

*Si une stipulation inutile a été suivie de la numération
d'espèces.*

§. 4. Je vous ai compté dix pièces, et j'en ai stipulé
la restitution au profit d'un autre ; la stipulation est nulle (1).
Puis-je, en vertu de cette action me faire payer par vous
ces dix pièces, comme s'il y avait deux contrats, l'un qui
aurait été parfait par la tradition de la chose, l'autre qui
aurait été consommé par une clause verbale, c'est-à-dire,
inutile, parce que je n'ai pu stipuler au profit d'un autre (2)?
J'estime que la chose est possible.

§. 5. Il en est de même si j'ai prêté de l'argent à un
pupille, sous l'autorisation de son tuteur, et que je lui aie
fait promettre de me le rendre, sans que son tuteur soit
intervenu lors de cette promesse ; car j'aurai alors le droit de
le répéter en vertu de la délivrance que je lui ai faite de
mon argent, et non en vertu de la promesse du pupille.

§. 6. On peut dire qu'il en serait de même dans le cas
où je vous aurai fait promettre, sous une condition im-
possible de me rendre l'argent que je vous aurais compté ;
car la stipulation étant nulle, je conserverai toujours le
droit de vous demander l'argent que je vous aurai compté.

§. 7. Mais si j'ai fait cette numération d'espèce à quelqu'un, qui par la suite ait été interdit, et que je lui aie fait
après son interdiction, promettre qu'il me rendrait la
somme que je lui ai comptée, je pense que c'est le cas
du pupille dont nous venons de parler, parce que l'interdit ne peut stipuler qu'à son profit (3).

____

(3) L. 6. infr. de verb. oblig.

De pecuniâ creditâ nomine alieno.

§. 8. Si nummos meos tuo nomine dedero, velùt tuos, absente te et ignorante, Aristo scribit, adquiri tibi condictionem. (1) Julianus quoquè de hoc interrogatus lib. x scribit, veram esse Aristonis sententiam, nec dubitari, quìn, si meam pecuniam tuo nomine, voluntate tuâ, dedero, tibi adquiratur obligatio; cùm quotidiè credituri pecuniam mutuam, ab alio poscamus, ut nostro nomine creditor (meus et) futuro debitori nostro.

Si depositario permittatur uti re depositâ.

§. 9. Deposui apud te decem, posteà permisi tibi uti. Nerva, Proculus, etiàm antèquàm moveantur, condicere, quasi mutua, tibi hæc posse ajunt. Et est verùm, ut et Marcello videtur, animo enìm cœpit possidere : ergò transit (2) periculum ad eum, qui mutuum rogavit, et poterit ei condici.

10. IDEM, *lib.* 2. *ad edictum.*

Quòd si ab initio, cùm deponerem, *uti tibi, si voles*, permisero, creditam non esse, antèquàm mota sit: quoniàm debitum iri non est certum.

11. IDEM, *lib.* 26. *ad edictum.*

Si res vendenda detur futuri mutui causâ.

Rogasti me, *ut tibi pecuniam crederem*, ego,

---

(1) L. 2. §. pen. supr. h. t. l. 126. §. 2. vers. planè. infr. de verb. oblig. l. 2. C. per quas person. nob. acquir.

De l'argent prêté au nom d'autrui.

§. 8. Ariston écrit que si en votre absence, et à votre insu j'ai prêté en votre nom mon argent, comme si c'était le vôtre, l'action, dont il est ici question, vous appartient (1). Julien, consulté à ce sujet, écrit au liv. x, que l'opinion d'Ariston est juste et vraie; et que l'on ne peut pas douter que, si de votre consentement j'ai prêté mon argent en votre nom, l'obligation provenant du prêt ne vous soit acquise; car il arrive journellement que voulant prêter de l'argent à quelqu'un, nous demandons à un autre de prêter en son nom l'argent à celui que nous voulons rendre notre débiteur.

Si l'on permet au dépositaire de se servir du dépôt.

§. 9. Je vous ai confié, à titre de dépôt, dix pièces, et ensuite je vous ai permis de vous en servir. Nerva et Proculus disent que j'ai pour vous les demander, l'action du prêt, de même que si vous ne les aviez pas changé de place pour vous en servir : et cela est vrai, d'après même Marcellus; suivant lequel une somme est à l'instant aux risques périls et fortunes de celui qui a demandé (2) à titre de prêt, et contre lequel on a l'action du prêt.

10. LE MÊME, *liv.* 2. *sur l'édit.*

Si dès le moment où je vous ai confié mon argent à titre de dépôt, *je vous ai permis de vous en servir*, il ne sera censé prêté que lorsque vous aurez commencé à en faire usage, car il est encore incertain que vous vous en serviez.

11. LE MEME, *liv.* 26. *sur l'édit.*

*Si dans l'intention d'un prêt futur, on donne une chose
à vendre.*

Vous m'avez prié de vous prêter de l'argent; mais n'en

---

(1) L. 4. in pr, supr. h. t.

cum non haberem, lancem tibi dedi, vel massam auri, ut eam venderes, et nummis utereris : si vendideris, puto mutuam pecuniam factam. Quòd si lancem, vel massam sinè tuâ culpâ perdideris priùs, quàm venderes, utrùm mihi, an tibi perierit, quæstionis est? Mihi videtur Nervæ distinctio verissima, existimantis, multùm interesse, venalem habui hanc lancem, vel massam, necnè; ut, si venalem habui, mihi perierit; quemadmodùm si alii dedissem vendendam; quòd si non fui proposito hoc, ut venderem, sed hæc causa fuit vendendi, ut tu utereris, tibi eam periisse; et maximè, si sinè usuris credidi.

De credito ut minùs vel plùs debeatur.

§. 1. Si tibi dedero decem (sic,) *ut novem debeas :* Proculus ait, et rectè, non ampliùs te ipso jure debere, quàm novem. Sed si dedero, *ut undecìm debeas*, putat Proculus, ampliùs, quàm decem condici, non posse (1).

Si servus crediderit.

§. 2. Si fugitivus servus nummos tibi crediderit, an condicere tibi dominus possit, quæritur? Et quidèm si servus meus, cui concessa est peculii administratio, crediderit tibi, erit mutua. Fugitivus autèm, vel alius servus contrà voluntatem domini credendo, non facit accipientis. (2) Quid ergò? Vindicari nummi possunt, si extant: aut, si dolo malo desinant possideri, ad exhibendum agi. Quòd si sinè dolo malo consumpsisti, condici tibi poterunt.

---

(1) L. 17. in pr. supr. de pact. l. 9. C. de non numer. pecun.

ayant pas, je vous ai donné de l'argenterie, ou de la matière d'or, pour la vendre, et vous servir de l'argent que vous en retireriez ; si vous parvenez à la vendre, je pense que dès ce moment le prêt a lieu. Mais il s'agit de savoir pour qui serait la perte de cette argenterie, ou de la matière d'or, si elle venait à être perdue sans qu'il y eut de votre faute, avant que vous en eussiez opéré la vente. J'approuve la distinction de Nerva, qui me semble très-juste : il pensait qu'il fallait distinguer, si moi, maître de cette argenterie, j'avais l'intention de la vendre, ou non ; ensorte que si j'étais décidé à la vendre, je dois en supporter la perte, de même que si j'avais chargé une autre personne de la vendre ; mais si telle n'était pas mon intention, et que je ne me fusse déterminé à la vendre, qu'afin que vous vous servissiez du produit de la vente, la perte en serait pour vous, sur-tout, si je vous prêtais sans intérêt.

Si on donne avec l'intention de recevoir plus ou moins que l'on n'a donné.

§. 1. Si je vous ai donné dix pièces, et que je vous aie fait promettre de m'en donner neuf, Proculus dit avec raison, que vous ne m'en devez de plein droit que neuf ; mais si je vous en ai donné dix, à condition que vous m'en rendriez onze, le même Proculus dit que je ne puis pas vous en demander plus de dix (1).

Si un esclave a prêté.

§. 2. On demande si, vous, ayant emprunté de l'argent d'un esclave fugitif, le maître est en droit de former contre vous l'action du prêt ? Si c'est mon esclave, à qui j'ai laissé la libre administration de son pécule, qui vous a prêté, le prêt est contracté. Mais l'esclave fugitif, ou tout autre qui, sans le consentement de son maître, prête de l'argent à un autre, n'en transmet pas à ce dernier la propriété (2) ? Quel parti prendre dans ce cas ? Le maître peut revendiquer l'argent, s'il existe encore, ou si l'emprunteur a cessé de le posséder par mauvaise foi, il peut intenter contre lui l'action en représentation. Mais si cet argent a été employé de bonne foi, on pourra l'exiger de vous en vertu de l'action du prêt.

---

(2) V. L. 48. in pr. infr. de pecul.

12. Pomponius, *lib. 6. ex Plautio.*

An furioso detur hæc actio.

Si à (1) furioso, cùm eum compotem mentis esse putares, pecuniam quasi mutuam acceperis, eaque in rem tuam versa fuerit, condictionem furioso adquiri, Julianus ait : nàm ex quibus causis ignorantibus nobis actiones adquiruntur, ex iisdem etiàm furioso adquiri. Itèm si is, qui servo crediderat, furere cœperit, deindè (2) servus in rem domini id verterit : condici furiosi nomine posse. Et si alienam pecuniam (3) credendi causâ quis dederit, deindè furere cœperit, et consumpta sit ea pecunia, condictionem furioso adquiri.

13. Ulpianus , *lib. 26. ad edictum.*

Si fur crediderit.

Nàm et si fur nummos tibi credendi animo dederit, accipientis non facit ; sed, consumptis (4) eis, nascitur condictio.

De nummis alienis.

§. 1. Undè Papinianus lib. VIII. questionum ait : si alienos nummos tibi mutuos dedi, non antè mihi teneris, quàm eos consumpseris. Quod si per partes eos consumpseris, an per partes tibi condicam, quærit? Et ait, condicturum, si admonitus alienos nummos fuisse, ideò per partem condico, quià nondùm totos consumptos compereram.

---

(1) L. 24. in pr. infr. de oblig. et act.
(2) D. l. 24. §. 1.

12. POMPONIUS, *liv.* 6. *sur Plautius.*

Si cette action est donnée à celui qui est en démence.

Si vous avez (1) emprunté de l'argent d'un fou que vous ne croiyez pas tel, et que vous l'ayez employé à vos propres affaires, Julien dit que l'action du prêt est acquise au profit de ce fou; car un fou acquiert une action à son profit, par les mêmes causes que nous en acquérons nous-mêmes sans le savoir. De même si celui (2) qui avait prété de l'argent à un esclave, est devenu fou par la suite, et que la somme prêtée ait tourné au profit du maître de l'esclave, l'action du prêt pourra être formée contre celui-ci, au nom du fou. Si quelqu'un prête l'argent d'un autre (3), qu'ensuite il devienne fou, l'action lui sera acquise, si l'argent a été consommé par l'emprunteur.

13. ULPIEN, *liv.* 26. *sur l'édit.*

Si un voleur a prêté.

Car si un voleur vous prête de l'argent qu'il aura volé, il ne vous en transmet pas la propriété; mais si vous l'avez employé (4) on a contre vous l'action du prêt.

De l'argent d'autrui.

§. 1. C'est ce qui a fait dire à Papinien, liv. VIII. des questions, que si je vous ai prêté l'argent d'autrui, vous n'êtes pas obligé envers moi, avant de l'avoir employé à votre usage. Mais il demande si, dans le cas où vous ne l'avez employé qu'en partie, je puis vous le redemander de même. Il répond que je pourrai vous le redemander, si vous avez été instruit que l'argent ne m'appartenait pas, et je serai fondé à vous le redemander par partie, parce que j'ignore si l'argent est employé en totalité.

---

(3) D. l. 24. §. 2.
(4) V. l. 94. §. 2. infr. de solution.

Si servus communis crediderit. De pecuniâ communi.

§. 2. Si servus communis decem crediderit, puto, sivè administratio servo concessa est, sivè non, et consumantur nummi, quinum comperere actionem. Nàm et si communes (1) tibi nummos credidero centum, posse me quinquagintà condicere, lib. VIII. quæstionum Papianus scribit: etiàmsi singula corpora communia fuerint.

14. IDEM, *lib.* 29. *ad edictum.*

Si filius familiâs pecuniam mutuatus solverit.

Si filius familias contrà senatusconsultum mutuatus pecuniam solverit, patri nummos vindicanti nulla exceptio objicietur; sed si fuerint consumpti à creditore nummi, Marcellus ait, cessare condictionem : quoniàm totièns condictio datur, quotièns ex eâ causâ numerati sunt, ex quâ actio esse potuisset, si dominium ad accipientem transisset ; in proposito autèm non esset. Deniquè per errorem soluti (2) contrà senatusconsultum crediti magis est cessare repetitionem.

15. IDEM, *lib.* 31. *ad edictum.*

Quibus modis contrahitus mutuum.

Singularia quædàm recepta sunt circà pecuniam creditam : Nàm si tibi debitorem meum jussero dare pecuniam, obligaris mihi, quamvis meos nummos non acceperis. Quod igitùr in

---

(1) D. l. 94. §. 1.

Si un esclave commun prête. De l'argent commun.

§. 2. Si un esclave appartenant à deux maîtres, a prêté dix pièces, je pense, que soit que cet esclave eût la libre administration de son pécule, soit qu'il ne l'eût pas, si celui à qui les dix pièces ont été prêtées, les avait dépensées, chaque maître pourrait intenter l'action du prêt, à l'effet de s'en faire rendre cinq. Car si je vous avais prêté cent écus qui m'appartenaient conjointement avec un autre (1), Papinien, au liv. VIII des questions, dit que je pourrais vous en demander cinquante, quoique chaque écu, pris séparément, fût commun entre moi et mon associé.

14. LE MÊME, *liv.* 29. *sur l'édit.*

Si un fils de famille paie avec de l'argent qu'il a emprunté.

Si un fils de famille, ayant emprunté de l'argent contre les dispositions du sénatusconsulte Macédonien, rend la somme qui lui a été prêtée, on ne pourra opposer aucune exception au père qui voudra la revendiquer. Mais si le créancier du fils a dépensé l'argent que ce dernier lui a rendu, Marcellus est d'avis que l'action cesse, parce qu'elle n'a lieu qu'autant que l'argent prêté eût pu produire une obligation; ce qui n'arrive pas dans ce cas, où le fils de famille n'a pu en transmettre le domaine au créancier. Enfin il pense que l'on n'a pas le droit de redemander une dette contractée par un fils de famille contre la teneur des dispositions du sénatusconsulte Macédonien, comme ayant été indûment payée, si elle l'a été par suite de l'ignorance où l'on était qu'elle n'était pas exigible (2).

15. LE MÊME, *liv.* 31. *sur l'édit.*

Comment se contracte le prêt.

Quelques règles ont été admises en matière de prêt; car si j'ai donné ordre à mon débiteur de vous donner une somme qu'il me devait, dans l'intention de vous la prêter, vous êtes obligé envers moi, quoique ce ne soit pas

---

(2) L. 19. in pr. l. 40. in pr. infr. de condict. indeb. l. 9. §. pen. et ult. infr. de SC. Maced.

duabus personis recipitur, hoc et in eâdem personâ recipiendum est : ut, cùm ex causâ mandati
pecuniam mihi debeas, et convenerit, *ut crediti
nomine eam retineas*, videatur mihi data pecunia, et à me ad te profecta.

16. Paulus, *lib.* 32. *ad Sabinum.*

Si socius crediderit.

Si socius propriam pecuniam mutuam dedit,
omnimodò creditam (pecuniam) facit, licèt
cæteri dissenserint. Quòd si communem numeravit, non aliàs creditam efficit, nisì cæteri quoquè consentiant; quià suæ (1) partis tantùm alienationem habuit.

17. Ulpianus, *lib.* 1. *disputationum.*

Si filius familiâs viaticum suum crediderit.

Cùm filius familiâs viaticum (2) suum mutuum
dederit, cùm studiorum causâ Romæ ageret : responsum est à Scævola, extraordinario judicio
esse illi subveniendum.

18. Idem, *lib.* 7. *disputationum.*

De dissensû in specie contractûs.

Si ego pecuniam tibi quasi donaturus dedero,
tu quasi mutuam accipias : Julianus scribit,
donationem non esse. Sed an mutua sit, videndum.
Et puto, nec mutuam esse : magisquè nummos
accipientis non fieri (3), cum (4) aliâ opinione

---

(1) L. 68. in pr. infr. pro socio.
(2) L. 18. §. 1. supr. de judic.

précisément mon argent que vous ayez reçu. Or, ce que l'on observe à l'égard de deux personnes, doit l'être également à l'égard de la même personne, ensorte que si vous me devez une somme que vous avez touchée en vertu de ma procuration, et qu'il soit ensuite convenu entre nous *que vous garderiez cette somme à titre de prêt*, je serai censé vous avoir rendu cet argent, qu'ensuite vous m'aurez donné.

16. PAUL, *liv.* 32. *sur Sabinus.*

Si l'associé a prêté.

Si un sociétaire prête une somme qui lui appartient en propre, le prêt est valablement contracté, quoique tous les autres associés n'aient pas voulu y consentir. Si l'argent qu'il a prêté, appartenait à la société, le prêt ne sera valable, qu'autant que les autres associés y auront consenti, parce qu'il n'a droit d'aliéner que sa portion dans la société(1).

17. ULPIEN, *liv.* 1. *des disputes.*

Si le fils de famille a prêté ce qui est destiné à sa nourriture.

Scévola a répondu que si un fils de famille, qui est à Rome pour cause de ses études, a prêté l'argent(2) qu'on lui a donné pour se nourrir pendant le tems de ses études, il devait, pour se le faire rendre, recourir à la voie extraordinaire.

18. LE MÊME, *liv.* 7. *des disputes.*

De la différence dans l'espèce de contrat.

Si je vous ai compté une somme, dans l'intention de vous la donner en pur don, et que vous l'ayez reçue à titre de prêt, il n'y a pas, suivant Julien, de donation; mais il nous reste à examiner s'il y a un prêt. Je pense qu'il n'y en a pas non plus(3), et que la propriété de la somme n'a pas passé (4) à celui qui l'a reçue à un titre tout dif-

---

(3) Immò vide l. 36. in fin. infr. de adquir. rer. domin.
(4) V. l. 57. infr. de oblig. et act.

acceperit. Quare, si eos consumpserit, licèt condictione teneatur, tamèn doli exceptione uti
poterit : quià secundum voluntatem dantis nummi
sunt consumpti.

§. 1. Si ego quasi deponens tibi dedero, tu
quasi mutuam accipias : nec depositum, nec
mutuum est. Idem est, et si tu quasi mutuam
pecuniam dederis, ego quasi commodatam os-
tendendi gratiâ accepi. Sed in utroquè casû,
consumptis nummis, condictioni sinè doli exceptioni locus erit.

19. Julianus, *lib.* 10. *Digestorum.*

An numeratio obliget accipientem.

Non omnis numeratio eum, qui accepit, obligat, sed quotièns id ipsum agitur, ut confestim
obligaretur. Nàm et is, qui *mortis causâ* pecuniam donat, numerat pecuniam : sed non
alitèr obligavit accipientem, quàm (1) si exsti-
tisset casus, in quem obligatio collata fuisset ;
veluti, si donator convaluisset (2), aut is, qui
accipiebat, prior decessisset. Et cùm pecunia daretur, *ut aliquid fieret,* quamdiù in pendenti
esset, an id futurum esset, cessabit obligatio :
cùm vero certum esse cœpisset, futurum id non
esse, obligatur, qui accepisset ; veluti, si Titio
decem dedero, *ut Stychum intrà Kalendas ma-*
numitteret, antè Kalendas nullam actionem habebo, post Kalendas ità demùm agere potero,
si manumissus non fuerit.

---

(1) L. 8. supr. h. t.
(2) L. 1. infr. de condict. caus. data. l. 76. infr. de jure dotium. l.
33. §. 2. infr. de mort. caus. donat.

férent de celui auquel elle lui a été donnée. C'est pourquoi s'il a dépensé la somme, quoique l'on puisse former contre lui une action, à l'effet de la lui redemander, il pourra cependant opposer une exception tirée de la mauvaise foi, parce qu'en consommant cet argent, il a agi conformément à la volonté du propriétaire de la somme.

§. 1. Si je vous ai donné une somme à titre de dépôt, et que vous la receviez à titre de prêt, il n'y aura dans ce cas, ni dépôt, ni prêt. Il en est de même si vous me donnez une somme à titre de prêt, et que moi je la reçoive pour m'en faire honneur, et non pour l'employer à mes affaires. Dans l'un et l'autre cas, si l'argent est consommé, il y aura lieu à une action pour en exiger la restitution, sans qu'on puisse opposer au demandeur l'exception tirée de la mauvaise foi.

19. JULIEN, *liv.* 10. *du Digeste.*

Si la numération des deniers oblige celui qui les reçoit.

La numération d'espèces n'oblige pas toujours d'elle-même celui qui les reçoit, à les rendre ; mais il faut que l'on ait voulu que celui qui les recevait, fût obligé de les rendre sur-le-champ. Car celui qui, dans la crainte de la mort, donne son argent à quelqu'un, le compte bien à la vérité, mais il n'oblige celui qui le reçoit, à le rendre, que dans le cas porté dans l'obligation (1) ; tel serait, par exemple, le cas où celui qui l'a donné, aurait dit qu'il ne lui serait rendu, que s'il recouvrait la santé (2), ou celui où le donataire viendrait à mourir avant le donateur. De même, si on donne de l'argent à quelqu'un pour faire *une chose*, tant que l'on attend que la chose se fasse, celui qui l'a reçu, n'est pas obligé de de le rendre. Mais s'il paraît certain que la chose ne se fera pas, celui qui aura reçu la somme, sera tenu de la rendre. Supposez, par exemple, que j'aie donné dix pièces à Titius, *à condition qu'il affranchirait Stychus d'ici aux calendes*, je n'aurai pas d'action contre lui avant ce tems ; mais si après les calendes, Stychus n'est pas affranchi, je pourrai l'actionner, à l'effet de me rendre la somme que je lui ai conditionnellement donnée.

Si pupillus crediderit aut solverit.

§. 1. Si pupillus (1) sinè tutoris auctoritate crediderit (2), aut solvendi causâ dederit, consumptâ pecuniâ condictionem habet, vel liberatur (3) : non aliâ ratione, quàm quod facto ejus intelligitur ad eum, qui acceperit, pervenisse. Quaproptèr si eandem pecuniam is, qui in creditum vel in solutum acceperat, alii porrò in creditum vel in solutum dederit, consumptâ eâ, et ipse pupillo obligatur, vel eum à se liberabit ; et eum, cui dederit, obligatum habebit, (vel se ab eo liberabit.) nàm omninò qui alienam pecuniam credendi causâ dat, consumpta eâ habet obligatum eum, qui acceperit : itèm qui in solutum dederit, liberabitur ab eo, qui acceperit.

20. IDEM, *lib.* 18. *Digestorum.*

Si pecunia donata ut donatori credatur.

Si tibi pecuniam donassem (4), *ut tu mihi eandem crederes*, an credita fieret ? Dixi, in hujusmodi propositionibus non propriis verbis nos uti : nàm talem contractum nequè donationem esse, nequè pecuniam creditam ; donationem non esse, quià non eâ mente pecunia daretur, ut omnimodò penès accipientem maneret ; creditam non esse, quià exsolvendi causâ magìs daretur, quàm alteriûs obligandi. Igitùr si is, qui pecuniam hâc conditione accepit, ut mihi in creditum daret, acceptam dederit, non forè creditam : magìs enim meum accepisse intelligi

---

(1) §. 2. Inst. quib. alienare licet.
(2) L. 9. in pr. infr. de auct. tutor.

Si le pupille a payé ou prêté.

§. 1. Si un pupille, sans l'autorisation (1) de son tuteur, prête une somme (2), ou paie une dette, il peut former l'action du prêt; ou il est libéré, si l'argent est employé (3). Il n'y a pas d'autre raison pour appuyer cette assertion, que celle-ci, c'est que la somme est censée, par le fait du pupille, être parvenue à celui qui l'a reçue. C'est pourquoi, si celui qui a reçu cette somme à titre de prêt, ou de paiement, l'a donnée à un autre au même titre, l'argent une fois consommé, il sera obligé envers le pupille, ou il cessera d'être son créancier, et il aura pour obligé celui à qui il aura donné la même somme, ou il le libérera de sa dette; car, généralement parlant, celui qui prête l'argent d'un autre, a pour obligé, l'argent étant consommé, celui qui l'a reçu. Il en est de même de celui qui a payé une dette avec les deniers d'un autre; il sera libéré à l'égard de celui qui les aura reçus.

20. Le même, *liv.* 18. *du Digeste.*

De l'argent donné pour ensuite être prêté au donateur.

Si je vous avais donné une somme à titre de donation, *à condition que vous me la prêteriez*, y aurait-il dans ce cas un prêt? J'ai répondu que la proposition n'était pas conçue en termes propres; qu'un tel contrat n'était ni une donation, ni un prêt : qu'il ne renfermait pas une donation, parce que la somme n'avait pas été donnée pour qu'elle restât tout-à-fait entre les mains de celui qui la recevait; qu'il ne renfermait pas non plus un prêt, parce que celui qui prête la somme donnée, a l'intention de payer ce qu'il doit à celui à qui il la prête, plutôt que de l'avoir pour obligé. Donc, si celui qui a reçu de moi une somme, à condition de me la prêter, me la rend après l'avoir reçue de moi, il n'y aura pas de prêt; car je suis censé avoir reçu ce qui était à moi; mais il faut entendre cela de cette

---

(3) D. l. 9. §. 2. l. 14. in fin. infr. de solut.
(4) L. 1. §. 1. infr. de donat.

debeo. Sed hæc intelligenda sunt proptèr subtilitatem verborum : benigniùs tamèn est, utrumquè valere.

21. IDEM, *lib.* 48. *Digestorum.*

De partis solutione.

Quidàm existimaverunt, nequè eum, qui decem peteret, cogendum quinquè accipere, et reliqua persequi : nequè eum, qui fundum suum diceret, partem duntaxât judicio persequi ; sed in utrâquè causâ humaniùs facturus videtur Prætor, si actorem compulerit ad accipiendum id, quod (1) offeratur : cùm ad officium ejus pertineat (2), lites diminuere.

22. IDEM, *lib.* 4. *ex Minicio.*

Cujus temporis et loci æstimatio.

Vinum, quod mutuum datum erat, per judicem petitum est ; quæsitum est, cujus temporis æstimatio fieret : utrùm cùm datum esset, an cùm litem contestatus fuisset, an cùm res judicaretur ? Sabinus respondit, si (3) dictum esset, quo tempore redderetur, quanti (4) tunc fuisset : (si (5) non, quanti tunc) cùm petitum esset (6). Interrogavi, cujus loci pretium sequi oporteat ? Respondit (7), si convenisset, *ut certo loco redderetur*, quanti eo loco esset : si dictum non esset, quanti ubi esset petitum.

---

(1) L. 8. in fin. supr. si pars. hered. l. ult. infr. quib. mod. pign.
(2) Vide tamèn l. 41. §. 1. infr. de usur.
(3) Immò vide l. 22. infr. de oblig. et act.
(4) L. ult. in pr. infr. de condict. tritic.

manière, à cause de la subtilité des termes. Cependant il est plus conforme à l'équité de dire que l'un et l'autre contrats sont valables.

21. LE MÊME, *liv.* 48. *du Digeste.*

Du paiement partiel.

Quelques jurisconsultes ont pensé que ni celui qui demanderait une dette de dix pièces, ne pourrait être forcé à n'en recevoir que cinq, et à conserver son droit de poursuite pour le reste, ni que celui qui réclamerait une terre qu'il prétendrait lui appartenir, ne pouvait pas être contraint à n'en poursuivre la restitution en justice que pour une partie. Mais dans l'un et l'autre cas, le Préteur agira avec plus d'équité, s'il force le demandeur à recevoir ce qu'on lui offrira (1), puisqu'il est du devoir du Préteur (2) de diminuer les procès.

22. LE MÊME, *liv.* 4. *sur Minicius.*

A quel tems et à quel lieu on se reporte pour faire l'estimation.

On a eu recours au juge, pour demander du vin qu'on avait prêté. On a demandé à ce sujet à quel tems on devait se reporter pour en faire l'estimation : si c'était à l'époque où il a été prêté, à celle de la contestation, ou au tems du jugement. Sabinus a répondu : si le tems auquel (3) il devait être rendu, a été fixé, l'estimation doit être (4) celle de ce tems-là; si (5) l'on n'est pas convenu d'époque, l'estimation sera celle de la valeur du vin au tems de la demande (6). J'ai demandé suivant quel endroit on ferait l'estimation. Il a répondu (7) que si l'on était convenu que le vin serait rendu dans un certain endroit, il serait estimé d'après la valeur du vin dans cet endroit; que s'il n'y a pas eu de convention à cet égard, on doit suivre alors la valeur du vin dans le lien où la demande a été formée.

---

(5) D. l. ult.
(6) Vide tamèn l. 3. in pr. d. t.
(7) D. l. ult. in fin.

23. Africanus, *lib. 2. quæstionum.*

De servo alieno vendito et mortuo.

Si eum servum, qui tibi legatus sit, quasi mihi legatum possederim, et vendiderim : mortuo eo, posse te mihi pretium condicere, Julianus ait : quasi ex re tuâ locupletior factus sim.

24. Ulpianus, *lib. singulari Pandectarum.*

De stipulatione certi.

Si quis *certum* (1) stipulatus fuerit, ex stiputatû actionem non (2) habet : sed (3) illâ condictitiâ actione id persequi debet, per quam *certum* petitur.

25. Idem, *lib. sing.* (*de officio*) *Consularium.*

De pecuniâ creditâ ob stipulationem ædificii.

Creditor, qui ob restitutionem (4) ædificiorum crediderit, in pecuniam, quam crediderit, privilegium exigendi habebit.

26. Idem, *lib. 5. opinionum.*

Si procurator militis crediderit.

Si pecuniam militis, procurator ejus mutuam dedit, fidejussoremquè accepit : exemplo eo, quo si tutor pupilli, aut curator juvenis pecuniam alterutriûs eorum creditam stipulatus fue-

---

(1) V. l. 74. infr. de verb. oblig.
(2) Vide tamen l. 1. §. 3. 3. supr. de eo per quem fact. l. 21. in fin. supr. de recept. qui arbitr. l. 28. infr. de act. empt. l. 14. C. de pact. junct. l. 68. infr. de verb. oblig.

23. AFRICANUS, *liv.* 2. *des questions.*

De l'esclave d'autrui vendu et mort.

Si j'ai vendu un esclave que je possédais à titre de legs, mais qui vous avait été légué et non à moi, Julien dit qu'après la mort de cet esclave, vous pouvez m'actionner à l'effet de vous en payer le prix, parce que je me suis enrichi d'une chose qui ne m'appartenait pas, mais à vous.

24. ULPIEN , *liv. unique des Pandectes.*

De la stipulation d'une chose certaine.

Si quelqu'un s'est fait promettre (1) quelque chose de certain par une stipulation, il n'a pas pour l'exiger l'action (2) qui provient de la stipulation, mais il peut se servir de cette action dont nous parlons, et qui a été établie pour demander une chose certaine (3).

26. LE MEME, *liv. unique des fonctions du Consul.*

De l'argent prêté pour la réparation d'un édifice.

Un créancier qui a prêté de l'argent pour la réparation d'un édifice (4) , a un privilége sur les autres créanciers lorsqu'il demande le paiement de la somme qu'il a prêtée.

26. LE MÊME, *liv.* 5. *des opinions.*

Si le fondé de pouvoir d'un soldat a prêté.

Si le fondé de pouvoir d'un soldat a prêté de l'argent qui appartenait à ce dernier, et reçu une caution, il a été décidé que l'action était acquise au soldat à qui appartenait l'argent prêté, à l'exemple du tuteur, ou du curateur d'un

---

(3) In pr. Inst. d. t.
(4) L. 1. infr. in quib. caus. pign. l. 1. infr. de cess. bonor. l. 24. §. 1. infr. de reb. auctor. judic. possid.

rit, actionem dari militi, cujus pecunia fuerit, placuit.

27. IDEM, *lib.* 10. *ad edictum.*

An civitas mutui datione obligatur.

Civitas mutui datione obligari potest, si ad utilitatem ejus pecuniæ versæ sunt : alioquin ipsi soli qui contraxerunt, non civitas, tenebuntur.

28. GAJUS *lib.* 21. *ad edictum provinciale.*

Creditor, qui non idoneum pignus accepit, non amittit exactionem ejus debiti quantitatis, in quam pignus non sufficit (1).

29. PAULUS, *lib.* 4. *ad Plautium.*

De contractû cùm servo institore.

Si institorem servum dominus habuerit, posse dici Julianus ait, etiàm condici ei (2) posse : quasi jussû ejus contrahatur, à quo præpositus sit.

30. IDEM, *lib.* 5. *ad Plautium.*

De promissione ab pecuniam accipiendam.

Qui pecuniam creditam accepturus, spopondit creditori futuro, in potestate (3) habet , ne accipiendo se (ei) obstringat.

______

(1) L. 9. §. 1. infr. de distract. pignor. 1, 3. C. eod.
(2) L. 17. in fin. infr. de instit. act. §. fin. Inst. quod cùm eo, qui in alien. potest.

mineur, ou d'un pupille, qui en prêtant l'argent de l'un ou de l'autre, a stipulé que l'argent lui serait rendu.

27. LE MÊME, *liv.* 10. *sur l'édit.*

Si un corps de ville est obligé en vertu de l'emprunt qui a été fait pour lui.

Un corps de ville peut être obligé à cause de l'emprunt fait en son nom, si la somme prêtée a tournée à son avantage, autrement il n'y aurait que ceux qui auraient emprunté qui seraient obligés et non le corps de ville.

28. GAJUS, *liv.* 21. *sur l'édit provincial.*

Le créancier qui n'a pas reçu en gage un effet suffisant pour répondre de sa créance, ne perd pas le droit d'exiger ce qui lui reste dû, après la vente du gage (1).

29. PAUL, *liv.* 4. *sur Plautius.*

Du contrat fait avec un esclave préposé à un commerce.

Si un maître a mis un esclave à la tête de quelque commerce, Julien dit que l'on a action contre le maître, pour se faire rendre ce qu'on lui a prêté, de même que si on avait contracté avec l'esclave par l'ordre (2) de son maître.

30. LE MEME, *liv.* 5. *sur Plautius-*

De la promesse faite à l'occasion d'argent qui est à recevoir.

Celui qui voulant recevoir une somme à titre de prêt, s'est obligé envers son créancier futur, avant qu'elle lui ait été prêtée, à la lui rendre, est libre de se dégager de cette obligation (3), en n'acceptant pas la somme.

---

(3) L. 4. infr. quæ res pignor. l. 11. in fin. pr. infr. qui potior. in pignor.

31. Idem, *lib.* 17. *ad Plautium.*

Quid restituendum sit hoc judicio.

Cùm fundus vel homo per condictionem petitus esset, puto, hoc nos jure uti, ut post judicium acceptum (1) causa omnis restituenda sit : id est, omne, quod habiturus esset actor, si litis contestandæ tempore solutus fuisset.

Si servus furtivus bonâ fide emptus ex peculio quod ad dominum pertinebat hominem emerit.

§. 1. Servum tuum imprudens (2) à fure bonâ fide emi; is ex peculio, quod ad te pertinebat, hominem paravit, qui mihi traditus est : Sabinus, Cassius posse te mihi hominem condicere : sed, si quid mihi abesset ex negotio, quod is gessisset, invicèm me tecùm acturum. Et hoc verùm est : nàm et Julianus ait, videndum, ne dominus integram ex empto actionem habeat, venditor autèm condicere possit bonæ fidei emptori. Quod ad peculiares nummos attinet, si extant, vindicare eos dominus potest, sed actione de peculio tenetur venditori, ut pretium solvat; si consumpti sint, actio de peculio evanescit. Sed adjicere debuit Julianus, non alitèr domino servi venditorem ex empto teneri, quàm si (3) ei pretium solidum et quæcunquè, si cum libero contraxisset, deberentur, dominus servi præstaret. Idem dici debet, si bonæ fidei possessori solvissem : si tamèn actiones, quas adversùs eum habeam, præstare domino paratus sim.

---

(1) L. 2. infr. de usur.
(2) L. 24. §. 1. infr. de act. empt.
(3) L. 13. §. 8. infr. l. 8. in fin. C. d. t.

31. LE MEME , *liv.* 17. *sur Plautius.*

Qu'est-ce que l'on doit restituer par cette action.

Lorsqu'on demande la restitution d'une terre ou d'un esclave, je pense, que nous sommes dans l'usage, qu'après la contestation en cause (1), on restitue tout ce qui est relatif à la chose dont on demande la restitution, c'est-à-dire, tout ce que le demandeur aurait eu, s'il eût été payé au tems de la contestation.

Si un esclave qui a été volé, et acheté de bonne foi, en a acheté un autre avec les deniers du pécule qui appartenait au maitre.

J'ai acheté de bonne foi de celui qui l'avait volé, et sans que je connusse qu'il était volé (2), un esclave qui vous appartenait ; celui-ci a acheté avec l'argent de son pécule qui vous appartenait, un esclave qui m'a été remis entre les mains : Sabinus et Cassius pensent que vous pouvez me redemander l'esclave nouvellement acquis ; et que si j'éprouvais quelque perte par suite de la gestion d'une affaire dont je l'aurais chargé, je pourrais réciproquement vous actionner : et cela est vrai ; car Julien dit que l'on doit faire ensorte que le maitre de l'esclave volé n'ait pas l'action en entier, en conséquence de l'achat fait par son esclave, afin que celui qui a vendu un esclave à l'esclave volé, puisse se le faire rendre par celui qui a acheté de bonne foi l'esclave volé. Quant à l'argent provenant du pécule, le maitre peut le revendiquer, s'il existe ; mais alors il sera tenu de rembourser au vendeur, sur l'argent qui se trouvera dans le pécule de son esclave, le prix de l'esclave qu'il a vendu. Si l'argent est consommé, l'action acquise au vendeur sur le pécule, n'existe plus. Mais Julien a dû ajouter que celui qui a vendu un esclave à l'esclave volé, n'est obligé envers le maitre de ce dernier, *ex empto*, qu'autant qu'il lui offrira en entier le prix de l'esclave volé (3), et tout ce que le vendeur aurait pu exiger d'une personne libre avec laquelle il aurait contracté. Il faut dire de même, si j'avais payé la personne qui possède de bonne foi l'esclave, pourvu toutes fois que je fusse disposé à céder et transporter au véritable maitre, les actions que j'aurais contre le possesseur de bonne foi.

32. CELSUS, *lib.* 5. *Digestorum.*

Si quis à debitore uniûs quasi à debitore alteriûs mutuum
acceperit.

Si (et) me, et Titium mutuam pecuniam ro-
gaveris, et ego meum debitorem tibi promittere
jusserim, tu stipulatus sis, cùm putares eum
Titii debitorem esse : an mihi obligaris? Sub-
sisto : si quidèm nullum negotium mecùm con-
traxisti; sed propriùs est, ut obligari te existimem :
non quià pecuniam tibi credidi (hoc enìm nisi
intèr consentientes fieri non potest) : sed quià
pecunia mea, (quæ) ad te pervenit, eam mihi
à te reddi bonum et æquum est.

33. MODESTINUS, *lib.* 10. *Pandectarum.*

De Præside, et his qui circà eum sunt, et officialibus.

Principalibus constitutionibus cavetur, *ne* (1)
hi, qui provinciam regunt, quivè circà eos
sunt, negotientur, mutuamvè pecuniam dent,
fœnusvè exerceant.

34. PAULUS, *lib.* 2. *sententiarum.*

Præsidis provinciæ officiales, quià perpetui
sunt, mutuam pecuniam dare, et fœnebrem
exercere possunt.

§. 1. Præses provinciæ mutuam pecuniam fœnebrem sumere non prohibetur.

---

(1) L. 3. C. si certum petatur.

32. CELSE, *liv.* 5. *du Digeste.*

Si quelqu'un a reçu à titre de prêt une somme due par le débiteur d'un tiers.

Si vous m'avez demandé à moi, et à Titius, que je vous prêtasse de l'argent, et qu'ayant chargé mon débiteur de vous en donner, vous vous soyez obligé envers lui, croyant qu'il était le débiteur de Titius, êtes-vous obligé envers moi par l'action du prêt? Ici se présente quelque difficulté, en ce que vous n'avez pas entendu contracter envers moi; cependant je pencherais plus vers l'avis qui voudrait que l'action du prêt me fût acquise, non pas parce que je vous ai prêté de l'argent; car il ne peut y avoir de prêt, qu'autant que les parties sont consentantes, mais parce que l'argent que vous avez reçu est à moi, et que la bonne foi et l'équité exigent que vous me le rendiez.

33. MODESTINUS, *liv.* 10. *des Pandectes.*

Du président, et de ceux qui sont auprès de lui, et de ses officiers.

Les constitutions des princes *ont défendu aux gouverneurs des provinces* (1) *, et à ceux qui composent leur suite, de faire le commerce, de prêter de l'argent, enfin de le placer à intérêt.*

34. PAUL, *liv.* 2. *des sentences.*

Les officiers du président de la province, au moyen de ce qu'ils sont perpétuels, peuvent prêter de l'argent, et le placer à intérêt.

§. 1. Rien n'empêche que le président de la province lui-même n'emprunte de l'argent à intérêt.

35 MODESTINUS , *lib* 3. *responsorum.*

De periculo nominum.

Periculum nominum ad eum (1), cujus culpâ deteriùs factum probari potest, pertinet.

36. JAVOLENUS , *lib.* 1. *epistolarum.*

Si pecunia debita promittitur alteri sub conditione voluntate creditoris.

Pecuniam, quàm mihi sinè conditione debebas, jussû meo promisisti Attio *sub conditione*, cùm, pendente conditione, in eo statû sit obligatio tua adversùs me, tanquàm sub contrariâ conditione eam mihi spopondisti : si pendente conditione petam, an nihil acturus sum ? Respondit : Non dubito, quìn mea pecunia, quam ipse sinè conditione stipulatus sum, etiamsì conditio in personâ Attii, qui ex meâ voluntate eandem pecuniam sub conditione stipulatus est, non extiterit, credita esse permaneat : perindè est enìm, ac si nulla stipulatio intervenisset ; pendente autèm causâ conditionis (2), idem petere non possum : quoniàm, cùm incertum sit, an ex eâ stipulatione deberi possit, antè tempus petere videor.

37. PAPINIANUS , *lib.* 1. *definitionum.*

An conditio stipulationem suspendat.

Cùm ad præsens tempus conditio confertur, stipulatio non suspenditur (3); et, si conditio vera

---

35. MODESTINUS, *liv*. 3. *des réponses.*

De la perte de la valeur des obligations.

La perte de la valeur des obligations regarde celui qui l'a causée (1), si le fait peut se prouver.

36. JAVOLENUS, *liv*. 1. *des lettres.*

Si l'argent qui est dû, est promis à un autre condition-nellement du consentement du créancier.

Vous avez promis, par mon ordre, de donner à Attius, *sous une certaine condition*, une somme que vous me deviez sans condition : tant que la condition est en suspens, l'obligation que vous avez contractée envers moi, est dans le même état que si vous vous fussiez obligé envers moi à me payer cette somme, sous la condition contraire de celle par laquelle vous vous êtes engagé à la donner à Attius. Si je vous la demande pendant que la condition est encore en suspens, ma demande est-elle régulière? J'ai répondu : je ne doute pas que l'argent que vous me deviez sans condition, et que depuis vous devez donner, par mon ordre, à Attius, sous une certaine condition, ne doive rester entre vos mains à titre de prêt, tant que la condition qui regarde Attius ne sera pas accomplie : car c'est ici la même chose que s'il n'y avait eu aucune stipulation. Mais tant que la condition est en suspens (2), je ne puis pas vous demander cette somme ; car comme il est incertain si elle me sera due en vertu de l'obligation que vous avez contractée envers moi, je serais censé demander la somme avant le tems où elle est exigible.

37. PAPINIEN, *liv*. 1. *des définitions.*

Si la condition suspend l'effet de la stipulation.

Lorsque la condition se reporte au tems présent, l'obligation n'est pas suspendue (3); et si la condition existe,

---

(2) L. 9. in pr. supr. h. t.
(3) L. 100. l. 120. infr. §. 6. Inst. de verbor. oblig.

sit, stipulatio tenet : quamvìs tenere contrahentes conditionem ignorent; velutì, *si rex Parthorum vivit, centum (millia) dare spondes?* Eadem sunt, et cùm in præteritum conditio confertur.

38. Scevola, *liv.* 1. *quæstionum.*

Rescipiendum enìm esse; an, quantùm in naurâ hominum sit, possit scire eam debitum iri.

39. Papinianus, *lib.* 1. *definitionum.*

Itàque tunc potestatem conditionis obtinet, cùm in futurum confertur.

40. Paulus, *lib.* 3. *quæstionum.*

De pacto ex continenti stipulatione adjecto.

Lecta est in auditorio Æmilii Papiniani, præfecti prætorio, jurisconsulti, cautio hujusmodi : *Lucius Titius scripsi me accepisse à Publio Mœvio quindecìm mutua numerata mihi de domo : et hæc quindecìm proba* (1) *rectè dari Kalendis futuris stipulatus est Publius Mœvius, spopondi ego Lucius Titius. Si die suprà scriptâ summa Publio Mœvio, eive ad quem ea res pertinebit, data, soluta, satisvè eo nomine factum non erit, tunc eo ampliùs, quo post solvam, pœnæ nomine, in dies triginti, inquè denarios centenos, denarios singulos dari stipulatus est Publius Mœvius, spopondi ego Lucius Titius. Convenitquè intèr nos, uti pro Mœvio ex summâ suprà scriptâ menstruos refundere debeam denarios tricenos*

---

(1) L. 24. infr. de constit. pecun.

l'obligation est valable, quoique les parties contractantes ignorent qu'elle existe : *comme si, par exemple, vous promettiez de donner cent mille pièces, si le roi des Parthes vit.* Il en est de même si la condition se reporte à un tems passé.

38. SCÆVOLA, *liv. 1. des questions.*

Car il faut considérer s'il est dans la nature des choses humaines, que l'objet de l'obligation puisse être dû.

39. PAPINIEN, *liv. 1. des définitions.*

C'est pourquoi une clause ne peut produire l'effet d'une condition, que lorsqu'elle se reporte à un tems futur.

40. PAUL, *liv. 3. des questions.*

De la convention ajoutée à la stipulation.

Il a été fait lecture dans l'auditoire de Emilius Papinien, jurisconsulte, et préfet du prétoire, d'une obligation dont la teneur suit : *Moi, Lucius Titius, reconnais que j'ai reçu de Publius Mævius, à titre de prêt, quinze mille qu'il m'a compté des deniers qu'il avait chez lui, et Publius Mævius m'a fait promettre de les lui rendre en espèces loyales* (1), *et ayant cours aux calendes prochaines ; ce à quoi, moi, Lucius Titius, je me suis obligé. Si au jour ci-dessus fixé, cette somme n'est pas payée à Publius Mævius, ou à ses ayant-cause, et que je n'aie pas satisfait, je paierai alors, en outre de ce qui sera dû, à titre de peine, pour avoir manqué à mes engagemens, par chaque trente jours un denier pour cent; c'est ce que Publius Mævius m'a fait promettre, et ce à quoi moi, Lucius Titius me suis engagé. Il a été de plus convenu entre nous, que je paierais à Mævius, ou à son héritier, la somme que je lui dois en paiemens égaux de mois en mois, à raison de trois-cents deniers par mois.* On a demandé depuis quand les intérêts étaient dus, parce que le nombre des mois fixés pour l'entier paiement, était passé? Je disais, au moyen de ce que les conventions ajoutées sur-le-champ aux stipulations, sont censées en faire partie,

ex omni summâ ei, heredivè ejus. Quæsitum est de obligatione usurarum : quoniàm numerus mensium, qui solutioni competebat, transierat? Dicebam, quià pacta in continenti facta stipulationi inesse creduntur, perindè esse, ac si per singulos menses certam pecuniam stipulatus, quoàd tardiùs soluta esset, usuras adjecisset. Igitùr, finito primo mense, primæ pensionis usuras currere : et similitèr post secundum et tertium tractum usuras non solutæ (pecuniæ) pensionis crescere : nec antè sortis non solutæ usuras peti posse, quàm ipsa sors peti potuerat. Pactum autèm, quod subjectum est, quidàm dicebant ad sortis solutionem tantùm pertinere, non etiàm ad usurarum, quæ priore parte simplicitèr in stipulationem venissent : pactumquè id tantùm ad exceptionem prodesse; et ideò, non solutâ pecuniâ statutis pensionibus, ex die stipulationis usuras deberi, atquè si id nominatim esset expressum. Sed cùm sortis petitio dilata sit, consequens est, ut etiàm usuræ ex eo tempore, quo moram fecit, accedant; et, si (ut ille putabat) ad exceptionem tantùm prodesset pactum, (quamvis sententia diversa obtinuerit), tamèn usurarum obligatio ipso jure non committetur : non (1) enim in morâ est is, à quo pecunia proptèr exceptionem peti non potest. Sed (si) quantitatem, quæ medio tempore colligitur, stipulamur, cùm conditio exstiterit, sicùt est in fructibus, idem et in usuris potest exprimi, ut ad diem non solutâ pecuniâ, quo competit usurarum nomine, ex die interpositæ stipulationis præstetur.

---

(1) L. 88. infr. de reg. jur.

on doit dans ce cas régler les choses de la manière que l'on le ferait, s'il avait été dit dans la stipulation, qu'une certaine somme serait payable par mois, et qu'on eût stipulé les intérêts dans le cas où le paiement aurait éprouvé des retards. Par conséquent, le premier mois étant passé, les intérêts de la somme partielle qui devait être payée, commencent à courir, et ainsi de suite après le second, le troisième mois, après lesquels les intérêts des sommes qui ont dû être payées, mais qui ne l'ont pas été, commencent à courir; mais les intérêts du capital entier ne peuvent être exigés avant que ce capital lui-même, qui devait être payé partiellement, ne soit exigible en totalité. Il y avait des jurisconsultes qui disaient que la convention qui avait été ajoutée à la fin, ne concernait pas les intérêts qui avaient été réglés dans la première partie de la stipulation, et qu'elle n'était relative qu'au paiement du capital; qu'enfin cette convention n'était utile que pour procurer au débiteur une exception : par conséquent ils pensaient que si les sommes partielles n'avaient pas été payées dans les tems marqués, les intérêts de la somme entière étaient dûs du jour de la promesse, comme si les parties en étaient expressément convenues. Mais puisque le paiement du capital a été différé, il est juste que les intérêts ne soient dus que du jour où le débiteur a été en demeure de payer; et si, comme le pensait celui qui a émis cette opinion, qui n'a pas été adoptée, la convention ne produit pas d'autre effet que celui de procurer une exception au débiteur; cependant l'obligation qu'il a contractée de payer les intérêts ne peut avoir son effet de plein droit; car celui-là (1) n'est pas en demeure, de qui on ne peut exiger une somme, parce qu'il a une exception dilatoire à opposer au demandeur. Mais si nous nous faisons promettre par quelqu'un, qu'il nous rendra, dans le cas où certaine condition arrivera, la somme qu'il aura recueillie pendant le tems intermédiaire, on pourra de même convenir expressément, en ce qui concerne les intérêts, comme cela arrive à l'égard des fruits, que si la somme n'est pas payée au jour marqué, les intérêts de la totalité de la somme seront payés à compter du jour où l'obligation aura été contractée.

41. AFFRICANUS, *liv. 8. questionum.*

Si dispensator ignorans se à domino liberum, et ex parte
heredem scriptum, pecunias exigat vel credat.

Ejus, qui in provinciâ Stychum servum Ka-
lendario præposuerat, Romæ testamentum recì-
tatum erat, quo idem Stychus liber et ex parte
heres erat scriptus; qui statùs sui ignarus, pecunias defuncti aut exegit, aut credidit, ut interdùm stipularetur, et pignora acciperet; consule-
batur, quid de his juris esset? Placebat, debi-
tores quidèm, ei, qui solvissent, liberatos (1) esse;
si modò ipsi quoquè ignorassent dominum decessisse : earum autèm summarum nomine, quæ
ad Stychum pervenissent, familiæ erciscundæ
quidèm actionem non (2) competere coheredibus (3), sed negotiorum gestorum dari debere (4) quas verò pecunias ipse credidisset, eas
non ex majore parte, quàm ex quâ ipse heres
sit, alienatas esse. Nàm et si tibi in hoc dederim
nummos, *ut eos Stycho credas*, deindè, mortuo
me, ignorans dederis; accipientis non facies. (5)
Nequè enìm sicùt illud receptum est, ut debi-
tores solventes ei liberentur, ità hoc quoquè receptum, ut credendo nummos alienaret. Quarè, si nulla
stipulatio intervenisset, nequè, (ut) creditam
pecuniam, pro parte coheredis peti posse, nequè
pignora teneri. Quòd si stipulatus quoquè esset,
referret, quemadmodùm stipulatus esset. Nàm
si nominatim, fortè *Titio domino suo*, mortuo
jàm, *dari* stipulatus sit, procùl dubiò inutilitèr

---

(1) L. 32. infr. de solution.
(2) Obst. l. 52. §. 1. supr. famil. ercisc.
(3) V. l. 16. §. 4. l. 49. circa fin. supr. famil. ercisc.

41. AFRICANUS, *liv. 8. des questions.*

Si l'esclave préposé par son maître pour faire valoir son argent, ignorant qu'il était libre, et institué héritier en partie par son maître, se fait payer et prête.

Un particulier qui avait établi dans la province un esclave nommé Stychus, pour faire valoir son argent, meurt à Rome, où son testament ayant été ouvert, on lut que ce même Stychus avait sa liberté, et de plus, qu'il était institué héritier en partie. Celui-ci, ignorant son changement d'état, a fait rentrer des sommes qui étaient dues à son maître, ou en a placé d'autres qui lui appartenaient également; et alors il exigeait des débiteurs des promesses, ou des gages pour sûreté des prêts qu'il faisait. On consultait pour savoir ce que l'on devait statuer sur ces opérations. On a décidé que les débiteurs qui avaient payé l'esclave Stychus, étaient libérés (2), si toutes fois ils ignoraient le décès du maître de l'esclave; que les cohéritiers de Stychus n'avaient pas l'action en partage de succession à l'occasion des sommes qu'il avait touchées (2), mais qu'ils avaient simplement l'action de la gestion des affaires (3); que, quant aux sommes qu'il avait prêtées, elles ne pouvaient l'avoir été que jusqu'à la concurrence de la portion pour laquelle il avait été institué héritier : car si je vous avais donné mon argent, *pour que vous le prêtassiez à Stychus,* et que moi venant à mourir, mais ignorant ma mort, vous le lui ayez donné, vous ne lui en transmettez pas la propriété (4) ; car ce qui a été décidé à l'égard des débiteurs qui auraient payé à l'esclave, et qui par-là auraient opéré leur libération, ne doit pas s'appliquer au cas où ce même esclave aurait aliéné les deniers de son maître, en les prêtant(5). C'est pourquoi si l'esclave n'avait tiré aucune promesse qui assurât la restitution de la somme, on ne pourra pas dire que le prêt soit valablement contracté, ni que les gages donnés soient obligés pour la portion qui reviendra à chaque cohéritier ; mais si l'esclave avait tiré une promesse, il faudrait encore en examiner la teneur; car si la promesse était faite au nom de son maître Titius, supposé mort à cette époque, il n'y a pas de doute que cette promesse

---

(4) L. 31. in pr. supr. de procur.
(5) L. 2. §. 6. infr. de donat.

esset stipulatus ; quòd si *sibi dari* stipulatus esset, dicendum hereditati eum adquisisse ; sicùt enim nobismèt ipsis ex re nostrâ per eos, qui liberi, vel alieni servi bonâ fide serviunt, adquiratur, ità hereditati quoquè ex re hereditariâ adquiri : post editam verò à coheredibus hereditatem, non æquè idem dici (potest), utiquè si scierint eum tibi coheredem datum; quoniàm tunc non possunt videri bonæ fidei possessores esse , qui nec possidendi animum haberent. Quòd si proponatur, coheredes ejus id ignorasse, quòd fortè ipsi quoquè ex necessariis fuerint : potest adhùc idem responderi. Quo quidem casû illud eventurum, ut, si suæ conditionis coheredes iste servus habeat, invicèm bonâ fide servire videantur.

42. Celsus, *lib. 6. Digestorum.*

De promissione quantò minùs à debitore exigi poterit.

Si ego decem stipulatus à Titio (1), deinceps stipuler à *Sejo*, *quanto minùs* (2) *à Titio consequi possim*, si decem petiero à Titio, non liberatur Sejus : alioquìn nequicquàm mihi cavetur ; at , si judicatum fecerit Titius, nihil ultrà Sejus tenebitur. Sed si cum Sejo egero, quantumcumquè est, quo minùs à Titio exigere potuero eo tempore, quo judicium intèr me et Sejum acceptum est, tanto minùs à Titio posteà petere possum.

---

(1) L. 21. infr. de solut.
(2) L. 116. infr. de verb. oblig.

ne soit nulle. Mais si la promesse était faite en son nom, il faudra dire qu'elle est acquise au profit de la succession ; car comme nous pouvons acquérir à notre profit, par les personnes libres, ou par les esclaves d'autrui qui nous servent de bonne foi, lorsqu'ils acquièrent, à cause de l'administration de notre bien, de même, ce qui est acquis en conséquence d'une chose dépendante d'une succession, l'est au profit de la succession elle-même ; mais après que la succession a été acceptée par les héritiers, on ne peut pas dire la même chose, sur-tout s'ils savaient que l'esclave était leur cohéritier ; parce qu'alors ils ne peuvent pas être regardés comme possédant de bonne foi l'esclave qui leur a acquis l'obligation, puisqu'ils ne pouvaient pas avoir l'esprit et l'intention de le posséder. Si on suppose que les héritiers ignoraient que l'esclave fût leur cohéritier, par exemple, si ces cohéritiers sont héritiers nécessaires, il faudra dire la même chose ; et dans ce cas il arrivera que si l'esclave a pour cohéritiers des individus de sa condition, ils se trouveront réciproquement, l'un par rapport à l'autre, esclaves de bonne foi.

42. CELSE, *lib.* 6. *du Digeste.*

De la promesse d'indemniser le créancier de ce qu'il touchera en moins de son débiteur.

Si j'ai fait promettre à Titius de me donner dix pièces (1) ; qu'ensuite j'exige de Séjus la promesse de me donner ce que je ne pourrai tirer de Titius (2), la demande que je ferai à Titius ne libérera pas Séjus : autrement, la promesse que j'aurais exigée de lui eût été inutile. Mais si Titius me satisfait en entier, Séjus se trouve par cela même libéré. Si j'intente mon action contre Séjus, en vertu de la promesse qu'il m'a faite de m'indemniser de ce que je ne pourrais pas retirer de Titius, dans le tems de la contestation en cause entre Séjus et moi, je ne pourrai plus actionner Titius pour le même objet.

De stipulatione decem curari.

§. 1. Labeo ait, cùm *decem curari* (1) stipulatus sis, ideò non posse te decem dari oportere intendere , quià etiàm reum locupletiorem dando promissor liberari possit : quo scilicèt significet, non esse cogendum eum accipere judicium , si reum locupletem offerat.

____

(1) L. 67. §. 1. infr. d. t.

*De la stipulation en vertu de laquelle on s'oblige à faire
payer dix.*

§. 1. Labéon dit : si je me suis engagé à vous assurer
et à vous répondre d'une somme de dix mille qui vous sont
dues, vous ne pouvez pas prétendre que je sois obligé à
vous payer ces dix mille, parce qu'en substituant à ma
place, un obligé plus riche, et plus solvable que moi, j'ai
rempli mon obligation, d'où il faut conclure qu'on ne doit
pas forcer quelqu'un à répondre à l'action par laquelle on
voudrait (1) exiger de lui une somme qu'il aurait promis
de garantir, s'il offre un obligé plus solvable et plus riche
que lui.

TITULUS SECUNDUS.

De jurejurando (1)*, sivè voluntario, sivè necessario, sivè judiciali.*

1. GAJUS, *lib. 6. ad edictum provinciale.*

Usus et effectus jurisjurando.

MAXIMUM remedium expediendarum litium (2) in usum venit jurisjurandi religio : quâ vel ex pactione ipsorum litigatorum, vel ex auctoritate judicis, deciduntur controversiæ.

2. PAULUS, *lib. 17. ad edictum.*

Jusjurandum speciem transactionis (3) continet : majoremquè habet auctoritatem, quam res judicata (4).

3. ULPIANUS, *lib. 22. ad edictum.*

Prima verba edicti. De reo quo juravit. De eo cum quo agitur. De delatione.

Ait Prætor : *si is cum quo agetur, conditione delatâ, juraverit. Eum, cum quo agetur,* accipere

____

(1) Lib. 2. C. 59. et Lib. 4. C. 1.
(2) L. 3. §. 8. in fin. C. de jurejur. propter calumn.
(3) L. 21. supr. de dolo malo.

TITRE SECOND.

Du serment soit, volontaire (1), soit nécessaire, soit judiciaire.

1. GAJUS, *liv.* 6. *sur l'édit provincial.*

Usage et effet du serment.

La religion du serment est un moyen aussi utile (2) qu'usité, pour terminer les procès, par le serment sont décidées beaucoup de contestations, soit qu'il soit déféré par les parties elles-mêmes, ou par le juge.

2. PAUL, *liv.* 17. *sur l'édit.*

Le serment renferme une espèce de transaction (3), et a plus d'autorité que la chose jugée elle-même (4).

3. ULPIEN, *liv.* 22. *sur l'édit.*

Première disposition de l'édit. Du défendeur qui a prêté le serment. De celui contre qui on agit. Du serment déféré.

Voici comme s'exprime le Préteur : *Si celui contre qui l'action est formée, a prêté le serment qui lui a été déféré par celui contre qui l'action est formée, il*

---

(4) L. 13. infr. quib. mod. pign. vel hypoth. solv. l. 1. in pr. infr. quar. rer. actio.

debemus ipsum reum. Nec frustrà adjicitur, *conditione delatâ* (1) : nàm si reus juravit, nemine ei jusjurandum deferente, Prætor id jusjurandum non tenebitur ; sibi enìm juravit ; alioquin facillimus quisquè ad jusjurandum, oneribus actionum se liberabit.

Quæ actiones jurejurando tolluntur.

§. 1. Quâcumquè (2) autèm actione quis conveniatur, si juraverit, proficiet ei jusjurandum : sivè in personam, sivè in rem, sivè in factum, sivè pœnali actione, vel quavìs aliâ agatur ; sivè de interdicto.

De conditione personæ.

§. 2. Sed et si de conditione personæ fuerit juratum, Prætor jusjurandum tuebitur : utputà, detuli jusjurandum, et jurasti, *in potestate meâ te non esse* : tuendum erit jurandum.

De ventre.

§. 3. Undè Marcellus scribit, etiàm de eo jurari posse, *an* (3) *prægnans sit mulier*, vel *non sit* : et jurijurando standum. Deniquè, ait, si de possessione erit quæstio, servari oportere : si fortè quasi prægnans ire in possessionem volebat, et cùm ei contradiceretur, vel ipsa juravit *se prægnantem*, vel contrà eam juratum est : nàm si ipsa, ibit in possessionem sinè metû ; si contrà eam, non ibit, quamvìs verè prægnans fuerit.

---

(1) L. 25. §. 1. infr. de constit. pecun.
(2) L. 34. in pr. infr. h. t.

faut entendre le défendeur et ce n'est pas sans raison que le Préteur ajoute : *le serment qui lui aura été déféré* (1) ; car si le défendeur a fait le serment, sans que personne le lui ait déféré, le Préteur n'a pas égard à ce serment; car c'est à lui-même que le défendeur fait le serment. Autrement un défendeur peu scrupuleux sur l'article du serment, se libérerait très-facilement de toutes les actions qu'on intenterait contre lui, en prétant, sans nullement balancer, un serment que personne ne lui déférerait.

Quelles sont les actions que termine le serment.

§. 1. Quelque soit l'action qu'on intente contre quelqu'un (2), s'il a prété le serment qui lui a été déféré, ce serment le libérera, soit que l'action soit réelle, ou personnelle, soit qu'il s'agisse d'une action pénale, soit d'une action expositive du fait, ou de toute autre, ou enfin de l'action possessoire.

De la demande de la personne de l'esclave.

§. 2. Si le serment a été fait dans une contestation relative à l'état d'une personne, le Préteur y aura égard, par exemple, je vous ai déféré le serment, et vous avez juré *que vous n'étiez pas sous ma puissance*, votre serment vous assurera votre état d'homme libre.

Du serment dans une affaire relative à une grossesse.

§. 3. C'est ce qui fait que Marcellus écrit que lorsqu'il s'agit *de savoir si une femme est grosse ou non* (3), le serment peut avoir lieu dans ce cas, et que l'on doit s'en rapporter au serment de la femme; enfin il dit, que s'il était question de l'envoi en possession, il fallait avoir égard au serment, mais cependant faire la distinction suivante, c'est-à-dire, distinguer dans le cas où la femme enceinte demanderait à être envoyée en possession des biens de son mari, à cause de sa grossesse, et qu'on lui en contestât le droit, si elle-même a juré être enceinte, ou si au contraire ses adversaires ont juré qu'elle ne l'était pas, car si elle fait elle-même le serment, elle peut sans crainte se

____

(3) L. 10. infr. de Carbon edict.

Proderitquè, inquit Marcellus, mulieri juranti jusjurandum, ne conveniatur, quasì calumniæ causâ ventris nomine fuerit in possessione, nevè vim patiatur in possessione. Sed an jusjurandum eo usquè prosit, ut post editum partum non quæratur, ex eo editus, an non sit, cujus esse dicitur, Marcellus tractat ? Et ait, veritatem esse quærendam : quiâ *jusjurandum alteri* (1) *nequè prodest, nequè nocet.* Matris igitùr jusjurandum partui (2) non proficiet ; nec nocebit, si mater detulerit, et juretur ex eo prægnans non esse.

Quibus modis juratur.

§. 4. Jurare autèm oportet, ut (3) delatum est jusjurandum. Cæterùm, si ego detuli, ut *per Deum* jurares, tu *per caput tuum* jurasti.

4. Paulus, *lib.* 18. *ad edictum.*

Vel *filiorum tuorum.*

5. Ulpianus, *lib.* 22. *ad edictum.*

Non erit ratum habendum jusjurandum : quod si exegi, ut *per salutem* (4) *tuam* jurares, et jurasti, stabitur : omne enim omninò licitum jusjurandum, per quod voluit quis sibi jurari, idoneum est ; et, si ex eo fuerit juratum, Prætor id tuebitur.

(1) L. 9. in fin. l. 10. l. 11. l. 12. in fin. infr. h. t. l. 7. C. de reb. cred. l. 7. §. 7. supr. de Public. in rem act. l. 1. in pr. infr. si mulier ventr. nomine.

mettre en possession des biens de son mari, si au contraire ce sont ses adversaires qui ont fait le serment, elle ne le pourra pas, quoiqu'elle soit réellement grosse. Le serment, ajoute Marcellus, sera encore utile à la femme, pour empêcher qu'on l'attaque comme ayant frauduleusement demandé à être envoyée en possession , au nom de l'enfant qu'elle porte dans son sein, ou qu'elle puisse y être troublée. Mais l'effet de ce serment, demande Marcellus, pourrait-il être tel qu'il empêchât, qu'apres l'accouchement on ne vérifiât si l'enfant est réellement l'enfant du mari défunt ? Il répond qu'il n'empêche pas que l'on cherche à découvrir la vérité, par la raison que *le serment que fait quelqu'un ne peut nuire ni préjudicier à un autre* (1), le serment qu'aura fait la femme ne pourra donc pas être utile (2) à l'enfant, si elle affirme avec serment qu'il est de celui à qui elle l'attribue, ni lui nuire, si la mère déférant le serment à son adversaire, jure que l'enfant n'est pas l'enfant du mari défunt.

Dans quel sens le serment doit être prêté.

§. 4. Le serment doit être fait (3) de la manière dont il est déféré; par conséquent, si je vous défère le serment pour que vous preniez Dieu à témoin, et que vous juriez sur votre tête.

4. PAUL, *liv.* 18. *sur l'édit.*

Ou sur celle de vos enfans.

5. ULPIEN, *liv.* 22. *sur l'édit.*

Votre serment sera comme non-avenu. Mais si j'ai exigé que vous jurassiez sur votre salut, et que vous ayez juré (4), il faudra s'en rapporter à votre serment ; car tout serment prêté dans le sens que l'a voulu celui qui l'a exigé, doit avoir son effet, et le Préteur doit interposer son autorité pour protéger celui qui l'a prêté.

---

(2) D. l. 1. in fin. pr.
(3) L. 33. infr. h. t.
(4) D. l. 23.

Tom. 7.

De effectû jurisjurandi.

§. 1. Dívus Pius jurejurando , quod propriâ superstitione juratum est , standum rescripsit.

§. 2. Dato jurejurando , non aliud quæritur, quàm an (1) juratum sit : remissâ quæstione, an debeatur, quasi satis probatum sit jurejurando.

De jurejurando illicito.

§. 3. Sed si quis illicitum jusjurandum detulerit , scilicèt improbatæ publicæ religionis, videamus an pro eo habeatur, atquè si juratum non esset? Quod magis existimo dicendum.

Si nequè juratum sit , nequè remissum jusjurandum.

§. 4. Si nequè juratum est, nequè remissum jusjurandum, pro eo debet haberi, atquè si res in jusjurandum admissa non esset. Proindè si posteà jurare paratus sit, nihil ei hoc jusjurandum proficiet : quia ex eo, quod delatum est, juratum non est.

6. PAULUS, *lib.* 19. *ad edictum.*

Quid sit remittere jusjurandum.

Remittit jusjurandum, qui, deferente se , cùm paratus esset, adversarius jurare, gratiam (2) ei facit, contentus voluntate suscepti jurisjurandi. Quòd si non suscepit jusjurandum, licèt posteà (3) parato jurare actor nolit deferre, non videbitur

____

(1) L. 9. §. 1. l. 28. in fin. infr. eod. §. 11. Inst. dé act.

De l'effet du serment.

§. 1. L'empereur Antonin a déclaré dans un rescrit, qu'on devait s'en rapporter au serment prêté par quelqu'un sur une chose respectable à ses propres yeux par suite de son opinion.

§. 2. Le serment prêté, on n'examine plus rien autre chose que la prestation (1) du serment; et on ne recherche plus, si le défendeur doit, ou ne doit pas, comme si la chose était évidemment prouvée par le serment.

Du serment illicite.

§. 3. Mais si quelqu'un a déféré un serment illicite, s'il avait exigé par exemple, qu'on jurât par quelque point d'une religion dont le culte public serait réprouvé, ce serment doit-t-il être regardé comme non-prêté? Je penche d'avantage pour l'affirmative.

Si le serment n'a pas été fait, ni remis.

§. 4. Si le serment déféré n'a été ni prêté par celui qui devait le prêter, ni remis par celui qui l'exigeait, on doit procéder comme si la décision de l'affaire n'avait pas du dépendre de la prestation du serment; par conséquent, s'il est disposé à le prêter par la suite, il n'en pourra tirer aucun avantage, parce qu'il ne l'a pas prêté dans le tems où il lui a été déféré.

6. PAUL, *liv.* 19. *sur l'édit.*

Ce que c'est que de remettre le serment.

Celui-là est censé *remettre le serment* qu'il a déféré à son adversaire, lorsque ce dernier étant prêt à le faire, il lui en fait grâce (2), et se contente de l'intention où il était de le prêter. Si la partie adverse n'a pas voulu prendre sur elle de le prêter, quoique par la suite le demandeur ne veuille plus le déférer (3), le serment ne sera pas censé

---

(2) L. 32. l. 41. infr. h. t.

remissum : nàm, quod susceptum est, remitti debet.

7. ULPIANUS, *lib.* 22. *ad edictum.*

Reliqua verba edicti de reo qui juravit.

Ait Prætor : *ejus rei, de quâ jusjurandum delatum fuerit, nequè in ipsum, nequè in eum, ad quem ea res pertinet, actionem* (1) *dabo. Ejus rei* sic erit accipiendum, sivè de totâ re, sivè de parte sit juratum. Nàm, de eo, quod juratum est, pollicetur se actionem non daturum, nequè in eum, qui juravit, nequè in eos, qui in locum ejus, cui jusjurandum delatum est, succedunt (2).

8. PAULUS, *lib.* 18. *ad edictum.*

Etiamsì id rem successerint.

9. ULPIANUS *lib* 22. *ad edictum.*

De actione vel exceptione ex jurejurando.

Nàm, postquàm juratum est, denegatur actio : aut si controversia erit, id est, si ambigitur, an jusjurandum datum sit, exceptioni locus est.

§. 1. Jurejurando dato, vel remisso, reus quidèm adquirit exceptionem (3) sibi, aliisquè; actor verò actionem adquirit, in quâ hoc solùm quæritur, *an juraverit, dari sibi oportere* ; vel, cùm jurare paratus esset, jusjurandum ei remissum sit.

***

(1) L. 5. in fin. supr. eod.
(2) L. 9. in pr. infr. eod.

remis ; car le serment ne peut être remis qu'autant que celui à qui vous l'aviez déféré, s'est chargé de le prêter.

7. ULPIEN, *liv.* 22. *sur l'édit.*

Seconde disposition de l'édit relatif à celui qui a fait le serment.

Le Préteur dit dans son édit. *Je ne donnerai plus d'action pour poursuivre une demande pour raison de laquelle le serment aura été déféré, ni contre le défendeur, que la chose regarde, ni contre ses représentans* (1). Ces mots *pour poursuivre une demande etc.*, doivent s'appliquer au cas où le serment aura frappé sur la totalité de la demande, ou seulement sur une partie; car le Préteur promet qu'il n'accordera plus d'action pour une chose à l'occasion de laquelle le serment sera intervenu, ni contre celui qui aura affirmé avec serment, ni contre ceux qui ont succédé à celui à qui le serment aura été déféré (2).

8. PAUL, *liv.* 18. *sur l'édit.*

Même contre ceux qui auraient succédé à cette chose.

9. ULPIEN, *liv.* 22. *sur l'édit.*

De l'action ou de l'exception tirée du serment.

Car après la prestation du serment, on refuse toute espèce d'action par laquelle le serment a été déféré; ou s'il y a quelque difficulté à ce sujet, c'est-à-dire, si l'on doute que le serment ait été prêté, il y aura lieu dans ce cas à une exception en faveur de celui qui l'aura prêté.

§. 1. Le serment une fois prêté par le défendeur, ou, si étant prêt à le prêter, il lui a été remis, il acquiert une exception à son profit, et à celui de ceux qui le remplacent (3) : mais si c'est le demandeur, il acquiert une action à son profit, qui alors n'a d'autre effet que d'examiner, *s'il a affirmé avec serment que sa demande était légitime*; ou si étant disposé à le faire, son adversaire lui en a fait la remise.

____

(3) L. 1. §. 2. infr. quar. rer. actio.

De condemnatione post jusjurandum.

§. 2. Si damnetur quis post jusjurandum ex famoso judicio, famosum magis est.

De actione perpetuandâ.

§. 3. Si is, qui temporariâ actione mihi obligatus erat, detulerit jusjurandum, ut jurem *eum dare oportere*, egoquè juravero, tempore non liberatur : quià post (1) litem contestatam cum eo perpetuatur adversùs eum obligatio.

De jurejurando à minore delato.

§. 4. Si minor viginti quinquè annis detulerit, et hoc ipso captum se dicat, adversùs exceptionem jurisjurandi replicari debebit, ut Pomponius ait. Ego autèm puto, hanc replicationem non semper esse dandam; sed plerumquè ipsum Prætorem debere cognoscere, an captus sit, et sic in integrum restituere : nec enìm utiquè, qui minor est, statìm et circonscriptum se docuit. Præstereà exceptio ista, sivè cognitio, et statutum tempus (2) post annum XXV non debet egredi.

Vel in fraudem creditorem.

§. 5. Sed et si quis in fraudem creditorum jusjurandum detulerit debitori, adversùs exceptionem jurisjurandi, replicatio fraudis creditoribus debet dari. Præstereà si fraudator detulerit jusjurandum creditori, ut juret *sibi decem dari opor-*

---

(1) L. ult. in fin. infr. de fidejuss. tutor. l. 29. infr. de novat. adde l. 28. §. 2. supr. de judic.

(2) L. ult. in pr. C. de tempor. in integr. rescit. minor. Nov. 155. c. 1.

De la condamnation après le serment.

§. 2. Si quelqu'un est condamné, malgré le serment qu'il aura prêté, (on suppose qu'il a négligé l'exception qu'il pouvait opposer à son adversaire, et qui dérivait de de son serment), il encourra la note d'infamie, si l'action intentée contre lui était infâmante.

De l'action qui doit être perpétuée.

§. 3. Si celui contre qui j'avais une action que le tems devait éteindre, m'a déféré le serment, afin que j'affirmasse qu'il m'était obligé, et que j'aie fait ce serment, il ne sera pas libéré, et il ne pourra pas, le tems étant écoulé, m'opposer la prescription qu'il aurait pu faire valoir en tout autre cas; parce qu'après la contestation en cause (1) son obligation devient perpétuelle.

Du serment déféré par un mineur.

§. 4. Si un mineur de 25 ans, a déféré le serment à son adversaire, et qu'il prétende par la suite avoir été lésé en cela, il devra, comme le dit Pomponius, fournir une réplique, lorsqu'on lui opposera l'exception tirée de son serment. Pour moi je pense qu'on ne doit pas toujours accorder cette réplique, mais que le Préteur doit plutôt examiner, si le mineur a été lésé, et alors le restituer dans son premier état; car prouver que l'on est mineur, ce n'est pas prouver que l'on ait été trompé. Au surplus, cette exception, ou ce recours au Préteur (2), doit se faire daus l'espace du tems fixé par la loi, c'est-à-dire, des quatre années qui suivent la majorité.

Ou en fraude des créanciers.

§. 5. Si quelqu'un a déféré le serment à son débiteur, en fraude de ses créanciers, on doit accorder à ceux-ci une réplique tirée de la fraude dont on aura usé à leur égard, lorsqu'on leur opposera (2) une exception tirée du serment. Outre cela, si quelqu'un pour tromper ses créanciers, en fait paraître un nouveau, qui affirme avec serment, (serment qui lui a été déféré par cet homme de mauvaise-foi,) qu'il lui est du dix mille, et qu'ensuite, les biens du débiteur étant veudus, ce créancier supposé veuille intenter

tere, mòx, bonis ejus venditis, experiri volet : aut denegari debet actio, aut exceptio opponitur fraudatorum creditorum.

De jurejurando defensoris, vel procuratoris.

§. 6. Jusjurandum defensoris (1), vel procuratoris, ei ab adversario delatum, prodesse, exceptionemquè domino parere (2), Julianns scribit. Idem ergò dicendum erit, et si datus ad petendum procurator, reo deferente, juraverit *dari mihi oportere* : nàm actionem mihi parit. Quæ sententia habet rationem.

De jurejurando petitoris. Quibus nocet jusjurandum.

§. 7. Si petitor juravit, possessore deferente, *rem suam esse*, actori dabitur actio. Sed hoc duntaxàt adversùs eum, qui jusjurandum detulit; eosquè, qui in ejus locum successerunt : cæterùm adversùs alium (3) si velit prærogativâ jurisjurandi uti, nihil ei proderit.

10. PAULUS, *liv.* 18. *ad edictum.*

Quià non deberet alii nocere, quod intèr alios actum (4) esset.

11. ULPIANUS, *lib.* 22. *ad edictum.*

De jurejurando possessoris, rem petitoris non esse.

Sed si possessori (5) fuerit jusjurandum delalatum, juraveritquè *rem petitoris non esse*,

---

(1) L. ult. §. pen. infr. h. t.
(2) Immò vide l. 39. §. 1. supr. de procur.
(3) L. 3. §. pen. in fin. supr. h. t.

son action pour se faire payer des dix mille, qu'il a affirmé
lui être dus, ou on doit lui refuser l'action, ou accorder
contre lui l'exception tirée de la fraude qui a été commise
envers les créanciers.

Du serment du défenseur ou du fondé de pouvoir.

§. 6. Julien écrit (1) que le serment déféré par une
partie, au fondé de pouvoir, ou au (2) défenseur de son
adversaire, doit être utile à ce dernier, et lui procurer
une exception ; il faudra donc dire la même chose, si
moi, ayant constitué un fondé de pouvoir, à l'effet de
former en mon nom la demande d'une somme, il a affirmé,
après que mon débiteur lui a déféré le serment, que cette
somme m'était due; car il acquiert une action à mon profit.
Cette opinion n'est pas sans fondement.

Du serment du demandeur. Qui sont ceux à qui le serment est nuisible.

§. 7. Si celui qui demande une chose (1) a juré, le possesseur de la chose réclamée lui ayant déféré le serment
que la chose lui appartient, il acquierra une action : mais
il ne pourra exercer cette action que contre celui qui lui a
déféré le serment, et ceux qui le représenteront : et s'il
veut s'en servir contre un autre il ne le pourra pas (3).

10. PAUL, *liv.* 18. *sur l'édit.*

Par la raison que ce qui s'est passé entre des parties, ne
peut pas préjudicier à d'autres (4).

11. ULPIEN, *liv.* 22. *sur l'édit.*

Du serment du possesseur, portant sur ce que la chose n'appartient pas au demandeur.

Mais si le serment a été déféré au possesseur, par le
demandeur (5), et qu'il ait affirmé avec serment que *la*

---

(4) D. l. 3. §. pen. in fin. l. 27. §. 4. in fin. supr. de pact. l. 7. C. de
reb. cred. l. 1. C. inter alios acta.

(5) L. 7. §. 7. vers. sed si possessori. supr. de Public. in rem. act.

quamdiù quidèm possidet, adversùs eum, qui detulit jusjurandum, si petat, exceptione jurisjurandi utetur; si verò amiserit possessionem, actionem non habebit, ne quidèm si is possideat, qui ei jusjurandum detulit; non enim *rem suam esse* juravit, sed *ejus non esse.*

Aut suam esse.

§. 1. Proindè si, cùm possideret, (et) deferente petitore *rem suam* juravit, consequentèr dicemus, amissâ quoquè possessione, si is, qui detulit jusjurandum, nactus sit possessionem, actionem in factum ei dandam, et fructus perceptos ex re, quam *meam esse* juravi, restitui mihi placuit. Sed et partum editum, fœtusquè pecorum restituendos constat post jusjurandum delatum.

De usufrūctū.

§. 2. Itèm si juravero, *usumfructum alicujus rei* vel *meum esse*, vel *dari mihi oportere*, eatenùs mihi competit actio, quatenùs, si verè usumfructum haberem, duraret: quibus verò casibus amitteretur, non competit mihi actio. Sed si rerum, in quibus ususfructus proptèr abusum constitui non potest, juraverit *usumfructum se habere*, vel *sibi deberi*, effectum jurisjurandi sequendum arbitror: ideoquè tunc quoquè videri eum rectè jurasse, puto; et ex eo jurejurando posse petere usumfructum, cautione oblatâ (1).

De hereditate. Quibus noceat jusjurandum.

§. 3. Si, cùm de hereditate inter me et te

____

(1) V. l. 2. supr. de usufr. ear. rer.

chose n'appartenait pas à celui qui la réclamait, tant qu'il sera en possession, il opposera à celui qui lui a déféré le serment, une exception tirée de ce serment, mais s'il a lui-même perdu la possession, il n'aura pas d'action, quand bien même la chose serait passée dans les mains de celui qui a déféré le serment; car il n'a pas juré que *la chose réclamée lui appartenait*, mais il a simplement juré qu'*elle n'appartenait pas à celui qui la réclamait*.

Ou qu'au contraire elle lui appartient.

§. 1. Ainsi, si pendant qu'il était possesseur de la chose réclamée, il a juré, après que le demandeur lui a eu déféré le serment, qu'elle lui appartenait, nous dirons, pour raisonner conséquemment, que la possession de la chose étant perdue, si celui qui a déféré le serment, en recouvre à son tour la possession, on doit accorder à l'ancien possesseur une action expositive du fait, et qu'il a le droit de se faire rendre les fruits provenus de la chose qu'il a affirmé par serment lui appartenir; ainsi que tout ce dont la chose s'est accrue, soit par l'accouchement des esclaves, soit par la portée des animaux.

De l'usufruit.

§. 2. De même si j'ai juré que l'usufruit d'une chose *était à moi*, ou *qu'il devait m'appartenir*, l'action que j'ai acquise par ce serment, ne durera pas au-delà du terme de l'usufruit s'il m'appartenait véritablement; les cas qui opèrent la perte de l'usufruit, font également cesser l'action. Mais si j'ai juré que l'usufruit des choses qui n'en sont pas susceptibles, à cause que leur usage est un véritable abus, *m'appartenait*, ou *m'était dû*, je pense que le serment doit produire l'effet qu'il doit opérer, qu'il est valablement intervenu, et que je puis en vertu de ce serment demander à jouir de l'usufruit, après avoir offert une caution (1).

D'une succession de ceux à qui le serment est nuisible.

§. 3. Si vous et moi étant en contestation au sujet d'une succession, j'ai affirmé par serment que *la succession*

controversia esset, juravero *hereditatem meam esse*, id consequi debeo, quod haberem, si secundùm me de hereditate pronunciatum esset. Et non solùm eas res restituere debes, quas tunc possidebas, sed et si quas posteà cœpisses possidere. Perindequè haberi, quod juratum est, atquè si probatum esset : idcircò utilis actio mihi competit. Quòd si ego ex eâdem hereditate possiderem, tuquè cœpisses petere eam à me, cùm adversùs te jurassem, exceptione me uti debere jurisjurandi. Planè si alius à me hèreditatem petere cœperit, dubium non erit (ut et Julianus scribit) nihil mihi jusjurandum prodesse.

12. Julianus, *lib.* 9. *Digestorum.*

Idèm est et si ego (à) quolibet alio possidente res hereditarias petere velim : quià et si petissem à te hereditatem, et probassem meam, nihilominùs ab altero petendo, id ipsum probare necesse haberem.

13. Ulpianus, *lib.* 22. *ad edictum.*

De duobus patronis.

Si duo patroni essent, et libertus altero deferente (1) jurasset, *se libertum ejus non esse*, utrùm alteri (totius) debitæ patronis portionis, an verò dimidiæ debitæ eis partis bonorum possessio competeret? Et ait, si is, cui juratum est, patronus fuisset, alteri suæ partis bonorum possesionem competere nec ei prodesse, quòd adversùs alterum libertus jurasset. Multùm tamèn fidei et auctoritatis apud judicem patronum habi-

---

(1) L. 3o. §. 4. infr. h. t.

m'*appartenait*, je dois en vertu de ce serment avoir tout
ce que j'aurais eu, s'il avait été jugé que la succession devait
m'appartenir; et vous devez non-seulement me restituer
ce que vous possédiez au commencement de la contestation,
mais encore ce dont vous avez été depuis en possession;
ce qui a été en pareil cas affirmé par serment, étant regardé
comme prouvé, j'ai en conséquence une action utile contre
vous. Mais si je possédais quelques effets de la succession,
et que vous les eussiez réclamés sur moi, je pourrais, après
mon serment, vous opposer l'exception tirée de ce serment.
Assurément si un autre réclame la succession sur moi, il
n'y pas de doute comme l'écrit Julien, que mon serment
ne m'est d'aucune utilité.

12. JULIEN, *liv*. 9. *du Digeste.*

Il en est de même si je veux revendiquer de tout autre
des effets dépendant de la succession, parce que si j'avais
réclamé de vous la succession, et que j'eusse prouvé qu'elle
m'appartenait, je serais néanmoins obligé de faire la même
preuve à l'égard d'un autre possesseur de qui je réclamerais
d'autres effets.

13. ULPIEN, *liv*. 22. *sur l'édit.*

De deux patrons.

Si un affranchi a deux patrons, et que l'affranchi à qui
l'un des deux patrons a déféré le serment (1), affirme qu'il
n'est pas *son affranchi*, la portion entière qui était due
aux deux patrons dans la succession de l'affranchi, pas-
sera-t-elle à l'autre patron, ou seulement la moitié de cette
portion? J'ai répondu, que si celui qui a déféré le serment
était véritablement le patron, l'autre ne succéderait qu'à
la portion qui lui serait due, et qu'il ne profiterait nullement
de ce que l'affranchi a affirmé par serment n'être pas celui
de l'autre patron. Cependant ce serment prévaudra beaucoup auprès du juge, et servira au patron qui reste à prétendre qu'il est le seul et unique patron de l'affranchi qui,

turum, quo magis solum se patronum probaret, quòd libertus jurasset, alterum patronum non esse.

De longi temporis præscriptione.

§. 1. Julianus ait, eum, qui juravit *fundum suum esse*, post longi temporis præscriptionem etiàm utilem actionem habere debere.

De furto.

§. 2. Idèm Julianus scribit, eum, qui juravit *furtum se non fecisse*, videri de toto jurasse. Atquè ideò nequè furti, nequè(1) condictitiâ tenetur : quià condictitiâ (inquit) solus fur tenetur. Nunquid ergò, qui juravit *se furtum non fecisse*, hoc solo nomine, condictione si conveniatur, exceptione utatur? Cæterùm si contendat, qui condicit, quasi cum herede se furis agere, non debet repelli? Et quasi *unimembris* condictio dari debet adversùs furis heredem : nec pati eum judex debet, si cœperit tentare, probare furem.

De venditione.

§. 3. Si quis juraverit, *vendidisse me ei rem centum*, ex empto agere poterit, ut ei cætera præstentur : id est, res tradatur, et de evictione caveatur. An tamèn ad pretium consequendum, ex vendito conveniri possit, videndum? Et si quidèm (et) de hoc ipso juratum est, quòd pre-

---

(1) Obst. l. 52. §. 17. infr. de furt.

par son serment, a écarté les prétendus droits de l'autre patron.

De la prescription d'un long tems.

§. 1. Julien a dit, que celui qui a acquis par la prescription d'un long-tems, un fonds, doit encore avoir une action utile, en vertu du serment qu'il fait, que le fonds lui appartient.

Du vol.

§. 2. De même Julien dit que celui qui jure qu'il n'est pas *l'auteur d'un vol*, dont on l'accuse, est censé avoir juré définitivement, qu'il n'est en rien coupable du crime qu'on lui impute ; par conséquent il ne sera tenu ni de l'action du vol, ni de celle en vertu (1) de laquelle on demande la restitution de la chose volée, parce que dit-il, il n'y a que le voleur qui soit soumis à cette action. Est-ce que celui qui a juré qu'il n'est pas l'auteur du vol dont on l'accuse, si on forme contre lui la demande de la restitution de la chose, ne pourra opposer d'exception qu'en vertu de son serment ? Si celui qui demande la restitution de la chose volée à celui qui a juré ne pas l'avoir volée, ne l'attaque que comme héritier du voleur, l'exception tirée de son serment ne peut lui être utile, et alors cette action sera donnée contre lui, en ce que dans ce cas il ne fait qu'un avec le voleur, mais le juge ne devra pas permettre que le demandeur veuille encore prouver que le défendeur est l'auteur du vol.

De la vente.

§. 3. Si quelqu'un a juré que je lui ai vendu une chose, par exemple, cent pièces, il pourra former contre moi l'action de l'achat *ex empto*, pour exiger tout ce qui dépend de ce contrat, c'est-à-dire, qu'en vertu de cette action il pourra m'obliger à lui livrer la chose, et à le garantir de toute éviction. Mais examinons si on ne pourrait pas avoir contre lui l'action qui naît de la vente *ex vendito*, pour en avoir le prix ? Si le serment a également porté sur cet objet, et qu'il ait affirmé avoir payé le prix, il n'a aucune

tium solutum est, nulla pro pretio actio superest :
si verò hoc non fuerit juratum, tunc consequens
est, de pretio eum teneri.

De societate.

§. 4. Idem dicemus, et si quis *societatem
fecisse*, juraverit : nàm et is pro socio poterit
conveniri.

De pignore. De dote.

§. 5. Marcellus etiàm scribit, si quis juraverit *ob decem pignori dedisse fundum*, non aliàs
cum pignoratitiâ agere posse, quàm si decem
solverit : sed et illud adjici, fortassis eum etiàm
in decem ex jurejurando suo posse conveniri.
Quod magis probat. Cui Quintus Saturninus con-
sentit : argumentoque utitur ejus, qui juravit,
quæ uxor sua fuerit, rem sibi in dotem dedisse.
Nàm et hîc uxori, ait, utilem de dote actionem
dandam. Quæ non esse extrà æquitatem posita,
non negaverim.

De perjurii pœnâ.

§. 6. Si quis juraverit in re pecuniariâ *per* (1)
genium Principis, dare se non oportere, et
pejeraverit ; vel *dari sibi oportere* : vel *intrà
certum tempus* juraverit *se soluturum*, nec
solvit : Imperator noster cum patre rescripsit,
fustibus eum castigandum dimittere ; et ità ei
superdici *temerè ne jurato.*

____

(1) L. 2. in fin. C. de reb. cred.

action pour le demander ; mais si le serment n'a pas eu pour objet le prix de la chose vendue, il doit être par une conséquence nécessaire condamné à payer le prix.

De la société.

§. 4. Nous dirons la même chose à l'égard de celui qui a affirmé avec serment *qu'il était en société avec un autre ;* car de même qu'il aura action contre celui vis-à-vis de qui il aura juré, il pourra de même être actionné par ce dernier comme son associé.

Du gage. De la dote.

§. 5. Marcellus écrit aussi, que si quelqu'un affirme avoir donné un *fonds en gage pour une somme quelconque*, par exemple *dix mille*, il ne peut exercer l'action pignératice pour se le faire rendre, qu'autant qu'il aura payé la somme qui lui aura été prêtée. Il ajoute que l'on pourrait même dire, qu'en vertu de son serment, il y aurait lieu à une action contre lui, pour le faire condamner à payer les dix mille qui lui ont été prêtées. Il est aussi de cette opinion qui est celle de Quintus Saturninus, et pour preuve, il cite l'exemple de celui qui a *affirmé que sa femme dont il est séparé, lui avait apporté telle chose en dot ;* car il dit qu'en vertu de ce serment, la femme acquierait une action dotale pour se faire rendre cette chose ; je ne puis me refuser de convenir que cette opinion ne soit conforme à l'équité.

De la peine du parjure.

§. 6. Si dans une affaire où il s'agit de la demande d'une somme d'argent, celui à qui on la demande (1) jure *par le génie du prince qu'il ne la doit pas*, et qu'il soit convaincu d'avoir fait un faux serment, ou si le demandeur affirme faussement *que la somme lui est due*, ou si *l'on s'oblige de la payer dans un certain tems*, *et qu'on ne tienne pas sa promesse* notre empereur et son père ont déclaré dans un rescrit, qu'il fallait punir à coups de bâton celui qui s'était ainsi parjuré, après lui avoir mis un écriteau portant ces mots : *ne jure pas témérairement.*

Tom. 7.

14

14. Paulus, *lib.* 3. *ad edictum.*

De jurejurando proptèr rem non remittendo.

Quotièns proptèr rem juratur, nec parenti, nec patronô remittitur jusjurandum. *Proptèr rem autèm* jusjurandum exigitur, velutì de pecuniâ creditâ : cùm jurat actor *sibi dari oportere;* vel reus, *se dare non oportere.* Idem est, cùm de pecuniâ constitutâ jusjurandum exigitur.

15. Idem, *lib.* 6. *ad edictum.*

Ad quos domum mittitur jurandi causâ.

Ad personas egregias (1), eosquè, qui valetudine impediuntur, domum mitti oportet ad jurandum.

16. Ulpianus, *lib.* 10. *ad edictum.*

An patronus jurare cogatur.

Si *patronus* libertam suam uxorem duxerit, non compelletur jurare de rerum amotarum judicio. Sed et si ipse deferat jusjurandum libertæ suæ, de calumniâ non debet jurare (2).

17. Paulus, *lib.* 18. *ad edictum.*

De jurejurando extrà judicium delato.

Jusjurandum, quod ex conventione extrà judicium defertur, referri non potest (3).

---

(1) V. Nov. 123. c. 7. adde l. 2. §. 1. C. de jurejur. propter calumn. Nov. 124. c. 1. circa med.

14. PAUL, *liv.* 3. *sur l'édit.*

Du serment qui ne doit pas être remis à cause de la chose.

Toutes les fois que le serment porte sur une chose contestée, on n'en fait la remise ni au père, ni au patron de celui qui le défère, par exemple, s'il est question d'un prêt, et que l'on exige du demandeur qu'il affirme que la *somme lui est due,* ou si le défendeur affirme *qu'il ne la doit pas.* Il en est de même d'une promesse de payer une somme.

15. LE MÊME, *liv.* 6. *sur l'édit.*

Quelles sont les personnes chez lesquelles on envoie pour recevoir leur serment.

Lorsqu'il est question de recevoir le serment de personnes constituées en dignité (1), ou retenues chez elles par raison de santé, on doit se transporter à leur domicile pour le recevoir.

16. ULPIEN, *liv.* 10. *sur l'édit.*

Si le patron est obligé de jurer.

Si un patron a épousé son affranchie, il n'est pas tenu de prêter serment, si elle le poursuit à l'effet de le faire condamner à restituer des choses qu'elle prétend qu'il a détournées; mais s'il défère le serment à son affranchie, on ne doit pas l'obliger de prêter celui de la calomnie (2).

17. PAUL, *liv.* 18. *sur l'édit.*

Du serment déféré hors le jugement.

Le serment qui est déféré extra-judiciairement en vertu d'une convention, ne peut pas être référé (3).

---

(2) L. 7. §. 3. infr. de obsequ. obst. l. 54. §. 4. infr. h. t.
(3) Vide tamèn l. 38. infr. eod.

Si jusjurandum detulerit pupillus,

§. 1. *Pupillus* tutore auctore jusjurandum deferre debet. Quod si sinè (1) tutore auctore detulerit, exceptio quidèm obstabit, sed replicabitur : quià rerum administrandarum jus ei non competit.

Vel tutor, vel procurator, vel curator.

§. 2. Si *tutor* (2), qui tutelam gerit, aut curator furiosi, prodigivè, jusjurandum detulerit : ratum id háberi debet; nàm et alienare res, et solvi eis potest : et agendo, rem in judicium deducunt.

§. 3. *Procurator* quoquè quod detulit, ratum habendum est : scilicèt, si aut (3) universorum bonorum administrationem sustinet , aut si id ipsum nominatìm mandatum sit, aut si in (4) rem suam procurator sit.

18. Ulpianus , *lib.* 26. *ad edictum.*

Aliâs autèm procuratorem deferentem jusjurandum non esse audiendum, Julianus lib. x. Digestorum scribit. Nec posteà reus, qui semèl juravit, à domino conveniatur : nec multùm ei proficere, si fuerit ei de rato cautum. Sivè enim dominus petat, cogetur docere reus *liquido se jurasse*, positâ scilicèt exceptione : sivè ex stipulatione de rato agat, necesse habebit ipse de perjurio suo docere.

---

(1) L. 1. §. 1. infr. quar. rer. actio.
(2) L. 35. in pr. infr. h. t.

Si le serment a été déféré par le pupille,

§. 1. Uu pupille ne doit pas déférer le serment sans l'autorisation de son tuteur; s'il l'a fait sans cette autorisation (1) , le serment produira à la vérité une exceptiou à celui qui l'aura prété, mais on lui opposera une réplique fondée sur ce que le pupille n'avait pas la libre administration de ses biens.

Ou un tuteur , ou un curateur, ou un fondé de pouvoir.

§. 2. Si un tuteur (2) gérant la tutelle de son pupille , ou un curateur donné à un insensé, ou à un prodigue , a déféré le serment, il peut être valablement prété , car l'un et l'autre ont le droit d'aliéner , les payemens qui leur sont faits sont valables , et ils peuvent procéder régulièrement.

§. 3. Le serment déféré par un fondé de pouvoir est également valable , pourvu toute fois qu'il soit chargé de l'administration générale de tous les biens de son commettant (3) , ou qu'il ait une procuration spéciale, ou s'il est fondé de pouvoir dans une affaire dans laquelle il est lui-même intéressé (4).

18. Ulpien , *liv.* 26. *sur l'édit.*

Julien au liv. x du Digeste, écrit que dans tous autres cas on ne doit pas admettre le fondé de pouvoir à déférer le serment, de peur que celui qui a prété le serment ne soit encore actionné par le constituant; et il ne lui servirait pas de grand chose d'avoir exigé du fondé de pouvoir une caution pour sûreté de la ratification du maître ; car soit que le maître vienne à l'actionner, il sera toujours obligé de montrer , en opposant son exception, *qu'il a bien affirmé ; parce qu'il ne doit rien,* soit qu'il poursuive en vertu de la promesse qu'il a exigé, pour sûreté de la ratification , il sera contraint de montrer qu'il a été parjure.

---

(3) L. 12. supr. de pact. l. 58. l. 65. supr. de procurat.
(4) L. 13. §. 1. supr. de pact.

19. IDEM, *lib.* 26. *ad Sabinum.*

Si itaquè mandatum fuit procuratori, ut petat, ille jusjurandum detulit, aliud fecit, quàm quod mandatum est.

20. PAULUS, *lib.* 18. *ad edictum.*

De servo, et filio familiâs.

Servus quod detulit vel juravit, servetur (1), si peculii administrationem habuit.

21. GAJUS, *lib.* 5. *ad edictum provinciale.*

Huic enìm solvi (2) quoquè rectè potest : et (3) novandæ (4) obligationis jus habuit.

22. PAULUS, *lib.* 18. *ad edictum.*

Quidam et de peculio actionem dandam in dominum, si actori detulerit servus jusjurandum. Eadem de *filio familiâs* dicenda sunt.

23. ULPIANUS, *lib.* 26. *ad edictum.*

Si servus juraverit, *dominum dare non oportere,* exceptio domino (5) indulgenda est, sibìquè adversarius imputabit, qui servo detulit jusjurandum.

24. PAULUS, *lib.* 28. *ad edictum.*

Multò magis proderit patri (6) religio filii, cum quo etiàm judicium consistere potest. Ipsi autèm

(1) V. l. 23. l. 21. infr. h. t.
(2) L. 35. infr. de solution.
(3) L. ult. in pr. infr. de novat.

19. LE MEME, *liv. 26 sur Sabinus.*

Donc si quelqu'un a simplement chargé son fondé de pouvoir de former la demande d'une somme, et que celui-ci défère le serment, il outre-passe ses pouvoirs.

20. PAUL, *liv. 20. sur l'édit.*

De l'esclave, et du fils de famille.

Le serment déféré ou prêté par un esclave est valablement déféré ou prêté, s'il a l'administration de son pécule (1).

21. GAJUS, *liv. 5. sur l'édit provincial.*

Car il a qualité pour recevoir des payemens (2), et il a (3) le droit de changer la nature des obligations (4).

22. PAUL, *liv. 18. sur l'édit.*

Quelques jurisconsultes pensent que si l'esclave avait déféré le serment au demandeur, il y aurait lieu à donner l'action du pécule contre son maître, jusqu'à la concurrence de ce pécule. On doit dire la même chose à l'égard du fils de famille.

23. ULPIEN, *liv. 26. sur l'édit.*

Si l'esclave à qui le serment a été déféré, jure que son maître ne doit rien, l'on doit accorder au maître (5) une exception tirée du serment de son esclave, et son adversaire devra s'imputer d'avoir déféré le serment à celui-ci.

24. PAUL, *liv. 28. sur l'édit.*

A plus forte raison le serment du fils (6) sera-t-il utile au père, puisque le jugement pouvait être rendu avec le

---

(4) Obst. l. 27. in fin. pr. supr. de pact. l. 16. l. 25. infr. de novat.
(5) V. l. 20. supr. h. t.
(6) L. ult. infr. de except.

referentes conditionem eorum, quibus subjecti sunt, non faciunt deteriorem.

25. ULPIANUS, *lib. 26. ad edictum.*

Sed et si servus (1) meus delato vel relato (ei) jurejurando, juravit *rem domini esse*, vel *ei dari oportere*, puto dandam mihi actionem vel pacti exceptionem, propter religionem et conventionem.

26. PAULUS, *lib. 18. ad edictum.*

De sexû et ætate jurantis.

Qui jurasse dicitur, nihil refert, cujus sexûs, ætatisvè sit : omni enìm modo custodiri debet jusjurandum adversùs eum, qui contentus eo, cùm deferret, fuit. Quamvìs pupillus non videatur pejerare : quià sciens (2) fallere non videatur.

De effectû jurisjurandi.

§. 1. Si pater, *filium dare non oportere*, juraverit : Cassius respondit, et patri et filio dandam exceptionem jurisjurandi. Si pater juraverit, *in peculio nihil esse*, filius conveniri poterit : sed et pater ità convenietur, ut post adquisiti peculii ratio habeatur.

§. 2. Jurisjurandi conditio ex numero esse potest videri novandi, delegandivè; quià proficiscitur ex conventione : quamvìs habeat et instàr judicii.

____

(1) V. 1. 20. supr. h. t.

fils lui-même. Mais ceux-ci, l'esclave et le fils, en référant le serment qui leur est déféré, ne peuvent détériorer la condition de ceux à qui ils sont soumis.

25. ULPIEN, *liv.* 26. *sur l'édit.*

Mais si mon esclave (1) à qui le serment, est ou déféré, ou référé, a affirmé que la chose *en litige m'appartient*, ou que la somme qu'il *demande lui est due*, je pense que l'on doit m'accorder une action tirée du serment de mon esclave, ou une exception tirée de la convention que le serment déféré, ou référé fait présumer.

26 PAUL, *liv.* 18. *sur l'édit.*

Du sexe et de l'âge de celui qui prête le serment.

En fait de serment, on ne distingue ni le sexe, ni l'âge; car le serment doit toujours avoir son effet contre celui qui s'en est contenté lorsqu'il l'a déféré. Un pupille cependant n'est jamais regardé coupable de parjure, parcequ'il n'est pas censé tromper sciemment (2).

De l'effet du serment.

§. 1. Si un père a affirmé avec serment, *que son fils ne devait rien*, Cassius dit que l'on doit accorder dans ce cas au père et au fils une exception tirée du serment. Lorsqu'un père affirme qu'il n'a rien entre les mains du pécule de son fils, celui-ci alors peut être actionné; le père même pourra l'être, pour raison du pécule de son fils qui lui sera parvenu depuis que celui-ci aura été actionné.

§. 2. On peut ranger le serment dans la classe des moyens que l'on adopte pour changer une obligation, ou la déléguer, parce qu'il est le résultat d'une convention, quoique d'un autre côté il ressemble à un jugement.

---

(2) Adde l. ult. infr. de jur. et facti ign. l. 2. §. 2. C. de jurej. prop. calumn.

27. GAJUS, *lib. 5. ad edictum provinciale.*

Jusjurandum etiàm loco (1) solutionis cedit.

28. PAULUS, *lib. 18. ad edictum.*

De duobus reis stipulandi.

In duobus reis stipulandi, ab altero delatum jusjurandum etiàm alteri nocebit.

De reo, et fidejussore.

§. 1. Quod reus juravit (2), etiàm fidejussori proficit. A fidejussore exactum jusjurandum, prodesse etiàm (3) reo, Cassius et Julianus aiunt : nàm quià in locum (4) solutionis succedit, hic quoquè eodem loco habendum est; si modò ideò interpositum est jusjurandum, ut de ipso contractû, et de re, non de personâ jurantis ageretur (5).

De eo qui debitorem exhibere promisit.

§. 2. Si ei, qui debitorem meum in judicium exhibere promisit, jusjurandum detulerim, isquè juraverit, *se omninò exhibitionem ejus non promisisse* : prodesse debitori meo id non debet. Si verò juraverit, *se nihil mihi præstare oportere* : distinguendum sit, et replicatione emendandum, utrùm ideò juraverit, (an) quià post promissionem exhibuerit, an verò quià solverit. Quod et in fidejussore debiti distinguendum est.

---

(1) L. 28. §. 1. l. 35. §. 1. infr. h. t.
(2) L. ult. in fin. infr. eod.
(3) D. l. ult. §. 1.

27. GAJUS, *liv. 5. sur l'édit provincial.*

Le serment équivaut (1) également à un payement.

28. PAUL, *liv. 18. sur l'édit.*

De deux créanciers solidaires.

Lorsqu'une créance appartient à deux personnes, le serment que l'une d'elles défère au débiteur, nuira à l'autre.

Du débiteur, et du répondant.

§. 1. Un répondant est libéré (2) par le serment de celui pour lequel il a répondu; Cassius et Julien disent que le serment fait par le répondant, libère le principal obligé (3), parce que l'affirmation en justice équivalant à un paiement (4), l'obligation dans ce cas se trouve éteinte, puisque le serment tient lieu de paiement; pourvu cependant que le serment qui a été déféré, frappe sur le contrat lui-même, c'est-à-dire, l'obligation, et non sur la personne de celui qui le prête (5).

De celui qui a promis de représenter un débiteur.

§. 2. Si j'ai déféré le serment à celui qui s'était obligé envers moi à me représenter mon débiteur en justice, et qu'il ait affirmé avec serment, *qu'il n'avait pas pris envers moi cet engagement*, ce serment ne doit pas tourner à l'avantage de mon débiteur. Si au contraire il a affirmé *qu'il ne m'est rien dû*, il faut distinguer, et je puis recourir à une réplique, à l'effet par lui de déclarer s'il prétend par-là m'avoir représenté mon débiteur, comme il s'y était engagé, ou s'il entend que ce dernier m'a payé. La même distinction a lieu à l'égard de celui qui a répondu d'une dette.

---

(4) L. 27. supr. eod.
(5) §. 2. infr. hic. l. ult. §. 1. infr. eod. l. 1. §. 2. infr. quar. rer. actio.

De duobus reis promittendi.

§. 3. Ex duobus reis promittendi ejusdem pecuniæ alter juravit : alteri quoquè prodesse debebit.

Quæ actiones jurejurando tolluntur.

§. 4. Exceptio jurisjurandi, non tantùm si eâ
actione, quis utatur, cujus nomine exegit jusjurandum, opponi debet : sed (1) etiàm si aliâ,
si modò eadem quæstio in (hoc) judicium de-
ducatur : fortè si ob actionem mandati, negotiorum gestorum, societatis, cæterasquè similes jusjurandum exactum sit, deindè ex iisdem causis
certum condicatur : quià per alteram actionem
altera quoquè consumitur.

§. 5. Si quis juraverit, *se non rapuisse*, non
debet adjuvari hoc jurejurando in actione furti,
aut condictione : quià aliud est furtum fecisse,
quod vel clàm fieri potest.

§. 6. Colonus, cum quo proptèr succisas fortè
arbores agebatur ex locato, si juraverit *se non
succidisse*, sivè è lege duodecim Tabularum de
arboribus succisis, sivè (2) è lege Aquiliâ damni injuriâ, sivè interdicto (3) *quod vi aut clàm* posteà
convenietur, per exceptionem jurisjurandi defendi
poterit.

§. 7. Quæ juravit, *divortii causâ rem se non
amovisse*, non debet defendi per exceptionem,
si cum eâ in rem agatur : et, si contendat *suam*

<hr>

(1) §. 7. infr. h. l.
(2) L. 1. infr. arbor. furtim cæsar.
(3) L. 15. in pr. infr. quod vi aut clam.

De deux débiteurs solidaires.

§. 3. Lorsque de deux débiteurs solidaires d'une même somme, l'un affirme ne rien devoir, ce serment opère la libération de l'autre.

Quelles sont les actions qui sont terminées par le serment.

§. 4. L'exception du serment doit être opposée, non-seulement dans le cas où le demandeur intente l'action au nom de laquelle il a déféré le serment, mais encore (1) dans celui où il en intenterait une autre, pourvu qu'elle eut pour objet la même chose ; comme si, par exemple, le serment a été déféré dans une cause de mandat, de gestion d'affaires, de société, et autres semblables, et qu'ensuite on demandât par la condiction, le paiement de la dette à laquelle les causes dont on vient de parler ont donné lieu, parce qu'une action éteinte, éteint avec elle toutes les autres de la même espèce.

§. 5. Si quelqu'un affirme avec serment, *n'avoir point enlevé une chose avec violence*, il ne pourra point opposer son serment, si on intente contre lui l'action du vol, ou toute autre action personnelle (*a*), parce qu'il existe une différence entre enlever une chose par violence, et commettre un vol, puisque ce dernier délit peut être commis clandestinement.

§. 6. Un fermier que l'on poursuivait en vertu de l'action du loyer, *ex locato*, à l'occasion d'arbres qu'on prétendait qu'il avait coupés, affirma avec serment, *qu'il n'en avait pas coupé*; si par la suite on intentait contre lui l'action de la loi des douze Tables (2) relative aux arbres coupés, ou l'action de la loi Aquilia en réparation du tort causé, ou l'interdit (3) établi contre les délits commis par violence, ou clandestinement, il pourra opposer une exception tirée de son serment.

§. 7. La femme qui *a affirmé n'avoir rien détourné après son divorce*, ne pourra pas opposer l'exception de

____

(*a*) Le mot *condictio* pris généralement, renferme toute espèce d'action personnelle; pris spécialement, ce même mot signifie l'action par laquelle nous prétendons que notre adversaire doit nous donner une chose, c'est-à-dire, nous en transférer le domaine.

esse, alio jurejurando opus est. Contrà, si juraverit *suam esse*, debet in actione rerum amotarum defendi. Et omninò hoc observandum est, licèt (1) per aliam actionem eadem quæstio moveatur, ut exceptio jurisjurandi locum habeat.

§. 8. Igitùr si quis juravit, *se non esse condemnatum*, etiamsi ex stipulatû judicatum solvi, ob rem judicatam conveniatur, defendetur per exceptionem. Contrà, si cùm ex stipulatû judicatum solvi conveniretur, juravit *se dare non oportere*, agenti judicati non utiquè obstabit exceptio : potest enìm fieri, ut non sit commissa stipulatio, licèt res judicata sit : nisi ideò jurasset, quod nec damnatum se esse diceret.

De furto et condictione furtivâ.

§. 9. Itèm Pomponius ait, eum, qui *furtum sibi factum alicujus rei* juravit, non statim etiàm condictionis causam nancisci.

De actione, et exceptione jurisjurandi. Si actor et reus juraverint.

§. 10. Itèm cùm ex hâc parte jusjurandum et actionem et exceptionem inducat, si fortè reus extrà judicium, actore inferente, juraverit, *se non dare oportere*, et actor reo deferente, *dari sibi oportere*, vel contrà : posterior causa jurisjurandi potior habebitur. Nec tamèn præjudicium

____

(1) §. 4. supr. h. t.

son serment, si l'on revendique sur elle un effet qu'elle a en sa possession, et si elle soutient que cette chose *lui appartient*, il faut qu'elle fasse un nouveau serment. Si au contraire, elle avait d'abord affirmé que cet effet lui appartenait, elle opposera son serment à son mari, s'il forme contre elle l'action établie dans le cas d'effets détournés. Il faut observer que toutes les fois que la même question se renouvelle, quoique sous une autre action (1) l'exception du serment a toujours lieu.

§. 8. Donc, si quelqu'un a affirmé avec serment *n'avoir subi aucune condamnation*, et qu'il vienne à être actionné pour exécuter le jugement que l'on prétend avoir obtenu contre lui, il pourra opposer une exception tirée de son serment. Au contraire, s'il était d'abord actionné en vertu de sa promesse, et que lorsqu'il sera actionné pour exécuter le jugement, il ait juré ne rien devoir, il ne pourra tirer aucune exception de son serment; car il peut se faire que la promesse qu'il avait faite d'exécuter le jugement, ne soit pas encore exigible, quoique le jugement soit rendu, à moins qu'il n'eut affirmé ne rien devoir, que parce qu'il prétendait n'avoir pas été condamné.

Du vol, et de la demande en restitution d'une chose volée.

§. 9. Le même Pomponius dit, que *celui qui prétend qu'on lui a volé une chose*, n'acquiert pas par cette seule prétention le droit de demander la restitution de la chose volée.

De l'action, et de l'exception du serment. Si le demandeur et le défendeur ont fait le serment.

§. 10. De même, comme le serment donne lieu à une exception, et à une action, si le défendeur a fait extrajudiciairement le serment que le demandeur lui a déféré, *qu'il ne devait rien*, et si le demandeur affirme avec serment, (le défendeur le lui déférant) que *la somme qu'il demande lui est due*, ou réciproquement, le second serment sera préféré. Cependant celui qui aura juré dans le principe, ne sera pas regardé parjure, parce qu'on n'examinera

perjurio alteriûs fiet : quià non quæretur, *an dare
eum oportet* (1), sed *an actor juraverit.*

29. TRYPHONINUS, *lib. 6. disputationum.*

Quòd si juravi, te deferente, *non jurasse te,
dare tibi oportere* (et), adversùs utilem actionem,
quâ hoc quæritur, an juraveris, *tibi dari oportere*, opponenda est exceptio jurisjurandi peri-
mentis quæstionem actione comprehensam.

30. PAULUS, *lib.* 18. *ad edictum.*

De actione quæ inficiando crescit.

Eum, qui juravit, ex eâ actione, quæ inficiando crescit, aliquid sibi deberi, simpli, non
dupli persecutionem sibi adquirere, Pedius ait ;
aliundè enim sufficere, exonerare petitorem pro-
bandi necessitate ; cùm, omissâ hâc parte edicti,
dupli actio integra maneat. Et potest dici, hoc
judicio non principalem causam exerceri, sed
jusjurandum actoris conservari.

De servo mortuo.

§. 1. Si juravero, *te Stychum mihi dare oportere,*
qui non sit in rerum naturâ, nec æstimationem
mihi præstare reus debet, nisi ex causâ furtivâ,
vel propter moras : tunc enim etiàm post mortem
servi æstimatio præstatur.

De dote.

§. 2. Si mulier juraverit, *decem dotis sibi
deberi*, tota ea summa præstanda est. Sed si

____

(1) L. 5. §. 2. supr. l. 29. infr. l. 1. C. h. t. l. 21. supr. de dolo malo.

pas *s'il doit* (1), mais si le demandeur a fait le serment qui lui a été déféré.

29. TRYPHONINUS, *liv. 6. des disputes.*

Si vous, me déférant le serment, j'ai affirmé que *vous n'avez pas juré que la somme vous fût due*, je pourrai opposer à l'action utile que vous avez contre moi, et dans laquelle on examinera si vous avez affirmé, l'exception tirée de mon serment, laquelle détruira la question comprise dans l'action.

30. PAUL, *liv. 18. sur l'édit.*

De l'action qui s'accroît par la dénégation.

Pédius dit que dans les actions où une dénégation fausse porte la condamnation au double, celui qui a affirmé que la chose lui était due, acquérait une action pour exiger ce qu'il a affirmé lui être dû, non pas au double, mais au simple; car il suffit que le demandeur soit déchargé par son serment de l'obligation de faire la preuve, puisque sans parler de cette partie de l'édit que nous interprétons, il lui reste encore en entier l'action pour exiger le double, et l'on peut dire que dans l'action dont il s'agit ici, on ne juge pas le fonds de l'affaire, mais que l'on conserve seulement l'effet que doit avoir le serment prêté par le demandeur.

De l'esclave mort.

§. 1. Si j'ai affirmé avec serment que *vous me deviez l'esclave Stychus*, qui n'existe plus, vous n'êtes tenu ni de me le rendre, ni même de m'en payer la valeur, à moins que cet esclave ne m'ait été volé ou que vous n'ayez été en demeure de me le livrer; car alors dans ces cas, vous seriez tenu, même après la mort de l'esclave, de me payer le prix auquel il aurait été estimé.

De la dot.

§. 2. Si une femme a affirmé avec serment qu'il lui était dû *de sa dot dix mille pièces*, toute la somme lui est due; mais si elle a juré qu'elle *a donné dix mille pièces en dot*, on ne devra pas examiner si elles ont été données,

Tom. 7.

juravit, *decem se dedisse in dotem*, hoc solùm non erit quærendum, an data sint : sed, quasi data sint, quod ex eo reddi oportet, præstandum erit.

De popularibus actionibus.

§. 3. In popularibus actionibus jusjurandum exactum ità demùm adversùs alios proderit, si bonâ fide exactum fuerit : nàm et si quis egerit, ità demùm consumit publicam actionem, si non per collusionem actum sit.

De liberto.

§. 4. Si libertus (1) deferente patrono, juravit *se libertum non esse*, ratum habendum est jusjurandum : ut nec operarum petitio, nec bonorum possessio contrà tabulas dari debeat.

De usufructû.

§. 5. Si juravero *usumfructum mihi dari oportere*, non alitèr dari debet, quàm si caveam *boni* (2) *viri arbitratû me usurum, et finito usufructû restituturum.*

31. Gaius, *lib.* 3o. *ad edictum provinciale.*

An causa post jusjurandum retractetur.

Admonendi sumus, interdùm etiàm post jusjurandum exactum permitti constitutionibus principum, ex integro causam agere, si quis nova instrumenta se invenisse dicat, quibus nunc solis

____

(1) L. 13. in pr. supr. h, t.

mais on lui rendra ce qui doit lui être restitué sur sa dot, comme si elle avait réellement donné ces dix mille pièces.

Des actions populaires.

§. 3. Dans les actions populaires, c'est-à-dire, dans les actions que tous les citoyens peuvent former, le serment qui aura été exigé du défendeur, ne servira contre les autres, qu'autant qu'il l'aura été de bonne foi; car celui qui forme ces sortes d'actions, ne porte atteinte au droit du public, qu'autant qu'il n'y a pas de collusion entre les parties.

De l'affranchi.

§. 4. Si un patron défère le serment à un affranchi (1), et que celui-ci affirme *qu'il n'est pas l'affranchi de celui qui lui a déféré le serment*, son serment sortira son plein et entier effet, en sorte que l'on ne devra pas accorder au patron le droit d'exiger de l'affranchi aucun service, ni de prétendre à sa succession.

De l'usufruit.

§. 5. Si j'ai affirmé avec serment *qu'un usufruit m'était dû*, on ne doit me l'accorder qu'autant que *j'aurai donné caution d'en jouir en bon père de famille* (2), *et que je rendrai la chose à la fin de l'usufruit*.

31. GAJUS, *liv.* 30. *sur l'édit provincial.*

Si l'instance est recommencée après le serment.

Il faut observer qu'il y a des cas, où même après le serment prêté, il est permis, d'après les constitutions des princes, de recommencer en entier l'instance; tel est le cas où la partie dit qu'elle a trouvé de nouvelles pièces, des-

---

(2) L. 1. in pr. supr. usufr. quemadm. caveat.

usurus sit. Sed hæ constitutiones tunc videntur locum habere, cùm à judice aliquis absolutus fuerit : solent enim sæpè judices in dubiis causis, exacto jurejurando, secundùm eum judicare, qui juraverit. Quòd si (1) aliàs inter ipsos jurejurando transactum sit negotium, non conceditur eandem causam retractare.

32. Modestinus, *lib.* 3. *differentiarum.*

De remissione jurisjurandi.

Jurisjurandi gratiam (2) facere pupillus non potest.

33. Ulpianus, *lib.* 28. *ad Sabinum.*

Qui *per salutem* (3) *suam* jurat, licèt *per Deum* jurare videtur : (respectû enim divini numinis ità jurat), attamèn, si non ità specialitèr jusjurandum ei delatum est, jurasse non videtur (4) : et ideò ex integro solemnitèr jurandum est.

34. Idem, *lib.* 26. *ad Plautium.*

Quibus de rebus juratur ; si promissor Stychi putat eum decessisse.

Jusjurandum et *ad pecunias*, et *ad omnes res* locum habet. Etiàm *de operis* jusjurandum deferri potest : nec de injuriâ queri adversarius potest, cùm possit jusjurandum referre. Quid tamèn, si ideò dicat reus se liberatum, quoniàm Stychum, quem promiserat, putat decessisse ?

---

(1) l. 1. C. de reb. cred. adde l. 29. C. de transact.
(2) l. 6. supr. l. 41. infr. h. t.

quelles seules elle entend se servir. Mais les dispositions de ces ordonnances n'ont lieu que dans le cas où le défendeur a été renvoyé absous, faute de preuve; car souvent les juges, dans les affaires douteuses, ont coutume de prononcer conformément à l'affirmation faite en justice. Mais si le serment avait été déféré par les parties (1) parce que leur intention était que ce serment fût une espèce de transaction entr'elles, on ne leur accordera pas la liberté de recommencer l'instance.

33. MODESTINUS, *liv. 3. des différences.*

De la remise du serment.

Un pupille ne peut (2) faire la remise du serment.

33. ULPIEN, *liv. 28. sur Sabinus.*

Celui qui jure *sur sa vie* (3), est censé jurer *par Dieu même*; car en faisant un tel serment, il se reporte à la divinité : cependant son serment ne sera valable, qu'autant qu'il lui aura été déféré spécialement pour qu'il le fit de cette manière (4) ; c'est pourquoi dans le cas contraire il faut qu'il renouvelle son serment.

34. LE MÊME, *liv. 26. sur Plautius.*

Pourquoi on fait le serment ; si celui qui a promis l'esclave Stychus, croit qu'il est mort.

Le serment peut intervenir dans tous les cas où il s'agit *d'argent* et *de toute autre chose* ; il a lieu même dans les causes où *on réclame les services de quelqu'un* ; et l'adversaire ne peut pas se plaindre, puisqu'il peut référer le serment qu'on exige de lui. Qu'arriverait-il cependant si le défendeur se croit libéré, parce qu'il pense que l'esclave Stychus qu'il avait promis, est décédé? Cette opinion

---

(3) L. 5. in pr. supr. eod.
(4) L. 3. in fin. l. 4. l. 5. in pr. supr. eod.

Non erit tutus per relationem : et ideò ex hâc causâ putat Marcellus, et rectè, aut remittendum ei jusjurandum, aut spatium dandum, ut certioretur, et sic juret.

De defensore universitatis.

§. 1. Defensor municipum vel cujusvis corporis, jusjurandum deferre potest, si super hoc mandatum (1) habeat.

De pupillo.

§. 2: Pupillo non defertur jusjurandum.

De procuratore et defensore.

§. 3. Procurator non compellitur jurare, nec defensor. Et ità Julianus scribit lib. x Digestorum, defensorem jurare non compelli (2): sufficerequè ad plenam defensionem, si paratus sit judicium accipere.

De jurejurando calumniæ.

§. 4. Qui jusjurandum defert, prior (3) de calumniâ debet jurare, si hoc exigatur : deindé sic ei jurabitur. Hoc jusjurandum, de calumniâ, nequè patrono (4), nequè parentibus remittitur(5).

De formâ juramenti.

§. 5. Si de qualitate juramenti fuerit intèr

____

(1) L. 17. §. ult. supr. eod.
(2) V. l. 11. §. 2. infr. rer. amotar.
(3) L. 57. in fin. infr. h. t. l. 9. C. de reb. cred. Nov. Leon. 93.

ne peut pas opérer sa libération; et c'est la raison pour laquelle Marcellus pense à juste titre qu'il faut le décharger du serment, ou lui donner un tems suffisant pour s'assurer du fait, après quoi il fera l'affirmation.

Du défenseur d'un corps de ville.

§. 1. Le défenseur d'un corps municipal, ou de toute autre corporation, peut déférer le serment, si toutes fois il en a le pouvoir (1) en vertu de sa procuration.

D'un pupille.

§. 2. On ne peut déférer le serment à un pupille.

D'un fondé de pouvoir et d'un défenseur.

§. 3. On ne peut contraindre un fondé de pouvoir, ni un défenseur, à prêter le serment. C'est pourquoi Julien, au liv. x. du Digeste, écrit qu'un défenseur ne peut être forcé à prêter serment au nom de celui qu'il défend (2); et qu'il suffit, pour qu'il soit censé le défendre pleinement, qu'il soit disposé à exécuter le jugement à intervenir.

Du serment que l'on n'a pas l'intention de vexer son adversaire.

§. 4. Celui qui défère le serment, doit commencer à affirmer le premier avec serment, si on l'exige, que ce n'est pas pour susciter une mauvaise chicane (3) à son adversaire, qu'il dirige contre lui des poursuites; ensuite le serment sera prêté. Ce serment de la calomnie, *de calumniá* (a), ne peut être remis ni au patron (4), ni aux parens (5).

De la forme du serment.

§. 5. Si les parties ne sont pas d'accord entr'elles sur la

---

(4) Obst. L. 16. supr. h. t. l. 13. §. 14. infr. de damno infect.

(5) L. 14. supr. h. t.

(a) Voyez le titre 6, du liv. 3, volume 3, page 167, intitulé *De calumniatoribus.*

partes dubitatum, conceptio ejus (1) in arbitrio judicantis est.

Edictum ut reus solvat, aut juret.

§. 6. Ait Prætor : *eum , à quo jusjurandum petetur, solvere, aut jurare* (2) *cogam.* Alterum itaquè eligat (3) reus : aut solvat, aut juret. Si non jurat, solvere cogendus erit à Prætore.

De relatione jurisjurandi.

§. 7. Datur autèm et alia facultas reo, ut, si malit, referat jusjurandum. Et si is, qui petet, conditione jusjurandi non utetur; judicium ei Prætor non dabit : æquissimè enìm hoc facit, cùm non deberet displicere conditio jurisjurandi ei, qui detulit. Sed nec jusjurandum de calumniâ referenti defertur : quià non est ferendus actor, si conditionis, quam ipse detulit, de calumniâ velit sibi jurari.

Et ejus formâ.

§. 8. Non sempèr autèm consonans est , per omnia referri jusjurandum, quale defertur : forsitàn ex diversitate rerum (4) vel personarum, quibusdàm emergentibus, quæ varietatem inducunt. Ideoquè, si quid tale inciderit, officio judicis conceptio (5) hujusmodi jusjurandi terminetur.

De absolutione, et condemnatione.

§. 9. Cùm res in jusjurandum demissa sit, judex jurantem absolvit (6) : referentem audiet, *et*, si

---

(1) Adde §. 8. infr. h. l.
(2) L. 38. infr. h. t. l. 9. C. de reb. cred. L. 21. §. 2. supr. de noxal. act.
(3) V. L. 10. in fin. infr. de jure dot.

qualité du serment, c'est au juge à la fixer et à décider (1)
de quelle manière il sera fait.

Edit fait afin que le débiteur paie, ou fasse le serment.

§. 6. Le Préteur dit : *je forcerai au serment* (2) *celui
de qui il sera exigé.* Ce sera donc au défendeur (3) à opter
entre payer, ou faire le serment, s'il ne le fait pas, il sera
contraint par le Préteur à payer.

Du serment référé.

§. 7. On accorde encore au défendeur une autre res-
source, c'est de déférer le serment, s'il l'aime mieux, et
si le demandeur ne veut pas accepter la condition qu'on
lui offre, le préteur lui refusera l'action ; et en cela il fait
une acte de justice, puisque le demandeur ne peut pas se
refuser à préter un serment que lui-même il a déféré ;
mais on ne peut exiger de celui qui réfère le serment, qu'il
préte celui de la calomnie, *de calumniâ* ; parce que le
demandeur ne peut pas être fondé à exiger qu'on affirme
que ce n'est pas par calomnie, c'est-à-dire , pour lui susciter une mauvaise chicane, qu'on veut qu'il subisse une
condition que lui-même a imposée.

Et de sa forme.

§. 8. Il n'est pas toujours nécessaire que celui qui réfère
le serment, le réfère de la même manière qu'il l'a déféré ;
car il peut se faire qu'il faille, en raison de la diversité
des choses (4), ou de la qualité des personnes, ou de
quelques circonstances incidentes, admettre quelque différence. Par conséquent dans ces cas c'est au juge à décider
de quelle manière il sera référé (5).

De l'absolution et de la condamnation du défendeur.

§. 9. Lorsque l'on fait dépendre une affaire du serment,
le juge doit absoudre celui qui le prête (6) ; ou il doit

_____

(4) Adde l. 4. §. 1. in fin. infr. de incend. ruin. naufrag.
(5) §. 5. supr. hic. l. 12. §. 5. C. de reb. cred.
(6) Adde l. 40. infr. h. t.

actor juret, condemnet reum. Nolentem jurare reum, si solvat, absolvit : non solventem condemnat. Ex relatione non jurante actore, absolvit reum.

35. PAULUS , *li b. 2. ad edictum.*

De tutore.

Tutor pupilli , omnibus probationibus aliis deficientibus, jusjurandum deferens (1) audiendus est : quandoquè enìm pupillo denegabitur actio.

De prodigo , et similibus.

§. 1. Prodigus , si deferat jusjurandum , audiendus non est (2). Idemquë in cæteris similibus ei dicendum est : nàm sivè pro pacto convento, sivè pro solutione, sivè pro judicio hoc jusjurandum cedit , non ab aliis delatum probari debet , quàm qui ad hæc habiles sunt.

Qui jurare non coguntur.

§. 2. Qui non compelluntur Romæ (3) judicium accipere , nec jurare compellendi sunt : ut Legati provinciales.

36. ULPIANUS , *lib. 27. ad edictum.*

De constitutâ pecuniâ , et priore obligatione.

Si actor deferat jusjurandum de solâ constitutâ pecuniâ , et reus juraverit : exceptione utetur , si

____

(1) L. 17. §. 2. supr. eod.
(2) Arg. d. l. 17. §. 1. et 2.

consentir à ce qu'il soit référé , et si le demandeur
affirme (1) , il doit condamner le défendeur. Il absout le
défendeur qui ne veut pas faire le serment , si celui-ci
paie. Dans le cas de refus de la part du demandeur de
prêter le serment qui lui est référé, le juge absout le défendeur.

35. PAUL , *liv.* 28. *sur l'édit.*

Du tuteur.

On doit autoriser le tuteur d'un pupille à déférer le
serment (2) , lorsqu'il ne peut fournir toute autre preuve ;
ce qui arrive toutes les fois que le défaut de preuves,
prive le pupille de l'avantage de l'action qu'il aurait intérêt d'avoir.

Du prodigue, et autres semblables.

§. 1. On ne doit pas admettre un prodigue à déférer
le serment (3). Il faut dire la même chose de tous ceux
qui sont dans les liens de l'interdiction ; car soit que ce
serment remplace une convention, ou un paiement, ou
une action, il ne peut être déféré que par ceux qui sont
capables de contracter ces engagemens.

Qui sont ceux que l'on ne peut obliger de jurer.

§. 2. Ceux qui ne peuvent être contraints à procéder à
Rome, ne peuvent également être forcés à prêter serment,
tels sont les envoyés dans les provinces.

36. ULPIEN, *liv.* 27. *sur l'édit.*

De l'argent qu'on s'est obligé de payer, et de l'ancienne obligation.

Si le demandeur défère le serment au défendeur, à
l'occasion seulement d'une promesse qu'il prétend que celui-ci lui a fait de lui payer une certaine somme d'argent,

______

(3) L. 28. §. 2. supr. de judic.

de constituta conveniatur; sed, si de sorte, id est ; de priore obligatione; conveniatur, exceptio cessabit : nisì de hâc quoquè juraverit, adversario deferente.

37. ULPIANUS, *lib. 33. ad edictum.*

De jurejurando calumniæ.

Si non fuerit remissum jusjurandum ab eo, qui detulerit, sed de calumniâ non juratur : consequens est, ut debeat denegari ei actio. Sibi enim imputet, qui processit ad delationem jurisjurandi, nec priùs de calumniâ juravit : ut si iste remittenti similis.

38. PAULÙS, *lib. 37. ad edictum.*

Si quis nec juret, nec referat.

Manifestæ turpitudinis, et confessionis est, nolle nec jurare, nec jusjurandum referre (1).

39. JULIANUS, *lib. 10. Digestorum.*

De causâ in jusjurandum deductâ.

Si quis cum debitore suo pepigerit, ne ab eo pecunia peteretur, si jurasset *se Capitolium non ascendisse*, vel aliud quodlibèt fecisse, vel non

---

(1) Vide tamèn l. 12. §. 2. C. de reb. cred.

et que le défendeur ait fait le serment qu'il ne devait rien,
il opposera l'exception du serment, s'il est actionné à cause
de cette prétendue promesse; mais s'il est actionné à l'occasion de sa dette, c'est-à-dire, en vertu d'une obligation
antérieure à cette promesse, l'exception tirée du serment
ne lui servira à rien, à moins que son adversaire lui
ayant déféré le serment sur cette première obligation, il ait
juré ne rien devoir.

37. ULPIEN, *liv*. 33. *sur l'édit*.

Du serment portant que l'on ne vexe pas son adversaire.

Si le serment n'a pas été remis par celui qui l'a déféré,
et que celui-ci refuse d'affirmer à son tour qu'il ne veut
pas vexer, par ce serment, son adversaire, on lui refusera
l'action; et cela est dans l'ordre; car celui qui a déféré
le serment, doit s'imputer à lui-même la dénégation qui
lui est faite de l'action, puisque c'est parce qu'il n'a pas
voulu avant affirmer qu'il n'était pas dans ses intentions
de susciter une chicane à son adversaire, que cette action
lui a été refusée; en sorte que son refus équivaut à la
remise qu'il aurait faite du serment.

38. PAUL, *liv*. 37. *sur l'édit*.

Si quelqu'un ne fait pas le serment, et ne le réfère pas.

Refuser de faire le serment, ou refuser de le référer (1),
c'est se couvrir d'une turpitude insigne, et en quelque
sorte avouer ce qu'on ne veut pas affirmer par serment;
c'est-à-dire, que ce refus équivaut à un aveu.

39. JULIEN, *liv*. 10. *du Digeste*.

De la cause qui donne lieu au serment.

Si quelqu'un convient avec son débiteur, qu'il n'exigera
pas de lui sa créance, s'il affirme *n'être pas monté au
Capitole*, ou avoir fait, ou n'avoir pas fait toute autre
chose, et qu'il ait fait cette affirmation, il y aura lieu,
de la part du débiteur, à opposer à son créancier une exception
tirée de son serment, et il pourra même répéter ce qu'il

fecisse, isquè juraverit: et exceptio jurisjurandi dari debebit, et solutum repeti poterit. Est enìm justa conventio, si quælibèt causa in conditione jurisjurandi deducta fuerit.

40. Idem, *lib.* 13. *Digestorum.*

De jurejurando debitoris.

Jusjurandum à debitore exactum efficit, ut pignus liberetur (1) : est enim hoc acceptilationi simile. Perpetuam certè exceptionem parit. Idcircò pœnam quoquè petentem creditorem exceptione summoveri oportet; et solutum repeti potest : utpotè cùm, interposito eo, ab omni controversiâ discedatur.

41. Pomponius, *lib. singulari regularum.*

De remissione jusjurandi.

Labeo, etiàm absenti (2) et ignoranti jurisjurandi gratiam (3) fieri posse, respondit : sed et per epistolam gratia jurisjurandi fieri potest.

42. Idem, *lib.* 18. *epistolarum.*

De jurejurando pupilli.

Creditore, qui de mutuâ pecuniâ, contrà pupillum contendebat, jusjurandum deferente pupillus juravit, *se dare non oportere*, eandem pecuniam à fidejussore ejus petit : an excludendus sit exceptione jurisjurandi? Quid tibi placet, rescribe mihi. Eam rem apertiùs explicat Julia-

---

(1) L. 13. infr. quib. mod. pign. ve. hypoth. solv.
(2) L. 12. §. 4. C. de reb. cred.

aura payé ; car cette convention est juste, parce qu'il a fait dépendre la décision de l'affaire de l'affirmation du débiteur.

40. LE MÊME, *liv.* 13. *du Digeste.*

Du serment du débiteur.

Tel est l'effet du serment exigé du débiteur, qu'il libère le gage (1) ; car il équivaut à une quittance donnée par le créancier au débiteur ; il produit même une exception perpétuelle. C'est pourquoi si le créancier voulait exiger la peine sous la condition de laquelle il prétendrait que la somme lui était due, le débiteur pourra le faire débouter de sa demande en lui opposant l'exception tirée de son serment, et même répéter de son créancier ce qu'il lui aurait payé, puisque le serment intervenu a décidé la contestation.

41. POMPONIUS, *liv. unique des règles.*

De la remise du serment.

Labéon a répondu (2) que l'on pouvait faire remise du serment à une partie absente, ou qui ignorerait que le serment lui eût été remis (3). Cette remise peut même se faire par lettre.

42. LE MÊME, *liv.* 18. *des lettres.*

Du serment du pupille.

Un créancier qui plaidait contre un pupille, pour être payé d'une somme qu'il lui avait prêtée, lui défèra le serment, le pupille fit le serment qu'il *ne devait rien.* Le créancier, après cette affirmation, attaqua la caution du pupille. Le créancier peut-il être débouté par l'exception tirée de serment du pupille ? Ecrivez-moi ce que vous en pensez. Julien s'est étendu d'une manière plus détaillée sur cette question ; voici ce qu'il dit : si la contestation mue

---

(3) L. 6. l. 32. supr. h. t.

nus. Nàm si controversia inter creditorem et pupillum fuerit, an omnìnò pecuniam mutuam accepisset; et convenit, ut ab omni conditione discederetur, si pupillus jurasset; isquè juraverit, *se dare non oportere* : naturalis (1) obligatio hâc pactione tolletur, et soluta pecunia repeti poterit. Sin verò creditor quidèm se mutuam dedisse contendebat, pupillus autèm hoc solo defendebatur, quòd tutor ejus non intervenisset, et hoc tale jusjurandum interpositum est : hoc casû fidejussorem Prætor non tuebitur. Si autèm liquido probari non potest, quid actum sit, et in obscuro erit, (ut plerumquè [fit]), de facto, an de jure, intèr creditorem et pupillum controversia fuerit, deferente creditore pupillum jurasse, intelligere debemus, id actum intèr eos, ut, si jurasset se dare non oportere, ab omni conditione discederetur : atquè ità et solutam pecuniam repeti posse; et fidejussoribus exceptionem dari debere existimavimus.

Fidejussoris,

§. 1. Si fidejussor juraverit, *se dare non oportere*, exceptione jurisjurandi reus promittendi tutus (2) est. Atquìn si (3) quasi omnìnò idem non fidejussisset, juravit, non debet hoc jusjurandum reo promittendi prodesse.

Defensoris,

§. 2. Sed et si actore deferente, defensor (4) absentis vel præsentis juravit, eum, quem de-

---

(1) L. 95. §. 4. infr. de solution. v. l 59 infr. de oblig. et act.
(2) L. 28. §. 1. supr. h. t.

entre

entre le créancier et le pupille, ne roulait que sur la question de savoir s'il avait été prêté de l'argent au pupille, et qu'il fût convenu que toute la contestation serait terminée par le serment du pupille, si celui-ci affirme *ne rien devoir,* l'obligation naturelle (1) se trouve éteinte par cette convention ; et le pupille peut même se faire restituer ce qu'il aurait payé. Si au contraire le créancier prétendait avoir prêté la somme, et que le pupille ne se défendît pas autrement qu'en disant qu'il avait fait cet emprunt sans l'autorisation de son tuteur, sa caution ne pourrait pas exciper de son serment pour se soustraire à la demande du créancier. Si on ne peut parvenir à découvrir quelles ont été les intentions des parties, et que l'on ait des doutes (comme cela arrive souvent) sur la question de savoir si la contestation qui existe entre le créancier et le pupille, roule ou sur le fait, ou sur le droit, relativement au serment que le créancier a déféré au pupille, nous devons croire que les parties ont voulu que le serment terminât toutes leurs contestations. Ainsi le pupille pourra redemander ce qu'il aura payé, et ses répondans pourront opposer l'exception tirée de son serment.

Du répondant.

§. 1. Si le répondant a affirmé ne rien devoir, le principal obligé (2) ne peut plus être attaqué par le créancier ; cependant (3), s'il n'avait fait cette affirmation que pour assurer qu'il n'avait pas répondu de la dette, ce serment ne pourrait être d'aucune utilité au débiteur.

Du défenseur.

§. 2. Si le demandeur, ayant déféré le serment à sa partie adverse, (4) le défenseur de cette même partie, absente ou pré-

---

(3) L. 1. §. 3. infr. quar. rer. act.
(5) L. 9. §. pen. supr. h. t.

fendit, *dare non oportere* : exceptio jurisjurandi ei, cujus nomine jurandum fuerit, dari debebit. Eadem ratio est, et si fidejussoris defensor juraverit : reo enim detur exceptio.

Debitoris.

§. 3. Itèm, si reus (1) juravit, fidejussor tutus sit : quià, et res judicata secundum alterutrùm eorum, utrìquè proficeret.

____

(1) L. 28. §. 1. supr. eod.

sente, avait juré que celui qu'il défendait *ne devait rien* , on devra accorder l'exception tirée du serment à celui au nom de qui il aura été fait. Il en est de même à l'égard du défenseur du répondant. Dans ce cas l'exception est également accordée au principal obligé.

Du débiteur.

§. 3. Le serment du principal obligé libère le répondant (1), parce que le jugement rendu en faveur de l'un d'eux, doit servir à l'autre.

TITULUS TERTIUS.

De in litem (1) jurando.

1. ULPIANUS, *lib.* 41. *ad Sabinum.*

De effectû jurisjurandi.

Rem in judicio deductam non idcircò plurìs esse opinamur, quià crescere (condemnatio) potest, (ex) contumaciâ non restituentis, per jusjurandum in litem : non enìm res plurìs fit per hoc, sed ex contumaciâ æstimatur ultrà rei pretium.

2. PAULUS, *lib.* 13. *ad Sabinum.*

Sivè nostrum quid petamus, sivè ad exhibendum agatur.

De culpâ, et dolo aut contumaciá.

§. 1. Interdùm quod intersit agentis, solùm æstimatur, velutì cum culpa non restituentis, vel non exhibentis punitur : cùm verò dolus, aut contumacia non restituentis, vel non exhibentis, quantì in litem juraverit actor.

____

(1) Lib. 5. C. 53.

TITRE TROIS.

Du serment fait en justice (1).

1. ULPIEN, *liv.* 41. *sur Sabinus.*

De l'effet du serment.

Nous ne pensons pas que l'objet de la demande portée en justice doive être estimé à une plus haute valeur, à cause du serment que le juge aura déféré au demandeur, parce que la condamnation peut être plus forte en raison de l'opposition que le défendeur apporterait à rendre la chose en litige, conformément à l'ordonnance du juge ; car cette désobéissance à justice n'augmente pas la valeur naturelle de la chose, mais on apprécie le refus d'obéissance de la partie adverse, outre le prix de la chose.

2. PAUL, *liv.* 13. *sur Sabinus.*

Et cela a lieu, soit que nous demandions que notre propre chose nous soit rendue, soit que nous demandions qu'elle nous soit représentée.

De la faute, du dol et de la contumace.

§. 1. Il est des cas où l'on n'estime que l'intérêt de la partie demanderesse, lorsque, par exemple, la peine a lieu parce que c'est par la faute seule de la partie adverse, que la restitution, ou la représentation n'a pu se faire ; mais lorsque c'est par dol ou mauvaise foi que la partie refuse de rendre ou de représenter la chose, alors elle est condamnée à payer la somme à laquelle le demandeur aura affirmé en justice, qu'elle doit être portée.

3. Ulpianus, *lib.* 30. *ad edictum.*

De nummis depositis.

Nummis depositis, judicem non oportet in litem jusjurandum deferre, ut juret quisquè, quod suâ interfuit : cùm certa sit nummorum æstimatio, nisi fortè de eo quis juret, quod suâ interfuit, *nummos sibi suâ die redditos esse :* quid enìm, si sub pœnâ pecuniam debuit, aut sub pignore, quod, quià deposita ei pecunia abnegata est, distractum est ?

4. Idem, *lib.* 36. *ad edictum.*

De pupillo, et ejus tutore , vel matre. De adolescente , et ejus curatore.

Videamus in tutelari causâ, quis jurare, et adversùs quem possit? Et quidèm ipse pupillus, si impubes est, non potest (1) : hoc enìm sæpissimè rescriptum est. Sed nec tutorem cogendum vel matrem pupilli admittendam, etsi parata esset jurare, D. fratres rescripserunt : grave enìm videbatur, et ignorantes (2), et invitos tutores, sub alieni compendii emolumento, etiàm perjurium anceps subire. Curatores quoquè pupilli, vel adolescentis non esse cogendos in litem jurare, rescriptis Imperatoris nostri, et D. patris ejus continetur. Si tamèn tantam affectionem pupillo suo, vel adolescenti, tutores vel curatores præstare volunt, auctoritas juris non refragabitur, quìn judicio, quod intèr ipsos acceptum est, finis

____

(1) Adde l. 9. infr. de adquir. vel omitt. hered.

3. ULPIEN, *liv.* 30 *sur l'édit.*

Des deniers déposés.

Quand il s'agit de dépôt d'argent, le juge ne doit pas déférer le serment pour faire estimer par les parties l'intérêt qu'elles peuvent avoir dans le dépôt, parce que l'argent a une estimation fixe et certaine, à moins que l'affirmation de l'une d'elles ne roulât que sur l'intérêt qu'elle avait à ce que *son argent lui fût rendu au jour fixé.* Et en effet, ne peut-il pas se faire qu'elle dût elle-même une pareille somme qu'elle se fût engagée à rendre sous une certaine peine, ou en ayant donné un gage qui aurait été vendu faute de payer au jour fixé, parce qu'elle n'aurait pu retirer la somme qu'elle aurait déposée.

4. LE MÉME, *liv.* 36. *sur l'édit.*

Du pupille, de son tuteur, et de sa mère. D'un mineur, et de son curateur.

Examinons quel est celui dans une affaire de tutelle, qui doit faire le serment, et contre qui il peut être fait ? Le pupille s'il est impubère ne peut le faire (1) ; c'est ce qui a été décidé par plusieurs rescrits. Les empereurs frères ont déclaré dans un rescrit, que l'on ne pouvait y contraindre un tuteur, de même qu'y admettre la mère du pupille, encore qu'elle fût disposée à le faire. En effet il paraissait dur d'exposer des tuteurs à se parjurer malgré eux pour procurer un avantage à leur pupille, lorsqu'ils pouvaient ignorer (2) ce qui s'était passé entre leur pupille, et sa partie. Il existe également un rescrit de notre empereur, et de son père, qui porte que l'on ne peut pas forcer les curateurs d'un pupille, ou d'un mineur, à faire le serment d'estimation ; si cependant les tuteurs ou curateurs par amitié pour leur pupille, ou pour leur mineur veulent le faire, le droit n'y apporte pas d'obstacle, et ils peuvent ainsi terminer une contestation dans laquelle ils sont intervenus ;

---

(2) V. l. 11. §. pen. infr. rer. amotar.

ejusmodi possit adhiberi : non (1) enìm ad suam utilitatem jurisjurandi referenda, æstimatio est, sed ad domini, cujus nomine tutelæ ratio postuletur. Adolescens verò, si velit jurare, potest.

De delatione jurisjurandi.

§. 1. Deferre autèm jusjurandum judicem oportet. Cæterùm si alius detulerit jusjurandum, vel non delato juratum sit, nulla erit religio, nec ullum jusjurandum. Et ìtà constitutionibus expressum est Imperatoris nostri, et Divi patris ejus.

De modo.

§. 2. Jurare autèm in infinitum licet. Sed, an judex modum jurijurando statuere possit, ut intrà certam quantitatem juretur, ne arreptâ occasione, in immensum juretur, quæro? Et quidèm in (2) arbitrio esse judicis, deferre jusjurandum, necnè, constat. An igitur, qui possit jusjurandum non deferre, idem possit et taxationem jurijurando adjicere, quæritur? Arbitrio tamèn bonæ fidei judicis etiàm hoc congruit.

De effectú jurisjurandi.

§. 3. Itèm videndum, an possit judex, qui detulit, jusjurandum, non sequi id : sed vel prorsùs absolvere, vel etiàm minoris condemnare, quàm juratum est? Et magis est, ut ex magnâ causâ, et posteà repertis probationibus possit.

De culpâ.

§. 4. Ex (3) culpâ autèm non esse jusjurandum deferendum, constat : sed æstimationem à judice faciendam.

---

(1) L. 14. in fin. supr. si quis cautionib.

car ce n'est pas pour leur propre avantage qu'ils font cette estimation (1), mais pour celui du pupille ou du mineur. Le mineur peut faire le serment s'il le juge à propos.

Du serment qui a été déféré.

§. 1. Le juge doit déférer le serment, et si un autre n'a pas déféré le serment, ou qu'il ait été fait sans qu'il ait été référé, il n'y a pas dans ce cas de serment. C'est ce qui a été formellement décidé dans une constitution de notre empereur régnant, et de son père.

Du mode du serment.

§. 2. Il est permis d'estimer avec serment la chose à l'infini ; mais je demande si le juge peut lui-même fixer le mode du serment, ensorte qu'il restreigne l'estimation dans les bornes d'une quantité fixe et certaine ? Il est hors de doute que le juge est libre de déférer (2), ou de ne pas déférer le serment : mais on demande si celui qui est le maître de ne pas le déférer, peut également le limiter ? Les jugemens devant être basés sur la bonne-foi, il semble que le juge peut le renfermer dans de certaines limites.

De l'effet du serment.

§. 3. Il faut examiner de même, si le juge qui a déféré le serment peut ne pas y avoir égard, ou absoudre en entier la partie, ou la condamner, au-dessous de l'affirmation ? Il est probable qu'il le peut, s'il y est déterminé par quelques raisons valables, et que par la suite, on trouve de nouvelles preuves.

De la faute.

§. 4. Il est constant que lorsqu'il n'y a que de la faute de la partie, le juge ne doit pas déférer le serment (3), mais c'est à lui à faire l'estimation.

_____

(2) L. 5. §. 1. infr. h. t.
(3) D. 1. 5. §. 3.

5. Marcianus, *lib.* 4. *regularum.*

De actionibus in rem, et ad exhibendum, et bonæ fidei.

In actionibus in rem (1), et in ad exhibendu m (2), et in bonæ fidei judiciis (3) in litem juratur.

De modo.

§. 1. Sed judex potest præfinire certam sum-mam, usquè ad quam juretur; licuit (4) enìm et à primo nec deferre.

Et effectû jurisjurandi.

§. 2. Itèm et si juratum fuerit, licet judici vel absolvere, vel minoris condemnare.

De dolo et culpâ.

§. 3. Sed in his omnibus ob (5) dolum solum in litem juratur, non (6) etiàm ob culpam : hæc enìm judex æstimat.

De judiciis strictis.

§. 4. Planè interdùm et in actione stricti judicii (7) in litem jurandum est; velutì, si promissor Stychi moram fecerit, et Stychus deces-serit; quià judex æstimare, sinè relatione juris-jurandi, non potest rem, quæ non extat.

6. Paulus, *lib.* 26. *ad edictum.*

Aliàs, si ex stipulatû vel ex testamento (8) agatur, non solet in litem jurari.

---

(1) L. 68. supr. de rei vind. l. 16. §. 3. vers. sin vero. infr. de pignorib.
(2) L. 3. §. 2. supr. ad exhibend.
(3) L. 3. C. de reb. cred. l. 25. §. 10. supr. de hered. petit. l. 3. §. 2. infr. commodati. l. 1. §. 26. l. 5. in pr. infr. depositi. 1 48. §. 1. infr. locati. junct. §. 1. Inst. de action.

5. MARCIEN, *liv.* 4. *des règles.*

Des actions réelles, en représentation, et de bonne foi.

Dans les actions réelles (1) et dans celles qui ont pour objet la représentation de la chose (2) ainsi que dans les actions de bonne-foi (3), il y a lieu au serment d'estimation.

Du mode.

§. 1. Le juge peut même, fixer une certaine somme dans les bornes de laquelle le serment sera restreint ; car il a pu dans l'origine (4) ne pas juger à propos de le déférer

Et de l'effet du serment.

§. 2. Le juge peut de même si le serment a été fait, ou absoudre, ou condamner, au-dessous de l'estimation.

Du dol et de la faute.

§. 3. Mais dans toutes ces actions, (5) le serment n'est déféré que lorsqu'il y a de la mauvaise-foi. S'il n'y a que de la faute de la partie (6), le serment ne doit pas l'être. C'est au juge à faire cette estimation.

Des actions de droit étroit.

§. 4. Il est des cas où le serment d'estimation doit être admis dans les actions de droit strict (7) ; supposons par exemple, que quelqu'un ait promis de livrer l'esclave Stychus, et que celui-ci soit venu à mourir ; parce que le juge ne peut pas estimer une chose qui n'existe pas, sans référer le serment, puisque c'est le seul moyen qu'il ait pour la connaitre.

6. PAUL, *liv* 26. *sur l'édit.*

Autrement lorsqu'on agit en vertu d'une promesse, ou d'un testament (8), le serment ne peut pas avoir lieu.

---

(4) L. 4. §. 2. supr. h. t.
(5) L. 41. S. 1. infr. de re judicat.
(6) L. 4. §. fin. supr. h. t.
(7) Adde l. 5. in fin. infr. si quid in fraud. patroni.
(8) Vide tamèn l. 60. §. 1. infr. ad leg. Falcid.

7. ULPIANUS, *lib.* 8 *ad edictum.*

Qui jurant.

Vulgò præsumitur, alium in litem non debere jurare, quàm dominum litis; deniquè Papinianus ait, alium non posse jurare, quàm eum, qui litèm suo nomine contestatus est.

8. MARCELLUS, *lib.* 8. *Digestorum.*

Si tutorem adulto restituere nolit.

Tutor rem adulti, quam possidet, restituere ei non vult : Quæro, utrùm, quantì res est, an quantì in litem juratum fuerit, condemnari debet? Resp. Non est æquum, pretio (id est, quantì res est,) litem æstimari : cum et contumacia (1) punienda sit ; et arbitrio potiùs domini rei pretium statuendum sit, potestate petitori in litem juranti concessâ.

9. JAVOLENUS, *lib.* 15. *ex Cassio.*

De actione furti, et formâ jurisjurandi.

Cùm furti agitur, jurare ità oportet, tantì rem fuisse, cùm furtum factum sit; non adjici, *eo, plurisvè*, quià quod res pluris est, utiquè tantì est.

10. CALLISTRATUS, *lib.* 1. *quæstionum.*

De instrumentis exhibendis.

In instrumentis (2), quæ quis non exhibet,

______

(1) L. 68. et seqq. supr. de rei vind.
(2) L. 4. C. h. t.

7. ULPIEN , *liv*. 8. *sur l'édit*.

Qui sont ceux qui font le serment.

On présume ordinairement qu'il n'y a que celui qui est partie dans l'affaire, qui doit faire le serment d'estimation. Enfin Papinien dit que celui-là seul peut faire le serment d'estimation , qui procède en son propre nom.

8. MARCELLUS, *liv*. 8. *du Digeste*.

Si le tuteur ne veut pas restituer à l'adulte.

Un tuteur ne veut pas rendre à son pupille devenu mineur une chose qui lui appartient , et qu'il possède. Je demande s'il doit être condamné à payer la chose d'après sa propre valeur, ou d'après l'estimation qui en aura été faite avec serment. J'ai répondu qu'il n'était pas juste que la condamnation fût basée sur le prix, c'est-à-dire, la valeur de l'action, puisque la désobéissance du tuteur doit être punie (1), et que la valeur de la chose doit être estimée plutôt sur l'estimation qu'en aura faite le maître, qu'autrement, le maître ayant le pouvoir d'en affirmer avec serment la valeur.

9. JAVOLENUS, *liv*. 15. *sur Cassius*.

De l'action du vol, et de la forme du serment.

En matière de vol, le serment d'estimation doit se faire sur la valeur qu'avait la chose lorsqu'elle a été volée, et on ne doit pas ajouter qu'elle valait tel *prix, ou d'avantage*, parce que si elle était d'un plus grand prix elle valait ce à quoi elle est estimée.

10. CALLISTRATUS, *liv*. 1. *des questions*.

Des pièces que l'on doit exhiber.

Il est permis au demandeur d'affirmer en justice, qu'il a le plus grand intérêt à ce que son adversaire lui représente les pièces qu'il lui refuse (2), afin qu'il soit con-

actori permittitur in litem jurare, quanti suâ interest, eâ proferri : ut tanti condemnetur reus; idquè etiàm Divus Commodus rescripsit

11. PAULUS, *lib.* 3. *responsorum.*

De perjurio.

De perjurio ejus, qui ex necessitate juris in litem juravit, quæri facile non solere.

damné d'après cette affirmation ; c'est ce que l'empereur Commode a déclaré dans un rescrit.

II. PAUL, *liv. 3. des réponses.*

Du parjure.

On n'est pas dans l'usage de faire des recherches sur le parjure de celui qui s'est trouvé dans la nécessité de faire le serment d'affirmation.

TITULUS QUARTUS.

De condictione (1) causâ datâ causâ non secutâ.

~~~~~~~~

1. ULPIANUS, *lib.* 26. *ad edictum.*

De emancipatione, manumissione, discessione à lite.

Si ob rem non inhonestam data sit pecunia, ut filius emanciparetur, vel servus manumitteretur; vel à lite discedatur, causâ sēcutâ, repetitio cessat.

De conditione hereditatis vel legati.

§. 1. Si parendi conditioni causâ, tibi dedero decem, mòx repudiavero hereditatem vel legatum, possum condicere.

2. HERMOGENIANUS, *lib.* 2. *juris epitomarum.*

Sed et si falsum testamentum sinè scelere ejus, qui dedit, vel inofficiosum pronuncietur, velutì causâ non secutâ, decem repetentur.

____

(1) Lib. 4. C. 6.
~~~~~~~~

TITRE QUATRE.

*De l'action en vertu de laquelle on rede-
mande une chose (1) donnée pour une
cause qui n'a pas eu lieu.*

~~~~~~~~

1. ULPIEN, *liv.* 26. *sur l'édit.*

*De l'émancipation, de l'affranchissement, et du désistement
de l'instance.*

Sɪ l'on a donné de l'argent pour une cause qui ne répu-
gnait pas à l'honnêteté publique, par exemple, pour l'é-
mancipation d'un fils de famille, l'affranchissement d'un
esclave, ou le désistement d'un procès, si la cause a eu
son effet, il n'y a pas lieu à redemander l'argent donné.

De la condition apposée à la succession, ou à un legs.

§. 1. Si je vous ai donné dix pour remplir une condition qui m'était imposée dans un testament, et qu'ensuite j'aie
renoncé à la succession ou au legs qui m'était laissé, j'ai
le droit de vous les redemander.

2. HERMOGENIEN, *liv.* 3. *des abrégés du droit.*

Si le testament est déclaré faux, sans que celui qui a
donné cet argent soit coupable du faux, ou s'il a été cassé
comme inofficieux, cet argent pourra être redemandé, si la
cause pour laquelle il a été donné n'a pas eu lieu.
~~~~~~~~

3. ULPIANUS, *lib.* 26. *ad edictum.*

De pecuniâ datâ ne ad judicem eatur.

Dedi tibi pecuniam, *ne ad judicem iretur*
quasi decidi; an possim condicere, si mihi non
caveatur, ad judicem non iri? Et est verùm,
multùm interesse, utrùm ob hoc solùm dedi, *ne
eatur*, an *ut et mihi repromittatur*, *non iri*,
si ob hoc, *ut (et) repromittatur*, condici poterit,
si non repromittatur : si, *ut ne eatur*, condictio
cessat; quandiù non itur.

De manumissione.

§. 1. Idèm erit, et si tibi dedero, *ne Stychum
manumittas* : nàm secundùm distinctionem suprà
scriptam, aut admittenda erit repetitio, aut inhibenda.

§. 2. Sed si tibi dedero, *ut Stychum manumittas*, si non facis, possum condicere : aut si
me pœniteat (condicere possum).

§. 3. Quid, si ità dedi, *ut intrà certum tempus manumittas ?* Si nondùm tempus præteriit,
inhibenda erit repetitio, nisi pœniteat : quòd si
præteriit, condici poterit. Sed si Stychus decesserit, an repeti, quod datum est, possit? Proculus ait, si post id temporis decesserit, quo
manumitti potuit, repetitionem esse : si minùs,
cessare.

§. 4. Quinimò et si nihil tibi dedi, ut manu-
mitteres, placuerat tamèn, ut darem, ultrò tibi

3. ULPIEN, *liv*. 26. *sur l'édit*.

De l'argent donné pour ne pas paraître en justice.

Je vous ai donné de l'argent *pour vous engager à ne pas me traduire en justice*, c'est une espèce de transaction entre vous et moi. Ai-je le droit de le redemander, *si vous ne me donnez pas des assurances, que vous ne me traduirez pas en justice?* Il est vrai qu'il faut distinguer, si je vous ai donné de l'argent seulement pour que vous ne me traduisiez pas en justice, ou si ce n'a été *que pour que vous m'en fissiez la promesse par écrit*, dans ce dernier cas je pourrai vous redemander la somme, et dans le premier, au moyen de ce que vous ne m'y traduisez pas, je ne puis vous le redemander.

De l'affranchissement.

§. 1. Il en sera de même si je ne vous ai donné qu'à condition *que vous affranchiriez Stychus* ; car d'après la distinction que nous venons de faire plus haut, ou la répétition pourra être admise, ou elle ne pourra l'être.

§. 2. Mais si je vous ai donné à condition, *que vous affranchiriez l'esclave Stychus*, si vous ne le faites pas, j'ai action contre vous pour répéter ce que je vous ai donné, ou si je me repens de ce que j'ai fait, je pourrai me rétracter, et vous rede mander mon argent : mais cela ne pourait être qu'avant l'affranchissement.

§. 3. Mais si j'ai donné sous cette condition, *que vous affranchiriez l'esclave Stychus dans l'espace d'un tems déterminé, qu'en arriverait-il?* Si le tems fixé n'est pas encore arrivé, il n'y aura pas lieu à la répétition, à moins cependant que celui qui a donné ne se repente ; dans le cas contraire, il aura action pour redemander ce qu'il aura donné. Mais supposons que Stychus soit décédé, pourra-t-il redemander son argent ? Proculus répond qu'il y a lieu à la répétition, s'il est mort après l'époque à laquelle il a dû être affranchi, que dans le cas contraire, il ne peut redemander ce qu'il a donné.

§. 4. Bien plus, si je ne vous ai rien donné pour vous déterminer à affranchir cet esclave, et que cependant je

competere actionem, quæ ex hoc contractû nascitur, id est, condictionem, defuncto quoquè eo.

De eo qui bonâ fide servit.

§. 5. Si liber homo, qui bonâ fide serviebat, mihi pecuniam dederit, *ut eum manumittam*, et fecero : posteà liber probatus, an mihi condicere possit, quæritur ? Et Julianus lib. xi. Digestorum scribit : competere manumisso repetitionem. Neratius etiàm libro membranarum refert, Paridem Pantominum à Domitiâ Neronis filiâ decem, quæ ei pro libertate dederat, repetisse per judicem ; nec fuisse quæsitum , an Domitia sciens liberum accepisset.

De statû libero opinato, aut verè statúlibero.

§. 6. Si quis, quasi statuliber, mihi decem dederit, cum jussus non esset, condicere eum decem, Celsus scribit.

De spe renumarationis, vel amicitiæ.

§. 7. Sed si servus, qui testamento heredi jussus erat *decem dare, et liber esse*, codicillis purè libertatem accepit, et id ignorans dederit heredi decem, an repetere possit ? Et refert, patrem suum Celsum existimasse, repetere eum non posse. Sed ipse Celsus naturali æquitate motus, putat repeti posse. Quæ sententia verior est : quanquàm constet (ut et ipse ait) eum qui dedit eâ spe, quòd se ab eo, qui acceperit, remu-

vous eusse promis dans le cas où vous l'affranchiriez, vous aurez également contre moi une action qui nait de la promesse que je vous ai faite, c'est-à-dire, l'action dont nous parlons, appellée *condictio*, si l'esclave était mort avant l'époque à laquelle vous étiez tenu de l'affranchir.

De celui qui est esclave de bonne foi.

§. 5. Si un homme libre, qui me servait de bonne-foi, m'a donné de l'argent *afin que je lui donnasse sa liberté*, et que je l'aie fait, on demande si cette personne prouvant par la suite qu'il était libre, a action contre moi pour me redemander l'argent qu'il m'a donné pour son affranchissement. Julien au liv. XI du Digeste, écrit que l'affranchi peut me le redemander. Nératius en son livre des parchemins, rapporte aussi, que Parides Pantomine, s'était fait rendre en justice par Domitia, fille de Néron, l'argent qu'elle en avait reçu pour sa liberté, et que l'on n'avait pas cherché à examiner si Domitia avait sû s'il était libre ou esclave.

De l'esclave qui croit avoir sa liberté, ou de celui qui l'attend véritablement.

§. 6. Si un esclave, qui croyait avoir reçu sa liberté, sous la condition à lui imposée de donner dix mille, pendant que cette condition n'existait pas, me les a données, Celse écrit qu'il peut me les redemander.

De l'espérance d'une récompense, ou de l'amitié d'une personne.

§. 7. Mais si un esclave, à qui son maître avait donné par testament la liberté, sous la condition de payer à son héritier dix mille, l'avait reçue purement et simplement par un codicile, qu'il ignorait exister, pourait-il redemander ces dix mille, s'il les avait payées. Celse rapporte que son père pensait qu'il en avait le droit. Celse, fils, lui-même, était du même avis que son père. Cette opinion est des plus vraies, quoiqu'il soit constant, comme il le dit lui-même, que celui qui a donné dans l'espoir qu'il avait d'être récompensé par celui qui a reçu, ou de se le rendre plus favorable, ne pût pas redemander ce qu'il

nerari existimaret, vel amiciorem sibi esse eum futurum, repetere non posse, opinione falsâ deceptum.

§. 8. Subtiliùs illud quoquè fractat, an ille, qui se statûliberum putaverit, nĕc fecerit nummos accipientis : quoniàm heredi dedit, quasi ipsius heredis nummos daturus, non quasi suos, qui utiquè ipsius fuerunt, adquisiti scilicèt post libertatem ei ex testamento competentem ? Et puto, si hoc animo dedit, non fieri ipsius, nàm et cùm tibi nummos meos, quasi tuos do, non facio tuos. Quid ergò, si hic non heredi, sed alii dedit, cui putabat se jussum ? Si quidèm peculiares dedit, nec fecit accipientis : si autèm alius pro eo dedit, aut ipse dedit jàm liber factus : fient accipientis.

§. 9. Quamquàm permissum (1) sit statûlibero, etiàm de peculio dare implendæ conditionis causâ, si tamèn vult heres nummos salvos facere, potest eum vetare dare ; sic enim fiet, ut (et) statûliber perveniat ad libertatem, quasi impletâ conditione, cui parere prohibitus est : et nummi non peribunt ; sed is, quem testator accipere voluit, adversùs heredem in factum actione agere potest, ut testatori pareatur.

____

(1) L. 3. §. 1. l. 13. §. 1. infr. de statûlib.

a donné, par cela seul qu'il a été trompé dans son espérance.

§. 8. Il traite encore cette question d'après une hypothèse plus délicate, et il suppose celle qui suit. Un esclave qui croyait avoir acquis sa liberté sous la condition de donner une somme à l'héritier de son maître, ne lui en a pas transmis la propriété, aurait-il pour lui l'action dont il s'agit ici? On admet qu'il ait donné cette somme à l'héritier comme lui appartenante, en ce qu'elle était un effet de la succession, et non pas comme lui appartenante à lui-même (l'esclave), pendant qu'au contraire elle était sa propriété, l'ayant acquise à son profit depuis sa liberté, que le testament lui avait accordée. Je pense que s'il a donné à l'héritier la somme avec cette intention, il ne lui en transmet pas la propriété; car lorsque je vous donne mon argent que je pense vous appartenir, mais qui m'appartient réellement; je ne vous en transmet pas cependant la propriété : mais qu'arriverait-il si l'esclave avait donné cette somme non à l'héritier, mais à un autre, à qui il pensait qu'il avait dû la donner? S'il a donné cette somme croyant qu'elle faisait partie de son pécule, la propriété n'en est pas transmise à celui à qui il l'a donnée : mais si un autre l'a donnée pour lui, ou qu'il l'ait lui-même donnée étant libre, la propriété en est alors transférée à celui qui l'a reçue.

§. 9. Quoiqu'il soit permis (1) à celui à qui la liberté a été donnée sous la condition de donner une certaine somme, de la prendre sur son pécule, pour remplir la condition qui lui a été imposée; si cependant l'héritier veut la conserver, il pourra s'opposer à ce que l'esclave prélève cette somme sur son pécule; cela n'empêchera cependant pas que l'esclave n'acquiert sa liberté, comme si la condition avait été remplie par lui, et cette somme ne sera pas perdue pour l'héritier : mais celui que le testateur avait voulu favoriser en ordonnant que cette somme lui serait payée, aurait une action expositive du fait contre la personne de l'héritier, afin de contraindre celui-ci à remplir les intentions du testateur.

4. IDEM, *lib.* 39. *ad edictum.*

De acceptilatione.

Si quis accepto (1) tulerit debitori suo, cùm
conveniret, *ut* (2) *expromissorem daret*, nec
ille det : potest dici, condici posse ei, qui acepto
sit liberatus.

5. IDEM, *lib.* 2. *disputationum.*

Si per accipientem non stetit, quominùs iret.

Si pecuniam ideò acceperis, *ut Capuam eas*,
deindè parato tibi ad proficiscendum conditio
temporis, vel valetudinis impedimento fuerit,
quominùs proficiscereris : an condici possit, videndum ? Et, cùm per te non steterit, potest
dici repetitionem cessare ; sed cùm liceat pœnitere
ei, qui dedit, procul dubio repetetur id, quod
datum est : nisì fortè tuâ intersit, non accepisse
te ob hanc causâm pecuniam ; nàm si ità res se
habeat, ut licèt nondùm profectus sis, ità tamèn
rem composueris, ut necesse habeas proficisci,
vel sumptus, qui necessarii fuerunt ad profec-
tionem, jàm fecisti, ut manifestum sit, te plùs
fortè, quàm accepisti, erogasse, condictio cessabit : sed, si minùs erogatum sit, condictio
locum habebit ; ità tamèn, ut indemnitas tibi
præstetur ejus, quod expendisti.

De manumissione.

§. 1. Si servum quis tradiderit alicui ità, *ut
ab eo intrà certum tempus manumitteretur*,

---

(1) Adde l. 10. infr. h. t.

4. LE MÊME, *liv.* 39. *sur l'édit.*

De l'acceptilation.

Si quelqu'un (1) décharge son débiteur de *qui il avait exigé un autre obligé en son lieu et place* (2), et que celui-ci ne le lui fournisse pas, on peut dire avec raison, qu'il y a lieu à l'action dont nous parlons ici, contre le débiteur, qui s'était trouvé déchargé et libéré par suite de la promesse qu'il avait faite.

5. LE MÊME, *liv.* 2. *des disputes.*

S'il n'a pas tenu à celui qui a reçu, de se présenter.

Si vous avez reçu une somme à condition *que vous iriez à Capoue*, et qu'ensuite étant prêt à partir, le tems, ou des raisons de santé vous empêchent de vous y rendre, devez vous rendre la somme ? C'est ce qu'il faut examiner. Attendu que ce n'est pas par votre faute que vous ne partez pas, vous n'y êtes pas obligé ; mais comme il est libre à celui qui a donné conditionnellement, de se rétracter nul doute qu'il ne puisse redemander ce qu'il a donné, à moins que vous n'eussiez intérêt à être indemnisé : car si, encore que vous ne soyez pas parti, vous avez arrangé vos affaires de manière à être obligé de partir, ou que vous ayez fait quelques dépenses pour votre voyage futur, qu'enfin il soit clair et évident que ce voyage vous a occasionné des dépenses plus fortes que la somme que vous avez reçue, il n'y aura pas lieu à la répétition de la somme qui vous aura été donnée ; mais si vos dépenses ont été moins fortes, vous serez tenu de restituer le surplus, vous aurez malgré tout le droit de vous faire rembourser de toutes vos dépenses.

De l'affranchissement.

§. 1. Si quelqu'un donne un esclave à un autre *sous la condition de l'affranchir dans un tems fixé et déterminé,*

---

(2) Adde l. 9. infr. de præscr. verb.

si pœnituerit eum , qui tradiderit , et super hoc eum certioraverit et fuerit manumissus post pœnitentiam : attamèn actio proptèr pœnitentiam competit ei, qui dedit. Planè si non manumiserit , constitutio succedit , facitquè eum liberum, si nondùm pœnituerat eum, qui in hoc dedit.

§. 2. Itèm si quis dederit Titio decem , *ut servum emat , et manumittat* , deindè pœniteat : si quidèm nondùm emptus est , pœnitentia dabit condictionem , si hoc ei manifestum fecerit ; nè , si posteâ emat, damno adficietur. Si verò jàm sit emptus, pœnitentia non facit injuriàm ei , qui redemit, sed pro decem , quæ accepit, ipsum servum, quem emit, restituet ; aut si antè decessisse proponatur , nihil præstabit ; si modò per eum factum non est : quòd si fugit, nec culpâ ejus contigit, qui redemit, nihil præstabit ; planè repromittere eum oportet , *si in potestatem suam pervenerit , restitutum iri.*

§. 3. Sed si accepit pecuniam , *ut servum manumittat* , isquè fugerit priùs , quàm manumittatur , videndum an condici possit , quod accepit ? Et si quidèm distracturus erat hunc servum, et proptèr hoc non distraxit ; quod acceperat, ut manumittat, non oportet ei condici. Planè cavebit , *ut , si in potestatem suam pervenerit servus , restituat id , quod accepit* , eo minùs, quo vilior servus factus est proptèr fugam. Planè si adhùc eum manumitti velit is, qui dedit, ille verò manumittere nolit proptèr fugam offensus, totum, quod accepit, restituere eum oportet. Sed si eligat is, qui decem dedit, ipsum servum consequi : necesse est, aut ipsum ei dari, aut,

et qu'il vienne à se repentir de cette donation, dans le cas où cet esclave aurait été affranchi par l'autre, après que le donataire lui aurait fait connaître qu'il avait changé d'avis, celui-ci aura l'action dont il est ici question, à cause de sa rétractation. S'il ne l'a pas affranchi dans le tems fixé, il devient libre d'après l'ordonnance, pourvu toute fois que celui qui l'a donné ne se soit pas rétracté.

§. 2. De même si quelqu'un a donné une somme à Titius pour acheter *un esclave*, et *l'affranchir ensuite*, et qu'il se rétracte, sa rétractation donnera lieu à la répétition de la somme contre Titius, si l'esclave n'a pas encore été acheté; mais il faut qu'il ait informé Titius de son changement de volonté; car il pourrait se faire qu'il achetât l'esclave, et que par-là il souffrît quelque tort : mais si l'esclave est déjà acheté, le changement d'avis ne pourra pas préjudicier à l'acheteur, il sera simplement tenu de rendre l'esclave à la place de la somme, ou si l'on suppose que l'esclave soit mort avant, il ne sera tenu à rien, pourvu qu'il ne soit pas coupable de sa mort : il ne sera pas également obligé à rien si l'esclave vient à prendre la fuite sans qu'il y ait de sa faute. Sans-doute qu'il faut qu'il s'engage à le rendre, *s'il retombe en sa puissance*

§. 3. Mais si quelqu'un a reçu de l'argent *à condition d'affranchir son esclave*, et que celui-ci ait pris la fuite avant d'être affranchi, voyons s'il y a lieu à répéter l'argent donné à l'effet d'opérer l'affranchissement de l'esclave : si le maître de l'esclave était dans l'intention de le vendre, et qu'il ne le vendit pas, parce qu'il aurait reçu une somme pour l'affranchir, il ne pourra être forcé à rendre cette somme : mais il sera tenu de promettre *de rendre ce qu'il aura reçu si l'esclave retombe en son pouvoir*, avec cette restriction, qu'il ne rendra qu'en proportion de la détérioration que l'esclave aura éprouvé à l'occasion de sa fuite. Mais si celui qui a donné de l'argent pour l'affranchissement de l'esclave, parait toujours vouloir qu'il soit affranchi, et que le maître de l'esclave mécontent de ce dernier à cause de son évasion, s'oppose à ce qu'il soit affranchi, il sera obligé dans ce cas à rendre tout ce qu'il aura reçu. Si celui qui a donné la somme aime mieux que l'autre soit

quod dedit, restitui. Quod si distracturus non erat eum, oportet id, quod accepit, restitui : nisi fortè diligentiùs eum habiturus esset, si non accepisset, ut manumitteret : tunc enìm non est æquum (1), eum et servo, et toto pretio carere.

§. 4. Sed ubi accepit, *ut manumitteret*, deindè servus decessit : si quidèm moram fecit manumissioni, consequens est, ut dicamus refundere eum, quod accepit. Quòd si moram non fecit, sed, cùm profectus esset ad Præsidem, vel apud quem manumittere posset, servus in itinere decesserit, veriùs est, si quidèm distracturus erat; vel quo ipse usurus, oportere dici, nihil eum refundere debere : enìmverò si nihil eorum facturus, ipsi adhúc servum dicimus obiisse. Decederet enìm et si non accepisset, ut manumitteret, nisi fortè profectio manumissionis gratiâ, causam præbuit, ut vel à latronibus sit interfectus, vel ruina in stabulo oppressus, vel vehiculo obtritus, vel alio quo modo, quo non periret, nisì manumissionis causâ proficisceretur.

6. IDEM, *lib.* 3. *disputationum.*

De eo quod datum est nomine dotis.

Si extraneus pro muliere dotem dedisset, et pactus esset, *ut, quoquo modo finitum esset matrimonium, dos ei redderetur*, nec fuerint nuptiæ secutæ : quià de his casibus solummodo fuit conventum, qui matrimonium sequentur, nuptiæ autèm secutæ non sint : quærendum erit, utrùm mulieri condictio, an ei, qui dotem dedit com-

---

(1) L. ult. §. fin. infr. quar. rer. actio.

toujours obligé envers lui, il faut que l'on s'engage à le lui donner, ou qu'on lui rende son argent ; mais s'il n'était pas dans l'intention de le vendre, il faut qu'il rende ce qu'il a reçu, à moins qu'il ne prétende qu'il l'aurait gardé plus soigneusement, s'il n'avait pas reçu de l'argent pour l'affranchir ; car alors il n'est pas juste (1) qu'il soit privé de son esclave, et du prix entier qu'il a reçu.

§. 4. Mais lorsqu'un maître a reçu de l'argent *pour affranchir son esclave*, et que ce dernier est mort avant d'être affranchi ; s'il a apporté du retard à l'affranchir, nous devons dire pour raisonner conséquemment, qu'il doit rendre ce qu'il a reçu : mais s'il n'a apporté aucun retard, et que l'esclave soit venu à mourir pendant qu'il allait chez le Président, ou celui par-devant qui l'affranchissement doit se faire, il est de la plus grande justice de dire que s'il n'était pas dans l'intention de le vendre, ou de l'employer à son service, il n'est pas tenu de rendre la somme. Dans le cas contraire nous disons que la mort de l'esclave est aux risques et périls du maître ; car il serait également mort, quand bien même il n'aurait pas reçu d'argent pour l'affranchir, à moins cependant que son départ auquel son affranchissement a donné lieu, n'ait été la cause de sa mort, comme si par exemple, il a été tué par des voleurs, ou écrasé sous les ruines d'une hôtellerie, ou écrasé par une voiture, ou s'il a péri par tout autre accident qui ne serait pas arrivé s'il ne s'était pas mis en route pour être affranchi.

6. Le même, *liv.* 3. *des disputes.*

De ce qui a été fait au nom de la dot.

Si un étranger donne une dot pour une femme, avec cette clause, *que cette dot lui serait rendue, si le mariage venait à être dissous, n'importe la manière dont il le serait*, et que le mariage n'ait pas eu lieu, comme il n'y a eu de convention que sur les cas qui arrivent après que le mariage a eu lieu, il s'agit d'examiner si c'est la femme, ou celui qui a donné la dot qui doit la redemander. Il est plus vraisemblable que dans ce cas c'est celui qui a donné la dot, qui doit la redemander ; car celui qui a donné une dot en considération du mariage qui n'a pas eu lieu, doit

petat ? Et verisimile est, in hunc quoquè casum, eum, qui dat, sibi prospicere ; nàm, quasi causâ non secutâ, habere potest condictionem, qui ob matrimonium dedit, matrimonio non copulato : nisì fortè evidentissimis probationibus mulier ostenderit, hoc eum ideò fecisse, ut ipsi magis mulieri, quàm sibi prospiceret.

§. 1. Sed si pater pro filiâ det, et ità convenit, nisì evidentèr aliud actum sit, condictionem patri competere, Marcellus ait.

7. Julianus, *lib.* 16. *Digestorum.*

Error dantis facit ut ei competat condictio, non mulieri.

Qui se debere pecuniam mulieri putabat, jussû ejus, dotis nomine promisit sponso, et solvit ; nuptiæ deindè non intercesserunt : quæsitum est, utrùm ipse potest repetere (eam) pecuniam, qui dedisset, an mulier ? Nerva et Atilicinus responderunt, quoniàm putasset quidem debere pecuniam, sed exceptione doli mali tueri se potuisset, ipsum repetiturum ; sed si, cùm sciret se nihil mulieri debere, promisisset, mulieris esse actionem (1) ; quoniàm pecunia ad eam pertineret ; si autèm verè debitor fuisset, et antè nuptias solvisset, et nuptiæ secutæ non fuissent, ipse possit condicere, causâ debiti integra mulieri ad hoc solum manente, ut ad nihil aliud debitor compellatur, nisì ut cedat ei condictitiâ actione.

§. 1. Fundus dotis nomine traditus, si nuptiæ insecutæ non fuerint, condictione repeti potest : fructus (2) quoquè (condici) poterunt. Idem juris est de ancillâ, et partû ejus.

____

(1) Arg. l. 55. infr. de reg. jur. l. 9. in pr. infr. h. t.

avoir l'action dont nous parlons, par la raison que la cause pour laquelle il a donné la dot n'a pas eu d'effet, et qu'en la donnant il n'a eu en vue que le mariage qui n'a pas été fait, à moins que la femme n'apporte les preuves les plus évidentes, qu'il a eu plus l'intention de lui procurer un avantage, que de s'assurer de la restitution de la dot.

§. 1. Mais si c'est un père qui dote sa fille, sous cette condition, Marcellus dit, que l'action dont il est ici question, appartient au père, à moins qu'il ne soit prouvé que les parties ont eu d'autres intentions.

7. JULIEN, *liv.* 16. *du Digeste.*

L'erreur de celui qui donne est cause que le droit de redemander la chose lui appartient et non à la femme.

Une personne qui croyait devoir de l'argent à une femme, a promis, et payé par son ordre à son futur époux la somme qu'il croyait lui devoir, et qui lui a tenu lieu de dot; on a demandé qui des deux, où de cette personne, où de la femme, avait le droit de redemander la somme donnée? Nerva, et Atticilinus, ont répondu que celui qui avait payé cette somme parce qu'il croyait la devoir, pouvait la redemander, puisque ne la devant pas, il aurait pu recourir à l'exception tirée de la mauvaise-foi, si on la lui eût demandée; mais que s'il avait promis, n'ignorant pas qu'il ne dût rien à la femme, c'était la femme qui devait la redemander (1), parce que la somme lui appartiendrait; mais s'il devait réellement la somme, et qu'il l'eût payée avant le mariage, mais que le mariage n'eut pas eu lieu, il pourra la redemander, les droits de la femme restant dans toute leur intégrité, et le débiteur ne sera plus tenu que de lui transporter l'action qu'il a pour la redemander à celui à qui il l'a payée d'après ses ordres.

§. 1. On peut demander un fonds donné en considération d'un mariage projetté, mais qui n'a pas eu lieu. On pourra demander aussi les fruits (2), il en est de même d'une esclave, et des enfans qui seraient venus d'elle.

---

(1) L. 58. §. 1. infr. de usur.

8. Nératius, *lib.* 2. *membranarum.*

*Datum causâ dotis non repetitur, donec matrimonium
putatur subesse, vel spes est, quod contrahetur.*

Quod Servius *in libro de dotibus* scribit ; *si
inter eas personas, quarum altera nondùm
justam ætatem* (1) *habeat , nuptiæ factæ sint ;
quod dotis nomine interìm datum sit, repeti
posse*, sic intelligendum est : ut si divortium
intercesserit priùs, quàm utraquê persona justam
ætatem habeat, sit ejus pecuniæ repetitio; donec
autèm in eodem habitû matrimonii permanent,
non magìs id repeti possit, quàm quod sponsa
sponso dotis nomine dederit, donec maneat inter
eos adfinitas : quod enìm ex eâ causâ, nondùm
coito matrimonio datur (cùm sic detur, tanquàm
in dotem perventurum :) quamdiù pervenire potest, repetitio ejus non est.

9. Paulus , *lib.* 17. *ad Plautium.*

De eo quod promissum est per errorem nomine dotis.

Si donaturus mulieri, jussû ejus sponso numeravi, nec nuptiæ secutæ sunt, mulier (2) condicet. Sed si ego contraxi cum sponso, et pecuniam in hoc dedi, *ut , si nuptiæ secutæ essent,
mulieri dos adquireretur : si non essent secutæ,
mihi redderetur :* quasì ob rem datur, et , re
non secutâ, ego à sponso condicam.

§. 1. Si quis indebitam (3) pecuniam, per
errorem, jussû mulieris, sponso ejus promisisset,

____

(1) V. l. 4. infr. de ritu nupt.
(2) L. 7. in pr. vers. sed si. supr. h. t.

8. Neratius, *liv. 2. des feuilles.*

Ce qui a été donné pour tenir lieu de dot ne peut être répété, tant qu'on croit que le mariage subsiste, ou que l'on a l'espoir qu'il soit contracté.

Ce que Servius écrit au livre des dots. *Si le mariage est contracté entre deux personnes dont l'une n'a pas encore l'âge* (1) *de puberté, ce qui a été donné en dot en considération du mariage, peut être redemandé,* doit être entendu dans ce sens, que si le mariage vient à être dissous avant que les deux conjoints aient atteint l'âge prescrit par les lois, il y a lieu à la répétition de la somme qui aura été donnée; mais tant que les conjoints restent dans l'état du mariage, on ne peut pas plus la répéter, que ne le pourrait une fiancée qui aurait donnée une dot à son fiancé, tant que l'alliance à laquelle les fiançailles ont donné lieu subsisterait; car, encore que le mariage ne soit pas consommé, on ne peut pas répéter ce qui a été donné pour tenir lieu de dot, tant que la dot peut avoir lieu, puisque la somme est donnée avec l'intention qu'elle serve de dot.

9. Paul, *liv 17. sur Plautius.*

De ce qui a été promis par erreur en considération d'une dot.

Si voulant faire une donnation à une femme, j'ai donné par son ordre une somme à son futur époux, et que le mariage n'ait pas eu lieu, la femme aura l'action dont nous parlons (2) pour la redemander. Mais si j'ai fait une convention particulière avec le futur époux, et que je lui aie donné la somme sous cette condition, *que si le mariage se faisait, la dot serait acquise à la femme, et que dans le cas contraire, je pourrais la reprendre,* elle est censée donnée pour une cause, et cette cause n'ayant pas eu d'exécution, je pourrai la redemander à celui qui devait l'épouser.

§. 1. Si quelqu'un croyant mal-à-propos devoir une somme à une femme (3), a promis de la payer par l'ordre

____

(3) L. 78. §. fin. infr. de jure dot.

et nuptiæ secutæ fuissent, exceptione doli mali uti non potest; maritus enim suum (1) negotium gerit : et nihil dolo facit, nec decipiendus est; quod fit, si cogatur indotatam uxorem habere. Itàquè adversùs mulierem condictio ei competit : ut aut repetat ab eâ quod marito dedit : aut ut liberetur, si nondùm solverit. Sed si, soluto matrimonio, maritus peteret, in eo duntaxàt exceptionem obstare (debere), quod mulier receptura esset.

10. JAVOLENUS, *lib.* 1. *ex Plautio*

De acceptilatione.

Si mulier ei, cui nuptura erat, cùm dotem dare vellet, pecuniam, quæ sibi debebatur, acceptam fecit, nequè nuptiæ insecutæ sunt, rectè ab eo pecunia condicetur; quià nihil interest, utrùm ex numeratione pecunia ad eum sinè causâ, an per acceptilationem (2) pervenerit.

11. JULIANUS, *lib.* 10. *Digestorum.*

De monumento faciendo.

Si heres *arbitratû liberti certâ summâ monumentum* jussus *facere*, dederit liberto pecuniam, et is acceptâ pecuniâ monumentum non faciat, condictione tenetur.

---

(1) V. l. 55. infr. de reg. jur.

de celle-ci à son futur époux, et que le mariage ait eu lieu, il ne peut pas recourir à l'exception tirée de la mauvaise-foi, si le mari vient à exiger de lui la somme; car le mari (1) en demandant cette somme jouit de son droit, sans que l'on puisse lui reprocher de la mauvaise-foi, et il ne doit pas être trompé, ce qui arriverait s'il était forcé de garder sa femme sans dot. Ainsi celui qui a payé cette somme a pour la redemander une action contre la femme, en vertu de laquelle, il répétera ce qu'il a donné à son mari, ou il exigera qu'on le décharge de la promesse qu'il a induement faite, s'il n'a pas encore payé. Mais si le mari en intentant son action demandait simplement le droit de l'exiger, après la dissolution du mariage, celui qui se serait obligé, ne serait fondé à lui opposer l'exception, que pour la portion qui devrait revenir à la femme.

10. JAVOLENUS, *liv.* 1. *sur Plautius.*

De l'acceptilation.

Une femme voulant donner une somme en dot à celui qu'elle devait épouser, l'a déchargé d'une pareille somme qu'il lui devait, si le mariage n'a pas eu lieu, elle pourra en vertu de l'action dont il s'agit ici, redemander la somme qu'elle lui aura donnée en considération de son futur mariage, parce qu'il importe peu que celui qui a reçu la somme, l'ait reçue à l'occasion d'une cause qui n'a pas eu lieu, ou qu'elle soit parvenue entre ses mains par suite de la quittance qui lui a été donnée d'une pareille somme qu'il devait (2).

11. JULIEN, *liv.* 10. *du Digeste.*

Du monument qui est à faire.

Si un héritier a été chargé par un défunt de lui ériger un monument, jusques à la concurrence *d'une somme qui devait être fixée par son affranchi*, et que l'héritier après avoir reçu l'argent n'ait pas érigé le monument, on pourra lui redemander la somme en vertu de notre action.

---

(2) V. l. 115. infr. d. t.

12. Paulus, *lib. 6. ad legem Juliam , et Papiam.*

De mortis causâ donatione.

Cùm quis mortis causâ donationem, cùm convaluisset donator , condicit, fructus quoquè donatarum rerum , et partus, et quod adcrevit rei donatæ , repetere potest.

13. Marcianus , *lib. 3. regularum.*

De collatione.

Si filius contulerit (1) fratri, quasi adgniturus bonorum possessionem , et non adgnovit , repetere eum posse , Marcellus lib. v. Digest. scribit.

14. Paulus , *lib. 3. ad Sabinum.*

De indebito soluto falso procuratori.

Si procuratori falso indebitum solutum sit, ità demùm à procuratore repeti non potest, si dominus ratum habuerit (2) : sed ipse dominus tenetur, ut Julianus scribit: Quòd si (3) dominus ratum (4) non habuisset, etiam si debita pecunia soluta fuisset, ab ipso procuratore repetetur; non enim quasi indebitum datum (repetetur,) sed quasi ob rem datum, nec res secuta sit, ratihabitione non intercedente : vel quòd

---

(1) L. 3. §. pen. infr. de collatione.
(2) L. 6. §. 9. 10. supr. de negot. gest. l. 57. in fin. infr. de condict. indeb. l. 80. §. 5, infr. de furt.

12. PAUL, *liv. 6. sur la loi Julien, et Papia.*

De la donation à cause de mort.

Lorsque l'on redemande ce qui a été donné à cause de mort, parce que le donateur a recouvré la santé, on a le droit de répéter également les fruits provenus des choses données, les enfans nés d'une esclave qui faisait partie de la donnation, en un mot tout ce dont ce qui a été donné s'est accru.

13. MARCIEN, *au liv. 3. des règles.*

Du rapport.

Si un fils émancipé voulant demander la succession prétorienne dans les biens de son père, a rapporté à son frère (1) ce qu'il a acquis depuis son émancipation, et qu'ensuite il ne veuille plus de la succession prétorienne, il pourra répéter ce qu'il a rapporté à son frère, ainsi l'écrit Marcellus au liv. v, du Digeste.

14. PAUL, *liv. 3. sur Sabinus.*

De ce qui a été induement payé à un faux fondé de pouvoir.

Si on a payé induement une somme, à un fondé de pouvoir qui ne l'était réellement pas, on ne pourra la redemander à ce faux fondé de pouvoir qu'autant que le maître de la chose aura ratifié ce qui (2) aura été fait, et alors comme le dit Julien, le maître sera tenu de la rendre. Si le maître (3) n'a pas ratifié (4), quoique la somme payée fût due, elle pourra être redemandée du fondé de pouvoir lui-même; et dans ce cas elle ne sera pas demandée comme n'ayant pas été due, mais comme ayant été donnée pour une cause qui n'a pas eu lieu, la ratification du maître n'étant pas intervenue, où parce que ce faux fondé de pouvoir serait regardé comme ayant volé la somme,

---

(3) L. 14. in pr. infr. de solution.
(4) L. 6. §. 1. infr. de condict. indeb.

furtnm faceret pecuniæ falsus procurator; cum quo non tantùm furti agi , sed etiàm condici ei posse.

15. POMPONIUS , *lib.* 26. *ad Sabinum.*

Si res data perierit.

Cùm servus tuus in suspicionem furti Attio venisset, dedisti eum in quæstionem sub eâ causâ , *ut, si id repertum in eo non esset , redderetur tibi* : is eum tradidit Præfecto Vigilum , quasi in facinore deprehensum : Præfectus Vigilum eum summo supplicio adfecit. Ages cum Attio , *dare eum tibi oportere* : quià et antè mortem dare tibi eum oportuerit. La'eo ait, posse etiàm ad exhibendum agi , quoniàm fecerit quominùs exhiberet. Sed Proculus dari oportere ità ait , si fecisses ejus hominem : quo casû ad exhibendum agere te non posse; sed si tuus mansisset , etiàm furti te acturum cum eo : quià re alienâ ità sit usus , ut sciret se invito domino uti , aut dominum , si sciret , prohibiturum esse.

16. CELSUS , *lib.* 3. *Digestorum.*

De pecuniâ datâ ut Stychum detur.

Deditibi pecuniam , *ut mihi Stychum dares* : utrùm id contractûs genus pro portione emptionis et venditionis est ? An nulla hic alia obligatio est , quàm ob rem dati re non secuta? In quod (1)

____

(1) Immò vide l. 5. §. 1. infr. de præscr. verb.

d'où il résulte qu'on a contre lui non-seulement l'action du vol, mais encore l'action dont nous parlons ici.

15 POMPONIUS, *liv. 26.. sur l'édit.*

Si la chose donnée a péri.

Votre esclave ayant été soupçonné par Attius d'avoir commis un vol qui lui a été fait, vous le lui avez remis entre ses mains pour qu'il l'appliquât à la question, sous cette condition, *que si vous ne pouviez rien découvrir, il vous le rendrait.* Attius l'a remis au préfet des veilles, comme ayant été pris en flagrant délit; le préfet des veilles l'a condamné au dernier supplice, vous aurez action contre Attius à l'effet *de vous faire rendre votre esclave,* parce qu'il devait vous le rendre avant qu'il fût condamné à la mort. Labéon dit que vous pouvez même le poursuivre pour qu'il vous le représente, parce qu'il est constant que c'est par son fait qu'il s'est mis hors d'état de le représenter, puisqu'il le possédait. Mais Proculus est d'avis que vous ne pouvez l'obliger à vous le rendre, qu'autant que vous lui en aurez transmis la propriété; auquel cas vous ne pourrez pas intenter l'action en représentation; mais s'il est toujours resté en votre possession, c'est-à-dire, que vous n'en ayez pas transmis le domaine, vous pouvez former contre Attius même l'action du vol, parce qu'il s'est servi de votre chose de manière à ne pouvoir ignorer qu'il s'en servait contre votre gré, ou perce que vous, maitre de cet esclave, vous vous seriez opposé à ce qu'il a fait, si vous en eussiez été instruit.

16. CELSE, *liv. du Digeste.*

De l'argent donné pour qu'on livre un esclave.

Je vous ai donné de l'argent pour que vous me donnassiez votre esclave Stychus; y a-t-il dans ce cas une vente, ou ne doit-on y voir que l'obligation qui provient d'une somme donnée pour une cause qui n'a pas eu d'effet? Je suis plus porté pour ce dernier sentiment (1); par conséquent, si Stychus vient à mourir, je puis vous redeman-

proclivior sum ; et ideò, si mortuus est Stychus, repetere possum (1) : quod ideò tibi dedi ut mihi Stychum dares. Finge alienum esse Stychum, sed te tamèn eum tradidisse : repetere à te pecuniàm potero, quià (2) hominem accipientis non feceris ; et rursùs si tuus Stychus, et pro evictione ejus promittere non vis, non liberaberis, quòminùs pecuniàm repetere possim.

---

(1) Immò vide d. l. 5. §. 1. in fin.

der ce que je vous ai donné, pour que vous me remissiez Stychus. Supposez que Stychus ne vous appartint pas, et que cependant vous me l'eussiez livré; je pourrai malgré cela vous redemander la somme que je vous aurai donnée, parce que vous n'avez pu m'en transmettre la propriété. Si l'esclave est à vous, et que vous ne vouliez pas me garantir de l'éviction que je pourrai subir, je serai toujours le maître de vous redemander l'argent que je vous aurai donné.

____

(2) V. l. 167. in pr. infr. de reg. jun.

TITULUS QUINTUS.

De condictione (1) ob turpem, vel injustam causam.

1. PAULUS, *lib.* 10. *ad Sabinum.*

De datis ob causam vel rem.

Omne, quod datur, aut ob rem datur, aut ob causam : et ob rem, aut turpem aut honestam : turpem autèm, aut ut dantis sit turpitudo, non accipientis; aut (ut) accipientis duntaxàt, non etiàm dantis; aut utriusquè.

De dato ob rem honestam.

§. 1. Ob rem (2) igitùr honestam; datum ità repeti potest, si res, proptèr quam datum est, secuta non est.

De turpitudine accipientis.

§. 2. Quòd si turpis (3) causâ accipientis fuerit, etiàmsi res secuta sit, repeti potest.

---

(1) L. ib. 4. C. 7.
(2) L. 52. 1. 65. §. 4. infr. de condict. indeb.

TITRE CINQ.

De l'action qu'on a pour redemander une chose donnée pour une cause (1) déshonnête, ou injuste.

1. PAUL, *liv.* 10. *sur Sabinus.*

De ce qui est donné pour une cause ou pour une chose.

Tout ce qui est donné, est donné ou pour une chose, ou pour engager à faire une action quelconque ; quand on donne pour avoir une chose, cette chose est où honnête, où deshonnête ; elle peut être deshonnête, soit relativement à celui qui donne, soit relativement à celui qui reçoit, soit enfin par rapport à tous deux.

De ce qui a été donné pour une cause honnête.

§. 1. On peut répéter ce qne l'on a donné (2), pour une chose honnête, dans le cas où cette chose n'a pas eu lieu.

De la honte de celui qui reçoit.

§. 2. Mais si la cause pour laquelle on a donné est deshonnête, par rapport à celui qui a reçu, encore qu'elle ait eu lieu, elle peut être redemandée.

______

(3) L. 4. C. h. t.

2. ULPIANUS *lib.* 26. *ad edictum.*

Ut putà, dedi tibi, *ne sacrilegium facias, ne furtum; ne hominem occidas*; in quâ specie Julianus scribit, si tibi dedero, *ne hominem occidas*, condici posse.

§. 1, Itèm si tibi dedero (1), *ut rem mihi reddas depositam apud te*, vel *ut instrumentum (mihi redderes)*.

De eo quod datur judici.

§. 2, Sed si dedi, *ut secundùm me in bonâ causâ judex pronunciaret*, est quidèm relatum, condictioni locum esse : sed hic quoquè crimen contrahit; judicem enìm corrumpere videtur; et non ità pridèm imperator (2) noster constituit, litem eum perdere.

3. PAULUS, *lib.* 10. *ad Sabinum.*

De turpitudine dantis , et accipientis.

Ubì autèm et dantis (3), et accipientis turpitudo versatur, non posse repeti dicimus : velutì si pecunia detur, *ut malè judicetur.*

4. ULPIANUS, *lib.* 26. *ad edictum.*

Idem, si *ob stuprum* datum sit; vel si quis in adulterio deprehensus, redemerit se : cessat (4) enìm repetitio, idquè Sabinus et Pegasus responderunt.

---

(1) L. ult. infr. depositi. l. 5. infr. de tutel. et ration. distrab.

(2) L. 1. §. 3. supr. de calumniat. l. 1. C. de pœna judic. qui malè judic.

2. Ulpien, *liv.* 26. *sur l'édit.*

Par exemple, je vous ai donné une somme pour que *vous ne commissiez pas un sacrilège* ; pour que *vous ne vous rendissiez pas coupable d'un vol*, *ni d'un meurtre*, Julien dit que dans ces cas, je puis vous redemander ce que je vous ai donné.

§. 1. Il en est de même si je vous avais donné une (1) somme pour *vous engager à rendre un dépôt que vous avez reçu*, ou *pour que vous rendissiez des pièces que vous avez entre les mains*.

De ce qui est donné au juge.

§. 2. Mais si *j'ai donné de l'argent à un juge pour qu'il jugeât en ma faveur* : on estime que je serai en droit de le lui redemander. Il n'en est pas moins vrai cependant que je me suis rendu coupable d'un crime ; car je suis censé avoir voulu le corrompre. Il y a même à ce sujet un rescrit peu ancien (2) de notre empereur, qui porte que tout plaideur qui se conduit ainsi, doit perdre son procès.

3. Paul, *liv.* 10. *sur Sabinus.*

De la honte de celui qui donne, et de celui qui reçoit.

Nous pensons que lorsqu'il y a turpitude et du côté de celui qui donne, et du côté de celui qui reçoit (3), il n'y a pas lieu à la répétition de la chose donnée ; comme si par exemple, vous donnez de l'argent pour engager un juge à rendre un jugement injuste en votre faveur.

4. Ulpien, *liv.* 26. *sur l'édit.*

On doit dire la même chose si on a donné de l'argent pour le prix *de sa prostitution*, ou pour se soustraire à la peine que l'on a encourrue à cause d'un adultère dans lequel on a été surpris ; car dans ce cas (4) il n'y a pas lieu à la répétition, c'est ce que Sabinus et Pégase ont répondu.

---

(3) L. 4. §. 3. l. 8. in fin. infr. l. 2. C. h. t. l. 5. §. 1. supr. de calumniat. l. 9. infr. de doli mali et met. except.
(4) Immò vide l. 7. §. 1. l. 8. in pr. supr. quod. met. caus.

§. 1. Itèm si dederit fur, *ne proderetur*, quoniàm utriùsquè turpitudo versatur, cessat repetitio.

De turpitudine accipientis.

§. 2. Quotièns autèm soliùs accipientis turpitudo versatur, Celsus ait, repeti posse : velutì, si tibi dedero, *ne mihi injuriam facias.*

De meretrici.

§. 3. Sed quod meretrici datur, repeti non potest : ut Labeo et Marcellus scribunt. Sed novâ ratione, non eâ, quòd utriùsquè turpitudo versatur, sed soliûs dantis : illam enìm turpitèr facere, quòd sit meretrix; non turpitèr accipere, cùm sit meretrix.

De judicio.

§. 4. Si tibi indicium dedero, *ut fugitivum meum indices*, vel *furem rerum mearum* : non poterit repeti (1), quod datum est : nec enìm turpitèr accepisti. Quod si à fugitivo meo acceperis, *ne eum indicares*, condicere tibi hoc, quasì furi, possim : sed si ipse fur indicium à me accepit, vel furis, vel fugitivi socius, puto condictionem locum habere.

5. JULIANUS, *lib.* 3. *ad Ursejum Ferocem.*

Si à servo meo pecuniam quis accepisset, *ne* (2)

____

(1) L. 13. infr. de præscr. verb.
(2) L. 4, in fin. supr. h. t.

§. 1. Il en est de même d'un voleur qui a donné de l'argent pour n'être *pas découvert*; parce qu'il y a crime de part et d'autre.

De la honte de celui qui reçoit.

§. 2. Celse dit que toutes les fois que le crime n'est que du côté de celui qui a reçu, il y a lieu à la répétition. Comme si par exemple. je vous ai donné de l'argent pour que vous ne me *fissiez pas de tort*.

De la femme prostituée.

§. 3. On ne peut redemander ce que l'on a donné à une femme publique, c'est l'opinion de Labéon et de Marcellus. Mais ce n'est pas par la raison qu'il y a crime de part et d'autre; mais parce que le crime vient seulement de la part de celui qui a donné. C'est bien un crime de la part de la femme publique, que de se prostituer, mais il n'y en a pas de son côté de recevoir de l'argent puisqu'elle fait son état de celui de la prostitution.

De l'indice.

§. 4. Si je vous ai donné de l'argent pour que vous me donnassiez des renseignemens *sur mon esclave qui est en fuite*, ou celui qui *qui m'a volé*, je ne pourrai pas vous redemander ce que je vous aurai donné (1) car la cause n'est pas honteuse ; mais si vous avez reçu de l'argent de mon esclave , pour ne pas le découvrir , j'aurai le droit de vous redemander ce que vous aurez reçu, parce que c'est la même chose que si vous m'aviez volé. Si le voleur lui-même , ou le complice du voleur , ou de l'esclave fugitif, avait reçu de l'argent de moi pour me donner des renseignemens à son sujet, je pense qu'il y a lieu dans ce cas à notre action.

5. JULIEN, *liv*. 3. *sur Urséjus Ferox.*

Proculus a répondu que si quelqu'un avait reçu de l'argent de mon esclave, pour ne pas dénoncer un vol dont il *se serait rendu coupable* (2) (l'esclave) , j'aurais action

furtum ab eo factum indicaret; sivè indicasset, sivè non, repetitionem fore ejus pecuniæ, Proculus respondit.

6. ULPIANUS, *lib.* 18. *ad Sabinum.*

De eo quod ex injustâ causâ apud aliquem est.

Perpetuò Sabinus probavit veterum opinionem, existimantium, *id, quod ex injustâ causâ apud aliquem sit, posse condici* (1) In quâ sententiâ etiàm Celsus est.

7. POMPONIUUS, *lib.* 22. *ad Sabinum.*

De stipulatione per vim extortâ.

Ex eâ stipulatione, quæ per vim extorta esset, si exacta esset pecunia, repetitionem esse constat.

8. PAULUS, *lib.* 3. *quæstionum.*

De promisso ob turpem causam.

Si ob turpem causam promiseris Titio, quamvìs, si petat, exceptione doli mali, vel in factum summovere eum possis : tamèn, si solveris, non posse (te) repetere : quoniàm sublatâ proximâ causâ stipulationis, quæ proptèr exceptionem inanis esset, pristina causa, id est, turpitudo superesset : porrò autèm si et dantis, et accipientis turpis causa sit, possessorem (2) potiorem esse. Et ideò repetitionem cessare, tametsi ex stipulatione solutum est.

---

(1) L. 25. in fin. infr. eer. amotar.
(2) L. 5. §. 1. supr. de calumniat.

contre

contre lui , soit qu'il l'eût dénoncé , soit qu'i ne l'eût pas fait.

6. ULPIEN , *liv*. 18. *sur Sabinus.*

De ce qui se trouve entre les mains de quelqu'un par une cause injuste.

Sabinus a constamment approuvé l'opinion des anciens qui pensaient que *l'on pouvait redemander ce qui avait été donné pour une cause injuste.* Celse est du même avis.

7. POMPONIUS , *liv*. 22. *sur Sabinus.*

De la stipulation qui est le fruit de la violence.

Il est constant que l'on est en droit de redemander ce qui a été donné en vertu d'une promesse arrachée par violence.

8. PAUL , *liv*. 3. *des questions.*

De la promesse faite pour une cause honteuse.

Si vous aviez fait à Titius une promesse qui aurait eu pour objet une cause deshonnête, quoique dans le cas où il l'exigerait , vous puissiez lui opposer une exception tirée de la mauvaise foi ; ou demandé à être déchargé de votre obligation , en exposant le fait ; cependant , si vous aviez payé , vous ne pourriez plus répéter la somme que vous auriez donnée, parce que la cause prochaine de la promesse qui a été faite , et qui était nulle à cause de l'exception que vous aviez, ne subsistant plus , il ne resterait plus que la cause ancienne ; c'est-à-dire , la turpitude dont vous vous seriez couvert : au reste , si le crime est également et du côté de celui qui a donné, et du côté de celui qui a reçu, la condition de celui qui possède la somme est plus avantageuse (1) ; par conséquent il n'y a pas lieu à la répéter , quoiqu'elle ait été payée d'après la promesse qui a été faite.

9. IDEM, *lib. 5. ad Plautium.*

De dato ut reddatur, quod gratis reddi potuit.

Si vestimenta utenda tibi commodavero, deindè pretium, *ut reciperem*, dedissem, condictione me rectè acturum, responsum est : quamvìs enim proptèr rem datum sit, et causa secuta sit, tamèn turpitèr datum est.

§. 1. Si rem locatam tibi, vel venditam à te, vel mandatam, ut redderes, pecuniam acceperis, habebo tecum ex locato, vel vendito, vel mandati actionem. Quòd si, ut id, quod ex testamento, vel ex stipulatû debebas, redderes mihi, pecuniam tibi dederim : condictio duntaxàt pecuniæ datæ eo nomine erit. Idquè et Pomponius scribit.

9. Le meme, *liv.* 5. *sur Plautius.*

De ce qui a été donné pour recouvrer ce qu'on aurait pu avoir gratuitement.

Si je vous ai prêté des habits pour vous en servir, et qu'ensuite *pour les recouvrer* je vous aie donné de l'argent, on a répondu que j'avais action contre vous, pour vous redemander cet argent; car quoiqu'il ait été donné pour une cause qui a eu lieu; cependant vous vous étes rendu coupable, en le recevant.

§. 1. Si vous avez reçu de l'argent pour me rendre une chose que vous teniez de moi à titre soit de loyer, soit de vente, soit de mandat, j'aurai contre vous l'action qui provient soit du loyer, soit de la vente, ou du mandat. Mais si je vous ai donné de l'argent pour que vous me payassiez ce que vous me deviez, soit en vertu d'un testament, soit en vertu d'une promesse; je pourrai exercer contre vous l'action dont il s'agit dans ce titre, pour vous redemander seulement l'argent que je vous ai donné à ce sujet, tel est le sentiment de Pomponius.

TITULUS SEXTUS.

De (1) condictione indebiti.

1. ULPIANUS, *lib.* 26. *ad edictum.*

Continuatio.

Nunc videndum de indebito soluto.

De ignorantiâ et scientiâ solventis.

§. 1. Et quidèm, si quis indebitum ignorans solvit, per hanc actionem condicere potest : sed si sciens (2) se non debere solvit, cessat repetitio.

2. IDEM, *lib.* 16. *ad Sabinum.*

De soluto, ut si appareat indebitum, reddatur.

Si quis sic solverit, *ut si apparuisset esse indebitum, vel Falcidia emerserit, reddatur,* repetitio locum habebit : negotium enìm contractum est intèr eos.

---

(1) Lib. 4. C. 5.

TITRE SIX.

De l'action en vertu de laquelle on se fait rendre une chose induement payée (1).

1. ULPIEN, *liv.* 26. *sur l'édit.*

Continuation.

Il nous reste maintenant à parler de ce qui a lieu lorsqu'on a payé ce que l'on ne devait pas.

De l'ignorance et de la connaissance de celui qui paie.

§. 1. Et en effet si quelqu'un a payé sans le savoir ce qu'il ne devait pas, il pourra en vertu de cette action le redemander. Mais s'il a payé (2) sachant qu'il ne devait rien, il n'y a pas lieu dans ce cas à la répétition.

2. LE MEME, *liv.* 16. *sur Sabinus.*

De ce qui a été payé sous cette condition, que s'il n'est rien dû, ce qui aura été payé, sera rendu.

Si quelqu'un a payé une somme avec cette clause, que s'il paraissait qu'il ne dût rien, ou si les legs qu'il aurait payés entièrement, avaient été réduits en vertu de la loi *Falcidia*, on lui rendrait ce qu'il avait donné; il pourra *actionner* celui qu'il aura payé; car cette clause est une convention faite entre eux.

---

(2) L. 9. in pr. C. h. t.

De soluto ex testamento.

§. 1. Si quid *ex testamento* solutum sit, quod posteà falsum, vel inofficiosum (1), vel irritum, vel ruptum apparuerit, repetetur : vel si post multum temporis emerserit æs alienum, vel codicilli diù celati, prolati, qui ademptionem continent legatorum solutorum, vel deminutionem per hoc, quià aliis quoquè legata relicta sunt. Nàm divus Adrianus cireà inofficiosum et falsum testamentum rescripsit, actionem dandam (2) ei, secundùm quem de hereditate judicatum est.

3. Papinianus, *lib.* 28. *quæstionum.*

Idem est, et si, solutis legatis, nova et inopinata causa hereditatem abstulit : veluti, nato posthumo, quem heres in utero fuisse ignorabat; vel etiàm ab hostibus reverso filio, quem pater obiisse falsò præsumpserat. Nàm utiles actiones posthumo, vel filio, qui hereditatem evicerat, dari oportere in eos, qui legatum perceperunt; imperator Titus Antoninus rescripsit : scilicèt quod bonæ fidei possessor, in quantùm locupletior factus est, tenetur. Nec periculum hujusmodi nominum ad eum, qui sinè culpâ solvit, pertinebit.

4. Paulus, *lib.* 3. *ad Sabinum.*

Idem divus Adrianus rescripsit, et si aliud testamentum proferatur.

---

(1) L. 8 §. 16. supr. de inoffic. testam.

De ce qui a été payé en vertu d'un testament.

§. 1. S'il a été payé quelque chose en vertu d'un testament qui par la suite a été déclaré faux, ou inofficieux (1), ou nul, ou qui a été cassé; on pourra répéter ce qui aura été payé. Il en sera de même si après un grand laps de tems, on découvrait de nouvelles dettes, ou si l'on produisait un codicile qui aurait été long-tems caché, par lequel les legs payés auraient été retranchés, ou auraient été diminués à cause de nouveaux legs faits à d'autres; car l'empereur Adrien a répondu dans un rescrit, que dans le cas d'un testament inofficieux et déclaré faux, on devait accorder à celui en faveur de qui le jugement avait été rendu, l'action (2) dont il est ici question, pour redemander ce qui a été induement payé en vertu d'un pareil testament.

3. PAPINIEN, *liv.* 28. *des questions.*

Il en serait de même, si, après que les legs auraient été payés, un évènement soudain, et inopiné venait à priver l'héritier de la succession. Tel serait par exemple, le cas où il surviendrait un posthume dont l'héritier ignorait l'existence, ou celui du retour d'un fils prisonnier de guerre, que le père croyait faussement avoir péri chez l'ennemi; car dans ces deux hypothèses, on doit accorder au posthume, et au fils, qui ont été évincés de la succession, des actions utiles contre ceux qui ont reçu leurs legs. C'est ce que l'empereur Tite Antonin a répondu dans un rescrit, parce que l'héritier qui a été possesseur de bonne-foi, ne doit être tenu que de rendre ce dont il est devenu plus riche, et il ne doit pas être victime de l'insolvabilité des légataires qu'il a payés, sans que l'on puisse justement lui faire un reproche de l'avoir fait.

4. PAUL, *liv.* 3. *sur Sabinus.*

L'empereur Adrien a décidé la même chose dans le cas d'un second testament que l'on produirait.

---

(2) L. 5. in fin. infr. h. t.

5. Ulpianus, *lib.* 16. *ad Sabinum.*

Nec novum, ut (1) quod alius solverit, alius repetat : nàm et cùm minor vinginti quinquè annis, inconsultè aditâ hereditate, solutis legatis, in integrum restituitur, non ipsi repetitionem competere, sed ei (2), ad quem bona pertinent, Arrio Titiano rescriptum est.

6. Paulus, *lib.* 3. *ad Sabinum.*

De procuratore et tutore.

Si procurator tuus indebitum solverit, et tu ratum non habeas, posse repeti Labeo libris posteriorum rescripsit : quòd si debitum fuisset, non (3) posse repeti. Celsus : ideò, quoniàm (4) cùm quis procuratorem rerum suarum constituit, id quoquè mandare videtur, ut solvat creditori : nequè posteà expectandum sit, ut ratum habeat.

§. 1. Idem Labeo ait, si procuratori indebitum solutum sit, et dominus (5) ratum non habeat, posse repeti.

§. 2. Celsus ait, eum, qui procuratori debitum solvit, continuò liberari : nequè ratihabitionem considerari. Quod si indebitum acceperit, ideò exigi ratihabitionem, quoniàm nihil de hoc nomine exigendo mandasse videretur. (Et) ideò, si ratum non habeatur, à procuratore repetendum.

§. 3. Julianus ait, nequè (6) tutorem, nequè

---

(1) L. 2. in fin. l. 3. 4. supr. l. 46. infr. eod.
(2) D. l. 2. in fin.
(3) L. 87. infr. de solution.

5. ULPIEN , *liv.* 16. *sur Sabinus.*

Il n'y a rien d'étonnant que dans ce cas quelqu'un redemande ce qu'un (1) autre a payé ; car lorsqu'un mineur de 25 ans qui a accepté inconsidérément une succession , et payé eu conséquence les legs , est restitué en entier (2) , ce n'est pas lui , suivant un rescrit adressé à Arius Titianus, qui peut répéter ces legs , mais celui à qui la succession appartient.

6. PAUL , *liv.* 3. *sur Sabinus.*

Du fondé de pouvoir et du tuteur.

Si votre fondé de pouvoir a payé à votre acquit une somme que vous ne deviez pas , et que vous n'ayez pas ratifié ce paiement , Labéon au livre des postérieurs , dit que vous pouvez redemander cette somme ; mais si la somme était due , vous ne le pourriez pas (3). Voici la raison que Celse en donne , c'est que lorsque quelqu'un a chargé un autre de ses propres affaires (4) , il est censé par cela même l'avoir chargé de payer ses dettes , et il n'est pas nécessaire qu'il ratifie les paiemens faits par son fondé de pouvoir.

§. 1. Le même Labéon dit : si on a payé induement à votre fondé de pouvoir , et que vous n'ayez pas ratifié ce paiement (5) ; on peut redemander ce qui lui a été payé.

§. 2. Celse dit que celui qui a payé entre les mains d'un fondé de pouvoir , ce qu'il doit , est valablement libéré à l'instant , et que la ratification du maître n'est pas nécessaire. Mais si le fondé de pouvoir a reçu ce qui n'était pas du , il est nécessaire que le constituant ratifie ce paiement , parce qu'il n'est pas censé l'avoir chargé d'exiger une pareille somme ; donc s'il ne ratifie pas , celui qui a payé la somme , peut la redemander au fondé de pouvoir.

§. 3. Julien dit (6) que ni un tuteur qui a payé au nom

---

(4) D. l. 87. adde l. 46. infr. de pecul.
(5) L. 14. supr. de condict. caus. dat.
(6) L. 57. in pr. infr. h. t.

procuratorem solventes, repetere posse : neque interesse, suam pecuniam, an pupilli vel domini solvant.

7. POMPONIUS, *lib.* 9. *ad Sabinum.*

Quid repetitur.

Quod indebitum per errorem solvitur, aut ipsum, aut tantundem repetitur.

8. PAULUS, *lib.* 6. *ad Sabinum.*

De eo quod mulieri debetur à marito qui non est solvendo.

Quod nomine mariti, qui solvendo non sit, alius mulieri solvisset, repetere non potest : adeò debitum esset mulieri.

9. ULPIANUS, *lib.* 66. *ad edictum.*

Nàm et maritus, si, cùm facere nihil possit, dotem solverit (1) in eâ causâ est, ut repetere non possit.

10. PAULUS, *lib.* 7. *ad Sabinum.*

De debito in diem.

In diem debitor, adeò debitor est, ut antè diem solutum repetere non possit.

11. ULPIANUS, *lib.* 35. *ad Sabinum.*

Si de peculio condemnatus plùs quàm in eo sit solverit.

Si is, cum quo de peculio actum est, per im-

---

1)L. 5 . §. 2. infr. de liberat. legat.

de son pupille, une somme qui n'était pas due, ni un fondé de pouvoir qui a fait la même chose au nom de son constituant, ne peuvent pas la redemander, et qu'il importe peu qu'il ait payé de ses propres deniers, ou de ceux du pupille, ou du constituant.

7. POMPONIUS, *liv.* 9. *sur Sabinus.*

Qu'est-ce que l'on répète.

On peut répéter ou la chose elle-même, que l'on ne devait pas, et qu'on a payé par erreur, ou une autre de pareille valeur.

8. PAUL, *liv.* 6. *sur Sabinus.*

De ce qui est dû à la femme par son mari qui est insolvable.

Ce qu'un autre a payé à une femme au nom de son mari insolvable, ne peut pas être répété. La raison est que c'était la femme qui était créancière de son mari.

9. ULPIEN, *liv.* 66. *sur l'édit.*

Car si un mari, ayant payé la dot de sa femme, n'a plus rien pour exister (1), il est dans le cas de ne pouvoir redemander ce qu'il a donné.

10. PAUL, *liv.* 7. *sur Sabinus.*

D'une dette à époque fixe.

Un débiteur qui ne doit payer qu'à une certaine époque, est tellement débiteur, que s'il payait avant l'époque, il ne pourrait redemander ce qu'il aurait payé.

11. ULPIEN, *liv.* 35. *sur Sabinus.*

Si celui qui a été condamné au sujet du pécule, a plus payé qu'il ne se trouve dans le pécule.

Si celui contre lequel on plaide relativement à un pé-

prudentiam plùs, quàm in peculio est, solverit, repetere non potest.

12. Paulus , *lib.* 7. *ad Sabinum.*

De herede.

Si fundi mei usumfructum tibi dedero, falsò existimans me eum tibi debere, et antequàm, repetam, decesserim : condictio ejus ad heredem quoquè meum transibit.

13. Idem , *lib.* 10. *ad Sabinum.*

De obligatione naturali servi,

Naturalitèr (1) etiàm servus obligatur. Et ideò si quis nomine ejus solvat, vel ipse manumissus (2) (ut Pomponius scribit) ex peculio, cujus liberam administrationem habeat, repeti non poterit : et ob id et fidejussor pro servo acceptus (tenetur(3)) : et pignus pro eo datum tenebitur : si servus, qui peculii administrationem habet, rem pignori in id, quod debeat, dederit, utilis pigneratitia reddenda est.

Vel pupilli.

§. 1. Itèm quod pupillus sine tutoris auctoritate mutuum accepit, et locupletior (4) factus est, si pubes factus solvat, non repetit.

14. Pomponius , *lib.* 11. *ad Sabinum.*

Nàm hoc naturâ (5) æquum est, neminem cum alteriùs detrimento fieri locupletiorem.

----

(1) L. 14. infr. de oblig. et act.
(2) L. 21. §. 2. infr. de fidejuss. l. 83. infr. de solution.
(3) L. 16. §. 3. infr. de fidejuss.
(4) L. 4. §. 4. infr. de doli mali et met. except.

cule, a payé par imprudence au-delà des forces du pécule;
il ne peut répéter ce qu'il a payé de trop.

12. PAUL, *lib.* 7. *sur Sabinus.*

De l'héritier.

Si je vous ai donné l'usufruit d'un fonds de terre, qui
m'appartient, croyant faussement que je dusse vous le donner,
et que je sois décédé avant de vous le redemander, l'action
que j'avais contre vous pour vous en déposséder, passera à
mon héritier.

13. LE MÊME, *liv.* 10. *sur Sabinus.*

De l'obligation naturelle de l'esclave,

Un esclave lui-même est naturellement obligé (1). C'est
pourquoi si quelqu'un paie pour lui, ou si lui-même étant
affranchi (2), paie ce qu'il doit, avec les fonds provenans
de son pécule, dont il a la libre administration, on ne
pourra pas répéter ce qui aura été donné à cette occasion,
et la caution de l'esclave sera obligée (3), de même que
le gage donné pour sûreté de sa dette, sera valablement
engagé. Si un esclave qui a la libre administration de son
pécule, a donné un gage pour sûreté de ce qu'il doit, il
y a lieu à l'action pignératice, à laquelle il peut utilement
recourir pour redemander son gage.

Ou du pupille.

§. 1. Il en est de même du pupille qui a emprunté sans
l'autorité de son tuteur; si cet emprunt (4) lui a été avantageux,
il ne peut redemander ce qu'il a payé, s'il a payé ayant
atteint l'âge de puberté.

14. POMPONIUS, *liv.* 11. *sur Sabinus.*

Car l'équité naturelle (5) veut que personne ne s'enri-
chisse au détriment d'autrui.

---

(5) L. 66. infr. h. t. l. 206. infr. de reg. jur. v. l. 2. §. 10. infr. ne
quid in loco publ. l. 12. §. 1. infr. de distr. pign. l. 6. in fin. infr. de
jure dot. l. 17. §. 4. infr. de instit. act. l. 6. §. 3. supr. de negot. gest.

15. PAULUS. *lib.* 10. *ad Sabinum.*

Quid repetitur.

Indebiti soluti condictio naturalis (1) *est*. Et ideò etiàm quod rei solutæ accessit, venit in condictionem : ut putà partus (2), qui ex ancillâ natus sit ; vel quod alluvione accessit ; imò et fructus, quos is, cui solutum est, bonâ fide percepit, in condictionem venient.

De nummis alienis. De possessione.

§. 1. Sed et si nummi alieni dati sint, condictio competet, ut vel possessio eorum reddatur : quemadmodùm si falsò existimans possessionem me tibi debere alicujus rei, tradidissem (3), condicerem. Sed et si possessionem tuam fecissem, ità ut tibi per longi temporis præscriptionem avocari non possit, etiàm sic rectè tecum per indebitam condictionem agerem.

De re cujus ususfructus alienus est.

§. 2. Sed et si ususfructus in re solutâ alienus sit, deducto usufructû, à te condicam.

16. POMPONIUS, *lib.* 15. *ad Sabinum.*

De debito sub conditione, vel die incerto.

Sub conditione debitum, per errorem solutum (4),

___

(1) L. 66. infr. h. t.
(2) L. 16. §. 12. l. 63. §. 5. infr. e d. l. 58. §. 2. infr. de usur. l. 27. in fin. infr. de usû et ususfr. legat.

15. PAUL, *liv.* 10. *sur Sabinus.*

Qu'est-ce que l'on répète.

Rien de plus naturel que l'action (1) *en vertu de laquelle on redemande ce que l'on a induement payé.* Par conséquent ce qui a augmenté la valeur de cette même chose, entre également dans cette action ; par exemple, l'enfant qu'a eu l'esclave (2), qu'on a mal-à-propos donné, ou ce qui est advenu par l'alluvion, enfin les fruits qui ont été perçus de bonne-foi, par celui à qui l'on a payé, peuvent être redemandés en vertu de cette action

Des deniers d'autrui. De la possession.

§. 1. Mais si l'on a donné l'argent d'autrui, on aurait également cette action pour le redemander, ou au moins pour s'assurer de le recouvrer ; de même que si croyant mal-à-propos que je dusse vous transmettre la possession d'une chose, je vous l'eusse livrée, je pourrais exercer l'action dont il est ici question, pour la retirer de vos mains (3) ; quand bien même je vous l'aurais laissée assez long-tems entre les mains, pour que vous ayez pu irrévocablement l'acquérir par la prescription, je n'en aurai pas moins l'action contre vous, pour vous la redemander, comme vous l'ayant livrée sans que j'y fusse obligé.

De la chose dont l'usufruit appartient à un autre.

§. 2. Mais si je vous ai donné, pour m'acquitter d'une chose que je croyais mal-à-propos vous devoir, la nue propriété d'un fonds dont un autre avait l'usufruit, je vous redemanderai cette nue propriété, abstraction faite de l'usufruit.

16. POMPONIUS, *liv.* 15. *sur Sabinus.*

De ce qui est dû sous condition, ou à un jour incertain.

On peut répéter une dette due conditionnellement, et qui a été (4) payée par erreur, tant que la condition est

---

(3) L. 16. in fin. supr. de hered. petit.
(4) L. 48. infr. h. t. l. 38. §. 3. infr. de solution.

pendente quidèm conditione, repetitur, conditione autèm existente repeti non potest.

§. 1. Quod autèm sub incerto die debetur, die existente non repetitur.

17. ULPIANUS *lib.* 2. *ad edictum.*

Nàm si, *cùm moriar* dare promisero, et anteà solvam : repetere me non posse, Celsus ait. Quæ sententia vera est.

18. IDEM, *lib.* 47. *ad Sabinum.*

Quod si eâ conditione debetur, quæ omni- modò exstatura est, solutum repeti non potest : licèt sub aliâ conditione, quæ an impleatur, in- certum est, si antè solvatur, repeti possit.

19. POMPONIUS, *lib.* 22. *ad Sabinum.*

De debitore ob pænam creditoris liberato.

Si pœnæ (1) causâ ejus, cui debetur, debitor liberatus est, naturalis obligatio (2) manet : et ideò solutum repeti non potest.

Si non debitor creditori solvat.

§. 1. Quamvìs debitum sibi quis recipiat, ta- mèn si is, qui dat, non debitum dat, repetitio competit : velutì si (3) is, qui heredem se, vel bonorum possessorem, falsò existimans, creditori hereditario solverit; hic enìm nequè (4) verus heres liberatus erit, et is, quod dedit, repetere

----

(1) L. 40. in pr. infr. h. t.
(2) L. 10. infr. de SC. Macedon.

pendante; mais on ne le peut plus une fois que la condition a été remplie.

§. 1. Mais ce qui est du sous un jour incertain, et qui a été payé, ne peut plus être redemandé, le jour du paiement une fois arrivé.

17. ULPIEN, *liv.* 2. *sur l'édit.*

Car si j'ai promis une chose *le jour que je mourrai*, et que je la donne avant cette époque, Celse dit que je ne puis la redemander. Et cette opinion est vraie.

18. LE MEME, *liv.* 47. *sur Sabinus.*

Une dette due sous une condition qui doit arriver infailliblement, ne peut être redemandée lorsqu'elle a été payée, quoiqu'il y ait lieu à la répétition d'une dette dont le paiement dépend d'une condition sur l'accomplissement de laquelle il puisse y avoir des doutes.

19. POMPONIUS, *liv.* 22. *sur Sabinus.*

Du débiteur libéré à cause de la peine qu'a encouru le créancier.

Si un débiteur se trouve libéré à cause de la peine que son créancier (1) a encourue; l'obligation naturelle n'en subsiste pas moins (2); par conséquent si la dette était payée, on ne pourrait en redemander le montant.

Si celui qui ne doit pas paie le créancier.

§. 1. Quoique celui qui reçoit, ne reçoive que ce qui lui est du, cependant si celui qui paie ne doit pas, il y a lieu dans ce cas à la répétition de ce qui a été payé; tel est par exemple (3), celui qui se croyant faussement héritier, ou appellé à une succession en vertu du droit prétorien, a payé une dette de la succession; car dans ce cas le véritable héritier n'est pas libéré (4), et

---

(3) L. 65. in fin. infr. h. t.
(4) L. 31. in pr. supr. de hered. petit.

poterit. (Quamvis enìm debitum sibi quis recipiat, tamèn si is, qui dat, non debitum dat , repetitio competit) (1).

De communi pecuniâ solutâ.

§. 2. Si falsò existimans debere . nummos
solvero, qui pro parte alieni, pro parte mei fuerunt,
ejus summæ partem dimidiam, non corporum,
condicam.

De soluto quasi ex alternatâ obligatione.

§. 3. Si putem , me Stychum aut Pamphilum
debere, cùm Stychum debeam, et Pamphilum
solvam, repetam quasi indebitum solutum : nec
enìm pro eo, quod debeo, videor id solvisse.

De duobus reis.

§. 4. Si duo rei, qui decèm debebant, viginti
paritèr solverint : Celsus ait, singulos quina re-
petituros : quia, cùm decèm deberent, viginti
solvissent : et quod ampliùs ambo solverint, ambo
repetere possunt.

20. JULIANUS, *lib.* 10. *Digestorum.*

Si reus, et fidejussor solverint paritèr, in hâc
causâ non differunt à duobus reis promittendi :
quarè omnia, quæ de his dicta sunt, et ad hos
transferre licebit.

---

(1) Obst. l. 44. infr. h. t. l. 5. C. de petit. hered.

celui qui aura payé cette dette pourra se la faire remettre ; en effet, quoique quelqu'un reçoive ce qui lui est dû, cependant si celui qui paie n'est pas obligé de le faire, il y a lieu de sa part à redemander ce qu'il a indûement payé (1).

Du paiement fait avec de l'argent commun.

§. 2. Si j'ai payé une somme que je croyais faussement devoir, avec de l'argent qui m'appartenait en partie, et en partie à un autre, j'aurai l'action que nous traitons pour redemander la moitié de la somme, et non la moitié des corps qui composent cette somme.

De ce qui a été payé comme étant la suite d'une obligation alternative.

§. 3. Si je pense que je vous dois l'esclave Stychus, ou Pamphile, lorsque c'est réellement Stychus que je vous dois, et que je vous livre Pamphile, je vous le redemanderai, comme vous ayant donné ce à quoi je n'étais pas obligé ; car je ne suis pas censé par-là, avoir acquitté mon obligation.

De deux débiteurs.

§. 4. Si deux débiteurs solidaires qui devaient dix mille, en ont également tous deux payés vingt mille, Celse dit que chacun pourra redemander cinq, parce que ne devant que dix mille, ils ont payé vingt, et que chacun peut redemander ce qu'il a payé de trop.

20. JULIEN, *liv.* 10. *du Digeste.*

Si le principal obligé et sa caution ont également payé, leur condition est la même que celle de deux co-obligés ; par conséquent on peut leur appliquer tout ce que nous venons de dire plus haut.

21. Paulus, *lib.* 3. *quæstionum.*

Planè si duos reos non ejusdem pecuniæ, sed alteriûs obligationis, constitueris, ut putà Stychi aut Pamphili : et paritèr duos datos, aut togam, vel denaria mille : non idem dici poterit in repetitione, ut partes repetant; quià nec solvere ab initio sic(1) poterunt. Igitùr hoc casû electio est creditoris, cui velit solvere, ut alteriûs repetitio impediatur.

22. Pomponius, *lib.* 22. *ad Sabinum.*

Si quis quasi adjecto solverit.

Sed (et) si me putem tibi aut Titio promisisse, cùm aut neutrum factum sit, aut Titii persona in stipulatione comprehensa non sit, et Titio solvero : repetere à Titio potero.

De itinere.

§. 1. Cùm iter excipere deberem, fundum liberum per errorem tradidi. Incerti condicam (2), ut iter mihi concedatur.

23. Ulpianus, *lib.* 43. *ad Sabinum.*

De transactione.

Elegantèr Pomponius quærit : si quis suspicetur transactionem factam (vel, ab eo, cui heres est,

---

(1) L. 34. §. 1. infr. de solution.
(2) L. 35. supr. de servit. præd. urban.

21. PAUL, *liv.* 3. *des questions.*

Mais si vous admettez deux co-obligés non pas d'une somme d'argent, mais de toute autre obligation, par exemple, deux personnes qui se sont engagées à donner ou Stychus, ou Pamphile, ou un habit, ou dix mille, on ne pourra, en ce qui concerne la répétition, faire le même raisonnement; parce que dans le principe, le paiement n'aurait pu se faire de cette manière. C'est donc dans ce cas, au créancier qu'appartient le droit de choisir auquel des deux il voudra rendre ce qu'il a induement reçu, afin d'arrêter et d'empêcher toute répétition de la part de l'autre.

22. POMPONIUS, *liv.* 22. *sur Sabinus.*

Si quelqu'un a payé comme s'il devait.

Si je crois vous avoir promis ou à Titius, de vous donner une chose quelconque, pendant que je ne vous devais rien ni à l'un ni à l'autre; ou si la personne de Titius n'a pas été comprise dans la promesse, et que j'aie payé à Titius, je pourrai lui redemander ce que je lui aurai induement donné.

Du passage.

§. 1. Devant me réserver un droit de passage sur un fonds, je vous l'ai livré par erreur, comme étant libre de toute servitude, j'aurai contre vous l'action dont nous parlons (2), pour vous obliger à me donner ce droit de passage.

23. ULPIEN, *liv.* 43. *sur Sabinus*

De la transaction.

Pomponius demande avec raison, si dans le cas ou quelqu'un présumant qu'il y a été fait une transaction, soit par celui dont il est héritier, soit par celui qui l'a constitué son fondé de pouvoir, a payé en vertu de cette transaction qui n'a pas été réellement faite, il y a lieu à la

vel ab eo; cui procurator est, et quasi ex transactione dederit, quæ facta non est; an locus sit repetitioni? Et ait, repeti posse : ex falsâ enim causâ datum est.

Idem puto dicendum, et si transactio secuta non fuerit, propter quam datum est. Sed et si resoluta sit transactio, idem erit dicendum.

§. 1. Si post (1) rem judicatam quis transegerit, et solverit, repetere poterit : idcircò, quià placuit transactionem nulliûs esse momenti. Hoc enim imperator Antoninus cum D. patre suo rescripsit. Retineri tamèn (2), atquè compensari in causam judicati, quod ob talem transactionem solutum est, potest. Quid ergò, si (3) appellatum sit; vel hoc ipsum incertum sit, an judicatum sit, vel an sententia valeat? Magis est, ut transactio vires habeat : tunc enim rescriptis locum esse credendum est cùm de sententiâ indubitatâ, quæ nullo remedio attemperari potest, transigitur.

§. 2. Itèm, si ob transactionem alimentorum testamento relictorum datum sit, apparet, posse repeti, quod datum est : quià transactio senatus-consulto (4) infirmatur.

§. 3. Si quis post transactionem nihilominùs condemnatus fuerit, dolo quidèm id fit, sed tamèn sententia valet. Potuit autèm quis, si quidèm antè litem contestatam transegerit, volenti litem contestari opponere doli exceptionem : sed si post litem contestatam transactum est, nihilominùs poterit exceptione doli uti post secuti. Dolo enim facit, qui contrà transactionem

----

(1) L. 32. C. de transact.
(2) L. 7. §. 1. et 2. supr. d. t.

répétition de ce qui a été payé en vertu de cette transaction ? Il répond qu'il peut redemander ce qu'il a payé ; car la cause qui a déterminé à payer, est fausse. Je pense qu'il faut dire la même chose si l'on a donné de l'argent pour engager quelqu'un à transiger, et que la transaction n'ait pas été faite ; il en serait encore de même si après l'avoir été, elle venait à être annullée.

§. 1. Si quelqu'un transige sur une chose jugée (1), et paie en vertu de la transaction, il pourra redemander ce qu'il aura payé ; car l'empereur Antonin et son père ont déclaré dans un rescrit, qu'une telle transaction était nulle. Cependant celui en faveur de qui le jugement aura été rendu, pourra retenir ce qu'il a reçu (2) en vertu de cette transaction, comme un à-compte sur ce qui doit lui revenir en exécution du jugement, et dans ce cas il y aura compensation. Mais qu'en serait-il, s'il y avait eu appel de ce jugement (3), ou qu'il y ait des doutes sur l'existence du jugement, ou bien s'il est incertain que le jugement soit confirmé ? Il est plus probable qu'alors la transaction conserve toute sa force ; car les rescrits dont on vient de parler, ne regardent que les transactions faites après un jugement certain, et dont les dispositions ne peuvent être mitigées par aucun moyen.

§. 2. De même si on a reçu de l'argent pour transiger sur des alimens, légués par un testament, on pourra redemander ce que l'on aura donné, parce qu'une telle transaction est infirmée par un sénatusconsulte (4).

§. 3. Si quelqu'un est condamné même après une transaction, encore qu'il y ait de l'injustice dans cette condamnation, le jugement n'en est pas moins valable ; car il a pu, ayant transigé avant que la contestation fut engagée, opposer à celui qui voulait l'engager, l'exception tirée de la mauvaise foi ; mais si la transaction a été faite après la contestation, il n'en aura pas moins le droit de lui opposer l'exception tirée de la mauvaise foi ; car c'est, sans contredit, être de mauvaise foi, que de vouloir encore rede-

---

(3) D. l. 7. in pr. et l. 11. supr. d. t.
(4) Immò vide l. 8. in pr. supr. d. t.

expertus, amplius petit : et ideò condemnatus repetere potest, quod ex causâ transactionis dedit. Sanè quidèm ob causam dedit : nequè repeti solet, quod ob causam datum est, causâ secutâ. Sed hîc non videtur causa secuta, cùm transactioni non stetur. Cùm igitùr repetitio oritur, transactionis exceptio locum non habet : nequè enìm utrumquè debet locum habere, et repetitio, et exceptio.

De actione dupli vel quadrupli.

§. 4. Si qua lex ab initio dupli vel quadrupli statuit actionem, dicendum est, solutum ex falsâ ejus causâ repeti posse.

24. IDEM, *lib.* 46. *ad Sabinum.*

De exceptione perpetuâ.

Si is, qui perpetuâ exceptione tueri se poterat, cùm sciret (1) sibi exceptionem profuturam, promiserit aliquid, ut liberaretur : condicere non potest.

25. IDEM, *lib.* 47. *ad Sabinum.*

De reo et fidejussoribus.

Cùm duo pro reo fidejussissent decèm, deindè reus tria solvisset, et posteà fidejussores quina, placuit eum, quià (2) posterior solverit, repetere tria posse; hoc meritò, quià tribus à reo solutis septem sola debita supererant : quibus persolutis, tria indebita soluta sunt.

---

(1) L. 26. §. 3. infr. h. t.

mander quelque chose après avoir transigé : par conséquent celui qui aura été condamné, pourra redemander ce qu'il aura payé en vertu de la transaction ; il a à la vérité donné pour une cause, et ordinairement parlant, on ne peut pas redemander pour une cause qui a eu lieu, mais ici la cause n'est pas censée avoir eu lieu, puisqu'on ne tient pas à la transaction. Comme il y a lieu dans ce cas à la répétition, on ne peut pas opposer l'exception dérivant de la transaction, car on ne peut en même tems se servir, et de la répétition, et de l'exception.

De l'action au double ou au quadruple.

§. 4. Il faut dire que si quelque loi donne dans un cas une action au double, ou au quadruple, on peut répéter ce que l'on aura donné, parce que l'on se sera cru faussement dans le cas de la loi.

24. LE MÊME, *liv.* 46. *sur Sabinus.*

De l'exception perpétuelle.

Si celui qui pouvait opposer à son créancier une exception perpétuelle, sachant que cette exception pouvait lui être utile (1), lui a promis quelque chose pour être libéré, il ne pourra pas redemander ce qu'il aura donné.

25. LE MÊME, *liv.* 47. *sur Sabinus.*

Du débiteur et des respondans.

Deux personnes ont répondu pour un débiteur qui devait dix, le débiteur lui même a payé trois, ensuite chaque répondant a payé cinq, il a été décidé que celui qui avait payé le dernier (2), aurait le droit de redemander les trois payés de trop, et c'est avec raison, parce que le débiteur ayant donné trois, il ne restait plus dû que sept, et que ces trois qui ont été payés en sus, n'étaient pas dus.

---

(2) L. ult. §. 2. in fin. infr. eod.

26. IDEM, *lib.* 26. *ad edictum.*

De usuris.

Si non sortem quis, sed usuras indebitas solvit, repetere (1) non poterit, si sortis debitæ solvit : sed si suprà legitimum modum solvit : D. Severus rescripsit, (quo jure utimur) repeti quidèm non posse, sed sorti imputandum (2) ; et si posteà sortem solvit, sortem quasi indebitam repeti posse. Proindè et si antè (3) sors fuerit soluta, usuræ suprà legitimum modum solutæ, quasi sors indebita, repetuntur. Quid, si simùl solverit ? Poterit dici, et tunc repetitionem locum habere.

§. 1. Suprà (4) duplum autèm usuræ, et usurarum (5) usuræ, nec in stipulatum deduci, nec exigi possunt : et solutæ repetuntur : quemadmodùm futurarum usurarum usuræ.

§. 2. Si quis falsò se sortem debere credens, usuras solverit, potest condicere : nec videtur sciens indebitum solvisse.

De exceptione perpetuâ.

§. 3. *Indebitum* autèm *solutum* accipimus, non solum, si omninò non debeatur, sed et si per aliquam exceptionem perpetuam (6) peti non poterat. Quarè hoc quoquè repeti poterit : nisì sciens (7) se tutum exceptione, solvit.

---

(1) L. 5. C. de usur.
(2) L. 102. in fin. infr. de solutiion.
(3) L. 18. C. de usur.
(4) L. 4. S. 1. infr. de nautico fænor

26. LE MÊME, *liv.* 26. *sur l'édit.*

Des intérêts.

Celui qui paye induement non le capital, mais les intérêts, ne peut pas les redemander, si le capital est dû; mais si on a payé des intérêts au-dessus du taux fixé par la loi, l'empereur Sévère a déclaré dans un rescrit, et c'est cet usage que nous suivons; que l'on ne pouvait répéter cet excédent, mais il devra être imputé sur le capital (2), et si par la suite on a payé le capital, on pourra redemander cet excédent comme un nouveau capital qui n'était pas dû. Ainsi si on a payé avant le capital, avec des intérêts plus forts que celui que la loi a fixés, on pourra les répéter comme une chose qui n'était pas due (3). Qu'en serait-il si vous aviez payé en même tems, et le capital, et les intérêts? On peut dire avec raison qu'il y aura également lieu dans ce cas à la répétition.

§. 1. On ne peut exiger ni stipuler des intérêts (4), ni les intérêts (5) des intérêts au-delà du double, et si on les a payés au-delà du taux, on pourra les répéter, de même que les intérêts des intérêts que l'on aurait payés avant qu'ils eussent commencés à courir.

§. 2. Si quelqu'un croyant faussement devoir un capital, en a payé les intérêts, il peut les redemander, et il ne sera pas censé avoir payé sciemment ce qu'il savait ne pas devoir.

De l'exception perpétuelle.

§. 3. Nous regardons comme *induement payé*, non-seulement ce qui n'est pas absolument dû, mais encore ce qui ne peut être exigé à cause d'une exception perpétuelle qui peut être opposée (6). On peut donc en ce cas le redemander s'il a été payé, à moins que l'on ait payé, connaissant l'exception à laquelle (7) on pouvait recourir pour se soustraire au paiement.

---

(5) L. 28. C. de usur.
(6) L. 40. in pr. infr. h. t.
(7) L. 24. supr. eod. l. 21. §. 1. supr. de inoffic. testam.

Si plùs solutum sit.

§. 4. Si centùm debens, quasì ducenta deberem, fundum ducentorum solvi : competere repetitionem Marcellus lib. xx. Digestorum scribit. Et centùm manere stipulationem. Licèt enìm placuit, rem (1) pro pecuniâ solutam parere liberationem : tamèn si ex falsâ debiti quantitate majoris (2) pretii res soluta est, non fit confusio partis rei cum pecuniâ : nemo enìm invitus (3) compellitur ad communionem. Sed et condictio integræ rei manet, et obligatio incorrupta : ager autèm retinebitur, donèc debita pecunia solvatur.

§. 5. Idem Marcellus ait, si pecuniam debens, oleum dederit pluris pretii, quasì plùs debens, vel cùm oleum deberet, oleum dederit, quasì majorem modum debens : superfluum olei esse repetendum, non totum, et ob hoc peremptam esse obligationem.

§. 6. Idem Marcellus adjicit, si cùm fundi pars mihi deberetur, quasì totus deberetur, æstimatione factâ solutio pecuniæ solidi pretii fundi facta sit, repeti posse non totum pretium, sed partis indebitæ (pretium).

De exceptione perpetuâ.

§. 7. Adeò autèm perpetua (4) exceptio parit condictionem, ut Julianus lib. x. scripsit : si emptor fundi damnaverit heredem suum, ut venditorem nexû venditi liberaret, mox venditor

---

(1) L. 17. C. de solutionibus.
(2) L. 84. in pr. infr. de reg. jur.
(3) L. ult. C. communi divid. excip. Nov. Leon. 102.

Si on a payé au-delà.

§. 4. Si devant cent, et croyant devoir deux-cents, j'ai donné, pour m'acquitter, un fonds de la valeur de deux-cents, Marcellus, au liv. xx. du Digeste, dit que je puis redemander le fonds que j'ai donné en paiement, et qu'alors l'obligation de cent restera dans son entier. Quoiqu'il ait été décidé qu'une chose (1) donnée en paiement pour de l'argent, opérait la libération du débiteur, cependant, si on donne, par erreur, en paiement une chose d'une valeur beaucoup au-dessus de la dette (2), on ne peut compenser une partie de cette chose avec la somme qui est due ; car on ne peut, malgré soi, être contraint d'entrer en communauté avec un autre ; mais l'obligation reste dans son entier, et il y a action pour répéter entièrement ce que l'on a donné : cependant le fonds sera retenu par le créancier, jusqu'à ce que la dette soit éteinte.

§. 5. Le même Marcellus dit : si quelqu'un devant une somme d'argent, donne de l'huile pour un prix plus considérable, croyant devoir davantage ; ou si celui qui doit de l'huile, en donne, par erreur, une plus grande quantité que celle qu'il doit, il pourra redemander l'excédent de cette huile, et non pas la totalité ; et l'obligation sera éteinte.

§. 6. Il ajoute encore ce qui suit : si quelqu'un qui me devait une portion dans un fonds, croyant me devoir le fonds tout en entier, m'en avait donné la valeur, après l'avoir fait estimer, il ne pourra pas répéter la totalité du prix, mais seulement la valeur de la portion qui n'était pas due.

De l'exception perpétuelle.

§. 7. Il est vrai qu'une exception (4) perpétuelle donne au débiteur une action pour redemander ce qu'il aura payé ; en effet Julien, au liv. x. dit, que si l'acquéreur d'un fonds de terre avait chargé, en mourant, son héritier de libérer son vendeur de l'obligation que celui-ci avait contractée

---

(4) L. 40. in pr. infr. h. t.

ignorans rem tradiderit, posse eum fundum condicere. Idemquè, et si debitorem suum damnaverit liberare, et (ille) ignorans solverit.

De peculiari debitore , et peculio adempto.

§. 8. Qui filio familiâs solverit, cùm esset ejus
peculiaris debitor, si quidèm ignoravit ademptum
ei peculium, liberatur : si scit (1), et solvit,
condictionem non habet; quià sciens indebitum
solvit.

Si filius familiâs mutuatus solverit.

§. 9. Filius familiâs contrà Macedonianum
mutuatus si solverit, et patri suo heres effectus,
velit vindicare nummos, exceptione summovebi-
tur à vindicatione nummorum.

De opinatâ condemnatione ex compromisso.

§. 10. Si quis quasi ex compromisso condemnatus, falsò solverit, repetere potest.

De successoribus.

§. 11. Hereditatis vel bonorum possessori, si
quidèm defendat hereditatem, indebitum solutum
condici poterit : si verò is non defendat, etiàm
debitum solutum repeti potest.

---

(1) L. 21. §. 1. supr. de inoffic. testam.

de livrer le fonds vendu , et que le vendeur, ignorant les
intentions de son acquéreur, eut livré le fonds, il pourrait
le redemander à l'héritier. Il en est de même, s'il a ordonné qu'on remît une dette à son débiteur, et que celui-ci
l'eût payée.

Du débiteur péculiaire , du pécule qui a été enlevé.

§. 8. Celui qui a payé à un fils de famille, une dette qu'il lui
devait, mais qui provenait de son pécule , est libéré de cette
dette , s'il a ignoré que l'administration de son pécule lui a été
ôtée ; mais s'il était informé que cette administration lui
eût été ôtée (1), et qu'il eût payé, il ne pourra pas la redemander au père, parce qu'il a payé au fils, en connaissance de cause , ce qu'il savait ne pas devoir.

Si un fils de famille emprunte pour payer.

§. 9. Si un fils de famille qui a emprunté contre les dispositions du sénatusconsulte Macédonien , a payé ce qu'il
avait emprunté, et est devenu l'héritier de son père , s'il veut
revendiquer ce qu'il a payé, le créancier pourra lui opposer
utilement une exception fondée sur cela même qu'il a payé ,
et sur ce qu'il n'y avait que son père qui eût le droit de le revendiquer.

De la condamnation faite en vertu d'un compromis présumé existant.

§. 10. Si celui qui a été condamné en vertu d'un compro-
mis que l'on prétendait faussement qu'il avait fait, a payé
le montant de la condamnation, il pourra le redemander.

Des successeurs.

§. 11. On pourra redemander à celui qui possède une
succession, soit à titre civil, soit à titre prétorien , ce qui
aura été induement payé à cette succession , s'il soutient
que la succession lui appartient ; il en sera de même,
encore qu'il ne prétendît pas que la succession lui appar-
tînt , et qu'il fût dû à la succession.

§. 12. Libertus, cùm se putaret *operas* patrono debere, solvit. Condicere (1) eum non posse, quamvìs putans se obligatum solvit, Julianus lib. x. Digestorum scripsit. Naturâ enìm operas patrono libertus debet. Sed et si non operæ patrono sunt solutæ, sed, cùm officium ab eo desideraretur, cum patrono decidit pecunia, et solvit, repetere non potest. Sed si *operas* patrono exhibuit, non officiales, sed fabriles, velutì pictorias, vel alias, dùm putat se debere, videndum, an possit condicere? Et Celsus lib. vi. Digestorum putat, eam esse causam operarum, ut non sint eædem, nequè ejusdem hominis : nequè eidem exhibentur : nàm plerumquè (2) robur hominis, ætas temporis, oportunitasquè naturalis mutat causam operarum, et ideò nec volens quis reddere potest. Sed hæ (inquit) operæ recipiunt æstimationem. Et interdùm licèt aliud præstemus, (inquit) aliud condicimus : utputà, fundum indebitum dedi, et fructus (3) condico : vel hominem indebitum, et hunc sinè fraude modico distraxisti, nempè hoc solum refundere debes, quod ex pretio habes; vel meis sumptibus pretiosiorem hominem feci, nonnè æstimari hæc debent ? Sic et in proposito ait, posse condici, quanti operas essem conducturus. Sed, si delegatus sit à patrono officiales operas, apud Marcellum lib. xx. Digestorum quæritur? Et dicit Marcellus, non (4) teneri eum : nisi fortè in artificio sint; hæ enìm, jubente patrono, et alii edendæ sunt (5). Sed si

---

(1) L. 25. infr. de præscr. verb.
(2) Adde l. 1. infr. de solution.
(3) L. 13. iu pr. supr. l. 65. §. 5. infr. h. t.
(4) V. l. 9. §. 1. in pr. infr. de oper. libert.
(5) D. l. 9. in fin.

Des services des affranchis.

§. 12. Julien écrit, au livre **x.** du Digeste, que si un affranchi, croyant devoir *des services* à son patron, les lui a payés, il ne peut pas (1) les redemander à son patron, quoiqu'il ne les eût payés que parce qu'il s'y croyait obligé. La raison est qu'un affranchi est naturellement obligé envers son patron à lui fournir des services ; mais s'il n'a pas fourni ses services à son patron, et que celui-ci exigeât de lui quelques travaux, et que, pour s'en affranchir, il lui ait payé une somme d'argent, il ne pourra pas la redemander. S'il a fourni à son patron *des travaux non domestiques*, mais des ouvrages provenant de son industrie, comme si, par exemple, il lui a fait des peintures, ou toute autre chose semblable, croyant y être obligé, nous avons à examiner s'il peut les redemander. Celse, au liv. **vi.** du Digeste, pense que les services que les affranchis doivent à leurs patrons, sont de nature à n'être pas toujours les mêmes, et que les services de l'un ne sont pas ceux de l'autre ; car souvent la force du corps (2), l'âge et les circonstances changent la cause et la nature de ces services. Il en est même qu'un affranchi ne pourrait pas rendre malgré toute sa bonne volonté. Mais ces services sont susceptibles d'être estimés ; et quelquefois, dit-il, nous donnons une chose indue, et nous en redemandons une autre ; par exemple, je vous ai donné un fonds de terre que je ne vous devais pas, et je vous en redemande (3) les fruits que vous avez perçus ; ou je vous ai livré un esclave que je ne vous devais pas, et vous l'avez vendu sans mauvaise foi de votre part, à vil prix ; dans ce cas vous ne serez tenu qu'à me rendre le prix que vous en aurez reçu ; ou j'ai reçu un esclave que l'on ne me devait pas, et que j'ai rendu beaucoup plus précieux par les talens que je lui ai donnés, tout cela doit être estimé. De même dans l'espèce proposée il dit que l'affranchi peut redemander à son patron, pour les ouvrages qu'il lui a faits, ce que celui-ci aurait donné à tout autre ouvrier pour son salaire. Mais si l'affranchi avait été chargé par son patron, de fournir ses services à un autre, Marcellus, au liv. **xxi.** du Digeste, demande ce qu'il faudrait décider dans ce cas. Et il répond que l'affranchi n'est pas tenu de fournir ses services à un autre (4) à moins qu'ils ne consistent dans quelques ouvrages ; car alors c'est son patron qui les lui commande (5).

solverit officiales delegatus, non potest condicere,
nequè ei, cui solvit, creditori, cui alteriûs contemplatione solutum est, quiquè suum recipit;
nequè patrono, quià naturâ ei debentur.

De obligatione alternatâ.

§. 13. *Si decem aut Stychum* stipulatus,
solvam quinquè : quæritur, an possim condicere?
Quæstio ex hoc descendit, an liberer in quinquè :
nàm, si liberor (1), cessat condictio; si non liberor, erit condictio? Placuit autèm, (ut Celsus
lib. VI. et Marcellus lib. XX. Digestorum scripsit), non perimi partem dimidiam obligationis.
Ideoquè eum, qui quinquè solvit, in (2) pendenti
habendum, an liberaretur, petiquè ab eo posse
reliqua quinquè, aut Stychum : et, si præstiterit residua quinquè, videri eum et in priora
debita solvisse; si autèm Stychum præstitisset,
quinquè eum posse condicere, quasi indebita.
Sic posterior solutio comprobabit, priora quinquè
utrùm debita, an indebita solverentur. Sed et si
post soluta quinquè, et Stychus solvatur, et malim
ego habere quinquè, et Stychum reddere, an
sim audiendus, quærit Celsus? Et putat, natam
esse quinquè condictionem : quamvis utroquè
simùl soluto, mihi (3) retinendi, quod vellem,
arbitrium daretur.

§. 14. Idem ait, et si duo heredes sint stipulatoris, non sic posse, alteri quinquè solutis,
alteri partem Stychi solvi. Idem et si duo sint
promissoris heredes. Secundùm quæ liberatio non

____

(1) V. l. 34. in fin. infr. de solution.
(2) L. 2. §. 1. infr. de verb. oblig.

Mais s'il avait fourni ses services à un autre par l'ordre de son patron, il ne pourrait pas les redemander ni à celui à qui il les aurait fournis; (car ils ne l'ont été qu'en considération d'un autre; et d'ailleurs, c'est un créancier qui reçoit ce qui lui est dû) ni à son patron, parce qu'il est naturellement obligé à lui rendre des services.

De l'obligation alternative.

§. 13. Si vous ayant promis dix ou mon esclave Stychus, je vous ai payé cinq, puis-je les redemander? La décision de cette hypothèse dépend de la question de savoir si ce paiement de cinq me libère d'autant; car (1) si je suis libéré, je ne puis les redemander; si je ne suis pas libéré, je le puis. Il a été décidé, comme Celse l'a écrit au liv. VI. et Marcellus au liv. XX. du Digeste, que l'obligation n'est pas éteinte pour moitié. En conséquence, la libération de celui qui a payé, est en suspens (2), et on peut lui redemander les cinq qui restent, ou l'esclave Stychus; et s'il paie les cinq qui restent dus, il est censé les avoir payés pour compléter la somme de dix qu'il devait. Si au contraire, il donne l'esclave, il peut redemander les cinq qu'il a donnés, comme les ayant induement payés: ainsi le paiement qu'il fera par la suite, prouvera s'il devait, ou ne devait pas les cinq qu'il a payés d'abord. Mais Celse demande si après que les cinq auraient été payés, et que l'esclave aurait été livré, je préférais avoir les cinq, et rendre l'esclave, je serais écouté dans le cas où je voudrais en former la demande; et il pense que le débiteur a l'action pour répéter les cinq qui ont été payés, quoique si l'une et l'autre chose m'eût été payée en même tems, j'eusse (3) eu la liberté de retenir et conserver celle qui m'aurait convenu.

§. 14. Le même jurisconsulte dit que si celui au profit de qui l'obligation dont on vient de parler avait été souscrite, avait laissé deux héritiers, le débiteur ne pouvait pas payer à l'un cinq, et donner à l'autre une partie de l'esclave. Il en serait de même si le débiteur, en mourant, avait laissé deux héritiers. D'après ce qui vient d'être dit,

---

(3) Hoc mutatam l. 10. C. h. t.

contingit, nisi aut utriquè quina, aut utriquè partes Stychi fuerunt solutæ.

27. PAULUS, *lib.* 28. *ad edictum.*

Ubivis condicitur.

Qui loco certo debere existimans indebitum solvit, quolibèt loco repetet : non enim existimationem solventis eadem species repititionis sequitur.

28. IDEM, *lib.* 32. *ad edictum.*

Si debitor absolutus solverit.

Judex si malè absolvit, et absolutus suâ sponte solverit, repetere non (1) potest.

29. ULPIANUS, *lib.* 2. *disputationum.*

De pupilli, furioso, prodigo.

Interdùm persona locum facit repetitioni : ut putà, si pupillus (2) sinè tutoris auctoritate, vel furiosus, vel is, cui bonis interdictum est, solverit. Nàm in his personis generalitèr repetitioni locum esse non ambigitur. Et, si quidèm exstant nummi, vindicabuntur : consumptis verò, condictio locum habebit.

30. IDEM, *lib.* 10. *disputationum.*

De eo qui creditor et debitor est.

Qui invicèm creditor, idemquè debitor est, in

---

(1) L. 60, in pr. infr. eod.

la libération du débiteur ne pourra donc s'effectuer qu'autant qu'il donnera à l'un et l'autre héritier cinq, ou la moitié de la propriété de l'esclave.

27. PAUL, *liv*. 28. *sur l'édit.*

De la répétition qui peut se faire par-tout où l'on voudra.

Celui qui a induement payé une chose qu'il croyait devoir payer dans un lieu déterminé, peut la redemander par-tout ; car l'action en vertu de laquelle on redemande la chose induement payée, ne suit pas l'opinion de celui qui a payé.

28. LE MÊME, *liv*. 32. *sur l'édit.*

Si le débiteur qui a été absous a payé.

Si un juge absout injustement une partie, et que celle-ci paie, malgré cela, de sa propre volonté, elle ne pourra pas répéter ce qu'elle (1) aura payé.

29. ULPIEN, *liv*. 2. *des disputes.*

Du pupille, du furieux, du prodigue.

Il est des cas où l'action en répétition d'une chose induement payée, est relative à la personne ; par exemple, si un pupille, ou un furieux, ou celui qui est dans les liens de l'interdiction, a payé sans l'autorité de son tuteur ; car il est hors de doute que, généralement parlant, la répétition a lieu à l'égard de ces personnes. Si la somme payée existe entre les mains de celui qui l'a reçue, elle pourra être revendiquée. Si au contraire, elle a été employée, il y aura lieu à la répétition.

30. LE MEME, *liv*. 10. *des disputes.*

De celui qui est tout à la fois débiteur et créancier.

Celui qui est tout-à-la-fois créancier et débiteur, dans

---

(2) L. 14. S. fin. infr. de solution. §. fin. Inst. quib. alienare.

(his) casibus, in quibus compensatio locum non habet, si solvit, non habet condictionem, veluti indebiti soluti; sed sui crediti petitionem.

31. IDEM, *lib.* 1. *opinionum.*

De indebito promisso.

Is, qui plùs, quàm hereditaria portio efficit, per errorem creditori caverit, indebiti promissi habet condictionem.

32. JULIANUS, *lib.* 10. *Digestorum.*

De obligatione alternatâ.

Cùm is, qui *Pamphilum aut Stychum* debet, simùl utrumquè solverit, si posteaquàm utrumquè solverit, aut uterquè, aut alter ex his desiit in rerum naturâ esse, nihil repetet : id enìm remanebit in soluto, quod superest.

De fidejussore.

§. 1. Fidejussor cùm paciscitur, *ne ab eo pecunia petatur*, et per imprudentiam solverit, condicere stipulatori poterit : et ideò reus quidèm manet obligatus, ipse autèm suâ exceptione tutus est. Nihil autèm interest, fidejussor, an heres ejus solvat. Quod si huic fidejussori reus heres extiterit et solverit, nec repetet, et liberabitur.

De eo quod mulier dedit nomine dotis.

§. 2. Mulier, si eâ opinione sit, ut credat se pro dote obligatam, quicquid dotis nomine de-

ces cas où la compensation ne peut pas avoir lieu, ne pourra pas, s'il a payé, redemander ce qu'il aura payé, comme ayant induement payé; mais il aura une action pour demander son dû.

31. LE MÊME, *liv.* 1. *des opinions.*

De ce qui a été induement promis.

Celui qui, par erreur, s'est obligé envers un créancier d'une succession, à une somme plus considérable que sa portion héréditaire, jouira du bénéfice de l'action que nous traitons.

32. JULIEN, *liv.* 10. *du Digeste.*

De l'obligation alternative.

Celui qui devant l'esclave Pamphile ou Stychus, les a donnés tous deux; si par la suite tous deux, ou l'un d'eux vient à mourir, il ne pourra rien redemander; car celui qui reste, sera réputé être l'acquitement de l'obligation.

Du répondant.

§. 1. Le répondant qui est convenu avec le créancier, que *celui-ci n'exigera pas de lui la somme qu'il a cautionnée,* s'il a payé, malgré cette convention, pourra former l'action contre lui, à l'effet de lui redemander ce qu'il aura payé, et alors le principal débiteur reste toujours obligé, et le répondant se trouve à l'abri de toute poursuite, à la faveur de l'exception tirée de sa convention; car il importe peu dans ce cas, que ce soit le répondant lui-même ou son héritier qui ait payé. Si le principal obligé, devenu l'héritier du répondant, a payé, il ne pourra rien redemander, mais il sera libéré.

De ce que la femme a donné pour sa dot.

§. 2. Une femme n'a pas le droit de redemander tout ce qu'elle a donné pour tenir lieu de dot, si elle s'est

derit, non petit : sublatâ enim falsâ opinione, relinquitur pietatis causa (1) ex quâ solutum repeti non potest.

De obligatione generis.

§. 3. Qui *hominem generalitèr* (2) promisit, similis est ei, qui *hominem aut decem* debet. Et ideò, si, cùm existimaret se Stychum promisisse, eum dederit, condicet : alium autèm quemlibet (3) dando, liberari poterit.

33. IDEM, *lib.* 39. *Digestorum.*

Si quis in alieno solo ædificaverit aut insulam alienam fulserit.

Si in areà tuâ ædificassem, et tu ædes possideres, condictio locum non habebit : quià nullum negotium intèr nos contraheretur; nàm is, qui non debitam pecuniam solverit, hoc ipso aliquid negotii gerit : cùm autèm ædificium in areâ sub ab alio positum dominus occupat, nullum negotium contrahit. Sed (et) si is, qui in alienâ areâ ædificasset, ipse possessionem tradidisset, condictionem non (4) habebit : quià nihil accipientis faceret, sed suam rem dominus habere incipiat. Et ideò constat, si quis, cùm existimaret se heredem esse, insulam hereditariam fulsisset, nullo alio modo, quàm per retentionem impensas servare posse.

---

(1) L. 14. §. 7. supr. de religios.
(2) L. 2. §. 1. infr. de verbor. oblig.
(3) L. 32. infr. mandati.

cru obligée à doter sa fille, parce qu'en rejetant l'erreur dans laquelle elle a été, il reste toujours une cause fondée (1) sur la tendresse maternelle, qui ne permet pas que l'on redemande (2) ce qui a été donné en cette considération.

De l'obligation qui est relative à une chose de la même espèce.

§. 3. Celui qui, en général, *a promis de fournir un esclave*, est semblable à celui qui doit un esclave ou un somme de dix; par conséquent, si croyant avoir promis Stychus, plutôt que tout autre, il l'a donné, il pourra le redemander, et en en fournissant un autre (3), il se libérera.

33. LE MÊME, *liv.* 30 *du Digeste.*

Si quelqu'un a bâti sur le terrein d'autrui, ou a étayé la maison d'autrui.

Si j'avais bâti sur votre fonds, et que vous possédiez l'édifice, je ne puis pas vous redemander les dépenses que j'ai faites, parce que, dans ce cas, il n'y a eu aucune convention entre vous et moi; car celui qui a payé une somme qui n'était pas due, est censé, par cela même, faire une convention avec celui à qui il l'a payée; mais lorsque le maître d'un terrein, possède un bâtiment construit sur ce même terrein par un autre, il ne peut être réputé avoir contracté en aucune manière avec lui; et même celui qui aurait bâti sur le terrein d'autrui, eût-il lui-même livré la possession du bâtiment au propriétaire du terrein, il n'aurait pas l'action pour lui redemander les dépenses qu'il aurait faites (4), parce qu'en lui transmettant ce bâtiment, il ne lui donne rien, mais il lui rend simplement ce qui lui appartient : par conséquent, il est constant que celui qui, se croyant héritier, a fait réparer une maison dépendante de la succession, ne peut se recouvrer de ses dépenses autrement qu'en retenant la maison.

---

(4) Immò vide l. 40. §. 1. in fin. infr. h. t.

34. IDEM , *lib.* 40. *Digestorum.*

De condictione fideicomissi.

Is, cui hereditas tota per fideicommissum relicta est, et prætereà fundus, *si decem dedisset
heredi*, et heres suspectam hereditatem dixerit,
et eam ex Trebelliano restituerit, causam dandæ
pecuniæ non habet : et ideò, quod eo nomine,
quasi implendæ conditionis gratiâ, dederit, condictione repetet.

35. IDEM, *lib.* 45. *Digestorum.*

De soluto ob rem non defensam.

Qui ob rem non defensam (1) solvit, quamvis
posteà defendere paratus est, non repetet , quod
solverit.

36. PAULUS, *lib.* 5. *epitomarum Alfeni Diges-*
torum.

*Si servus qui rem commodavit creditori , cui commodata-
rius eam rem pignoraverit , pecuniam dederit.*

Servus cujusdam, insciente domino , magidèm
commodavit ; is, cui commodaverat, pignori eam
posuit, et fugit ; qui accepit, non aliter se red-
diturum ajebat, quàm si pecuniam accepisset ;
accepit à servulo, et reddidit magidèm : *quæsitum* est, an pecunia ab eo repeti possit ? *Respondit*, si is, qui pignori accepisset magidèm,
alienam scit apud se pignori deponi, furti eum
se obligasse : ideoquè, si pecuniam à servulo

____

(1) Adde l. 14. infr. judicatum solvit.

34. LE MÊME, *liv.* 40. *du Digeste.*

De la répétition à laquelle le fidéicommis donne lieu.

Celui à qui une succession a été laissée en entier par fidéicommis, et à qui il a été légué en outre, par testament, une terre, sous la condition *de donner une somme à son héritier*, n'est pas obligé de donner à l'héritier la somme sous le paiement de laquelle la terre lui a été léguée, si l'héritier trouvant la succession onéreuse, la lui a rendue d'après les dispositions du sénatusconsulte Trébellien ; et s'il la lui avait donnée pour remplir la condition qui lui avait été imposée, il pourrait la lui redemander.

35. LE MÊME, *liv.* 45. *du Digeste.*

De ce qui a été payé pour une chose qui n'a pas été défendue.

Celui qui, au lieu de défendre en justice une chose contestée, a mieux aimé (1) payer, ne peut plus répéter ce qu'il a donné, si par la suite il était disposé à défendre.

36. PAUL, *liv.* 5. *de l'abrégé du Digeste d'Alfenus.*

Si un esclave a payé celui qui a prêté sur une chose qui lui a été donnée en gage par la personne à qui l'esclave l'a donnée à titre de prêt.

Un esclave a prêté à l'insu de son maître un plat qui lui appartenait : celui à qui il a été prêté, l'a mis en gage, et a pris la fuite : le créancier disait qu'il ne rendrait le plat, qu'autant qu'on lui rendrait l'argent qu'il avait prêté ; l'esclave le lui a rendu, et en conséquence il a remis le plat. On a agité la question de savoir si on pouvait redemander au créancier l'argent qu'il avait reçu de l'esclave ? J'ai répondu : si celui qui avait reçu le plat engagé, a su qu'on avait mis en gage un plat qui appartenait à tout autre que celui qui le lui déposait, c'est-à-dire, un plat volé, il est devenu le complice du voleur ; par conséquent, on pourra lui redemander l'argent qu'il aura reçu de l'esclave qui, en lui donnant cet argent, voulait qu'on ne l'accusât pas de vol. Si au contraire, il ne savait pas que le plat déposé

accepisset redimendi furti causâ , posse repeti. Sed
si nescisset alienam apud se deponi , non esse
furem. Itèm si pecunia ejus nomine , à quo pignus
acceperat , à servo ei soluta esset , non posse ab
eo repeti.

3. JULIANUS, *lib.* 3. *ad Ursejum Ferocem.*

De eo qui servum suum emit.

Servum meum insciens à te emi (1) pecuniam-
què tibi solvi. Eam me à te repetiturum, et eo
nomine, condictionem mihi esse, omnimodò puto:
sivè scisses meum esse, sivè ignorasses.

38. AFFRICANUS, *lib.* 9. *questionum.*

De eo quod frater fratri,

Frater à fratre, cùm in ejusdem potestate essent,
pecuniam mutuatus , post mortem patris ei solvit.
Quæsitum est an repetere possit? Respondit ,
utiquè quidèm pro eâ parte, quâ ipse patri heres
extitisset, repetiturum : pro eâ vero, quâ frater
heres extiterit, ità repetiturum, si non minùs
ex peculio suo ad fratrem pervenisset; naturalem
enim obligationem, quæ fuisset, hoc ipso su-
blatam videri , quòd peculii partem frater consecutus sit, adeò ut, si prælegatum (2) filio, eidemquè
debitori (id) fuisset, deductio hujus debiti à fratre
ex eo fieret. Idquè maximè consequens esse ei
sententiæ, quam Julianus probaret : si extraneo
quid debuisset, et ab eo post mortem patris exactum esset, tantùm judicio eum familiæ (3)
erciscundæ recuperaturum à coheredibus fuisse,

<hr>

(1) L. 16. in pr. l. 34. §. 4. infr. de contrah. empt.
(2) L. 12. C. de collation.
(3) L. 13. C. famil. ercisc.

en gage, eût été volé, il ne sera pas regardé comme un
voleur. De même, si l'esclave lui a payé la somme au nom
de celui de qui il avait reçu le gage, on ne pourra pas la
lui redemander.

37. JULIEN, *liv.* 3. *sur Ursejus Ferox.*

De celui qui a acheté son propre esclave.

J'ai acheté de vous un esclave que j'ignorais (1) m'appartenir, et je vous en ai payé le prix. Je pense que j'aurai
action contre vous pour vous redemander le prix que je
vous en ai donné, soit que vous sussiez, ou que vous
ignorassiez qu'il fût à moi.

38. AFRICANUS, *liv.* 9. *des questions.*

De ce que le frère doit naturellement à son frère,

Un frère avait emprunté de son frère une somme, et à l'époque
où cet emprunt eut lieu, tous deux étaient sous la puissance
paternelle. Après la mort du père, le frère qui avait emprunté, remboursa son frère. On a demandé s'il pouvait
redemander ce qu'il avait payé a son frère. J'ai répondu qu'il
pouvait se faire rendre moitié de cette somme par son frère,
parce que l'autre moitié lui appartenait comme héritier de son
père ; quant à l'autre moitié qui a été due à son frère comme
héritier du père commun, il pourra encore la lui redemander,
si le frère a touché au moins cette moitié de sa créance dans
le pécule du frère débiteur, parce que l'obligation naturelle en vertu de laquelle le frère était obligé envers son
frère, parait éteinte par cela même que le frère a acquis
une partie du pécule qui devait payer cette dette, en sorte
que si le pécule du frère eût été légué par préciput à ce
même frère débiteur, la déduction de ce qui est dû au
frère créancier, serait faite par lui sur ce pécule. Cette
opinion est une suite nécessaire de celle de Julien ; car si
ce frère, dit-il, au lieu de devoir cette somme à son frère,
l'eût due à un étranger, et qu'après la mort du père, le
créancier eût exigé sa dette, le frère, lors du partage des
biens de famille (3) aurait pu reprendre sur ses cohéritiers

quantùm ab his creditor actione de peculio consequi potuisset. Igitùr, (et) si re integrâ familiæ
erciscundæ agatur, itâ peculium dividi æquum
esse, ut ad quantitatem ejus indemnis à coherede
præstetur. Porrò eum, quem adversùs extraneum
defendi oportet, longè magis in eo, quod fratri
debuisset, indemnem (esse) præstandum.

Vel filius patris,

§. 1. *Quæsitum* est, si pater filio crediderit,
isquè emancipatus solvat, an repetere possit?
Respondit, si nihil ex peculio apud patrem remanserit; non repetiturum : nàm manere naturalem
obligationem, argumento esse, quod extraneo
agente intrà annum de peculio, deduceret pater,
quod sibi filius debuisset.

Vel pater filio naturalitèr debet.

§. 2. Contrà si pater, quod filio debuisset,
eidem emancipato solverit, non repetet : nàm hic
quoquè manere naturalem obligationem, eodem
argumento probatur : quòd si extraneus intrà
annum de peculio agat, etiàm quod pater ei debuisset, computetur. Eademquè erunt, et si extraneus
heres exheredato filio solverit id, quod ei pater
debuisset.

De fidejussore.

§. 3. Legati satis accepi, et cùm fidejussor

ce que le créancier lui-même aurait pu exiger d'eux par l'action qu'il a sur le pécule, auquel ils ont tous des droits. Donc que si on procédait au partage, les choses étant encore entières, c'est-à-dire, avant que le frère eut satisfait son créancier, il serait juste que le pécule se partageât entre tous les cohéritiers, de manière cependant que la portion qui reviendrait au frère débiteur, lui fût livrée libre et exempte de la dette dont le pécule est grevé au profit du créancier. Au reste, puisque le frère, dans ce cas, serait obligé de défendre son frère contre un créancier étranger, il doit à plus forte raison le libérer vis-à-vis de lui, s'il est son créancier.

Ou le fils à son père,

§. 1. On a demandé si, dans le cas où le père aurait prêté une somme à son fils, et que celui-ci eût payé son père après avoir été émancipé, le fils pourrait redemander la somme qu'il aurait payée à son père, comme la lui ayant induement payée. J'ai répondu que si le père ne retrouvait pas dans le pécule de son fils de quoi se remplir de cette somme, le fils ne pouvait pas la redemander ; car la preuve que l'obligation naturelle du fils envers son père subsiste toujours, même après l'émancipation, c'est que si un créancier étranger actionnait le père dans l'année, pour être payé de sa dette sur le pécule du fils, le père pourrait retenir sur le pécule ce qui lui serait dû par son fils.

Ou le père à son fils.

§. 2. Au contraire, si le père eût payé à son fils qu'il aurait émancipé, ce qu'il lui devait, il ne pourra pas le redemander ; car on peut prouver ici, par le même argument, que l'obligation naturelle subsiste encore après l'émancipation, puisque si un créancier étranger du fils actionnait le père dans l'année, pour être payé de sa dette sur le pécule du fils, on ferait entrer dans le pécule ce qui serait dû par le père au fils. Il en sera de même, si un héritier étranger, le fils ayant été exhérédé par le père, eût payé au fils exhérédé ce que son père lui devait.

Du répondant.

§. 3. On m'a donné un répondant pour sûreté d'un legs qui m'a été fait. Ensuite après que le répondant m'a eu

mihi solvisset, apparuit indebitum fuisse legatum : posse eum repetere existimavit.

39. MARCIANUS, *lib. 8. institutionum.*

De cautione amissâ.

Si quis, cùm à fideicommissario sibi cavere poterat, non caverit, quasi indebitum (1) plùs debito eum solutum repetere posse, Divi Severus et Antoninus rescripserunt.

40. IDEM, *lib. 3. regularum.*

De exceptione perpetuâ.

Qui exceptionem perpetuam habet, solutum per errorem repetere potest (2). Sed hoc non est perpetuum, nàm si quidèm ejus causâ exceptio datur, cum quo agitur, solutum repetere potest; ut accidit in senatusconsulto de intercessionibus : ubì verò in odium ejus, cui debetur, exceptio datur, perperàm solutum non repetitur (3) ; velutì si filius familiâs contrà Macedonianum mutuam pecuniam acceperit, et pater familiâs factus solverit, non repetit.

De impensis deducendis.

§. 1. Si pars domûs, quæ in diem per fideicommissum relictum est, arserit antè diem fideicommissi cedentem, et eam heres sua impensa refecerit, deducendam esse impensam ex fideicommisso, constat : et si sinè deductione domum

***

(1) L. 3. §. 5. et ult. infr. si cui plus, quam per leg. Falcid.

payé mon legs ; on a découvert que le legs ne m'était pas
dû : je pense qu'il est en droit de me redemander ce qu'il
m'a induement payé.

39. MARCIEN, *liv. 8. des institutes.*

De la caution omise.

Les empereurs Sévère et Antonin ont répondu dans un
rescrit, que lorsqu'un héritier qui a remis une succession
à un fidéicommissaire, a omis d'en exiger la caution qu'il pouvait lui demander, il pourra, s'il lui a payé plus qu'il ne
devait le faire (1), lui redemander cet excédent, comme
n'étant pas dû.

40. LE MÊME, *liv. 3. des règles.*

De l'exception perpétuelle.

*Celui qui a une exception perpétuelle, peut répéter ce
qu'il a payé par erreur* (2) : mais cela n'est pas toujours vrai ;
car si cette exception a été accordée en faveur du débiteur,
il pourra redemander ce qu'il aura payé, comme cela arrive
dans les cas prévus par le sénatusconsulte rendu à l'occasion
des interventions des femmes qui se sont obligées pour
autrui. Mais lorsque l'exception est accordée en haine du
créancier, le débiteur ne pourra pas redemander ce qu'il
aura payé trop (3) légèrement : comme si, par exemple,
un fils de famille a emprunté contre le vœu du sénatusconsulte Macédonien, et que, devenu père de famille, il
ait payé, il ne pourra pas redemander ce qu'il a payé,
comme l'ayant été induement.

Des dépenses qui doivent être déduites.

§. 1. Si une portion d'une maison laissée à quelqu'un
par fidéicommis, vient à être brûlée avant le tems où la
remise devait lui en être faite, et que l'héritier l'ait fait
rétablir à ses dépens, il pourra déduire sur le fidéicommis
tout ce qu'il aura dépensé à cette occasion; et s'il a livré

---

(1) L. 26. §. 3. supr. l. 54. infr. h. t. l. 54. §. fin. infr. de solution.
(2) L. 19. in pr. supr. h. t. l. 9. §. pen. et ult. infr. de SC. Macedon.

tradiderit, posse incerti condici (1), quasi plús debito dederit.

De operis liberti.

§. 2. Si pactus fuerit patronus cum liberto, *ne operæ ab eo petantur*, quidquid posteà solutum (2) fuerit à liberto, repeti potest (3).

41. NERATIUS, *lib. 6. membranarum.*

De pupilli.

Quod pupillus sinè tutoris auctoritate stipulanti promiserit, solverit, repetitio est : quià (4) nec naturâ debet (5).

42. ULPIANUS, *lib. 68. ad edictum.*

De pœnis.

Pœnæ non solent repeti, cùm depensæ sunt (6).

43. PAULUS, *lib. 3. ad Plautium.*

De exceptione jurisjurandi.

Si quis jurasset *se dare non oportere*, ab omni contentione discedetur : atquè ità solutam pecuniam repeti posse dicendum est.

44. IDEM, *lib. 14. ad Plautium.*

De eo qui suum recepit.

Repetitio nulla est ab eo, qui suum (7) recepit, tametsi ab alio (8) quàm vero debitore, solutum est.

---

(1) L. 21. infr. ad SC. Trebell. immò vide l. 55. supr. h. t.
(2) L. 5. in fin. C. de pact.
(3) L. 52. §. 1. supr. h. t.
(4) L. 1. §. 2. infr. de constit. pecun. l. 59. infr. de obligat. et act.
(5) Obst. l. 21. in pr. infr. ad leg. Falcid.

la maison sans faire cette déduction (1), il aura action pour les redemander, comme ayant donné plus qu'il ne devait.

Des services d'un affranchi.

§. 2. Si un patron était convenu avec son affranchi, *de n'exiger aucun service de ce dernier,* celui-ci pourra répéter le salaire de ceux qu'il aura fournis (2) depuis cette convention (3).

41. NÉRATIUS, *liv. 6. des feuilles.*

Du pupille.

Le pupille qui a payé ce qu'il avait promis sans l'autorité de son tuteur, peut le redemander comme indû, parce qu'il (4) n'y a pas même une obligation naturelle (5).

42. ULPIEN, *liv. 68. sur l'édit.*

Des peines.

Ce que l'on a payé à titre de peine, ne peut être remandé (6).

43. PAUL, *liv. 3. sur Plautius.*

De l'exception tirée du serment.

Si on avait affirmé ne rien *devoir,* toute contestation serait terminée : ainsi, si on avait payé après cette affirmation, on aurait action pour le redemander.

44. LE MEME, *liv. 14. sur Plautius.*

De celui qui a reçu ce qui lui appartient.

On ne peut redemander ce que l'on a payé à celui qui n'a reçu (7) que le sien, quoique ce soit un autre (8) que son débiteur qui le lui ait payé.

---

(6) L. 22. in pr. infr. de pignorat. act. l. 46. infr. de reg. jur.
(7) L. 21. in pr. infr. de donat. l. 5. §. 5. infr. de doli mali et met. except. l. 1. §. 10. infr. quar. rer. actio.
(8) Obst. l. 19 §. 1. supr. h. t.

45. Javolenus, *lib. 2. ex Plautio.*

De eo quod debetur venditori hereditatis.

Si is, qui hereditatem vendidit, et emptori tradidit, id, quod sibi mortuus debuerat, non retinuit, repetere poterit (1) : quià plùs debito solutum per condictionem rectè recipietur.

46. Idem, *lib. 4. ex Plautio.*

De eo qui legata solvit nomine heredis.

Qui heredis nomine legata non debita ex nummis ipsiûs heredis solvit, ipse quidèm repetere non potest, sed si ignorante herede nummos ejus tradidit , dominus (ait) eos rectè vindicabit. Eadem causa rerum corporalium est.

47. Celsus , *lib. 6. Digestorum.*

Si fidejussor indebitum solverit.

Indebitam pecuniam per errorem promisisti : eam, qui pro te fidejusserat, solvit : ego existimo, si nomine tuo solverit fidejussor, te fidejussori, stipulatorem tibi obligatum fore. Nec exspectandum est, ut ratum habeas : quoniàm potes videri id ipsum mandasse, ut tuo nomine solveretur. Sin autèm fidejussor suo nomine solverit quod non debebat, ipsum à stipulatore repetere posse : quoniàm indebitam jure gentium pecuniam solvit. Quo minùs autèm consequi poterit ab eo, cui solvit, à te mandati judicio consecuturum; si modò, per ignorantiam, petentem exceptione non summoverit.

---

(1) L. 2. §. pen. et ult. infr. de hered, vel act, vend.

45. JAVOLENUS, *liv.* 2. *sur Plautius.*

De ce qui est dû à celui qui a vendu ses droits successifs.

Celui qui, ayant vendu et livré une succession à laquelle il avait droit, n'a pas retenu ce que lui devait le défunt, peut le redemander (1), parce que l'on a une action pour redemander ce que l'on a payé au-dessus de ce que l'on devait.

46. LE MÊME, *liv.* 4. *sur Plautius.*

De celui qui a payé les legs au nom de l'héritier.

Celui qui, au nom de l'héritier, a payé des legs qui n'étaient pas dus, ne peut lui-même les redemander ; mais s'il a payé des deniers de l'héritier, sans que celui-ci en fût informé, l'héritier, dit-il, qui toujours en est resté propriétaire, pourra les revendiquer; il en est de même des choses corporelles.

47. CELSE, *liv.* 6. *du Digeste.*

Si le répondant a payé ce qui n'était pas dû.

Vous avez promis par erreur une somme que vous ne deviez pas ; celui qui vous a servi de caution, l'a payée. Je pense que si votre caution a payé en votre nom, vous êtes obligé envers elle, et qu'il n'est pas nécessaire que l'on attende votre ratification, parce que vous pouvez être censé l'avoir chargé de payer à votre acquit. Si au contraire, votre caution a payé en son propre nom ce qu'elle ne devait pas, elle aura elle-même action contre vous, parce que, suivant le droit des gens, votre caution a payé ce qu'elle ne devait pas; et ce qu'il ne pourra pas retirer en moins de celui à qui il aura payé, il le reprendra sur vous, en vertu de l'action du mandat, pourvu que ce soit par ignorance qu'il n'ait pas opposé au demandeur l'exception tirée de ce que le principal obligé ne lui devait rien.

48. Idem, *lib. 6. Digestorum.*

De eo quod conditione, vel sub die incerto debetur.

Qui promisit, *si aliquid à se factum sit*, vel, *cùm aliquid factum sit*, *dare se decem*, si priùs (1), quàm id factum fuerit, quod promisit, dederit, non videbitur fecisse, quod promisit: atquè ideò repetere potest.

49. Modestinus, *lib. 3. regularum.*

Quibus condicitur.

His solis pecunia condicitur, quibus quoquo modo soluta est : non quibus proficit.

50. Pomponius, *lib. 5. ad Quintum Mucium.*

De eo qui sciens solvit.

Quod quis sciens (2) indebitum dedit hâc mente (3) ut posteà repeteret , repetere non potest.

51. Idem, *lib. 15. ad Quintum Mucium.*

De his quæ retineri non peti possunt.

Ex quibus causis retentionem quidèm habemus, petitionem autèm non habemus, ea, si solverimus, repetere non possumus.

---

(1) L. 38. §. 16. infr. de verb. oblig.
(2) L. 9. in pr. C. h. t.

48. LE MÊME, *liv.* 6. *du Digeste.*

De ce qui est dû sous condition, ou à une certaine époque.

Celui qui s'est obligé à donner dix, *s'il faisait telle chose*, ou *lorsqu'il aurait fait telle chose*, s'il les donne avant d'avoir fait (1) la chose sous l'obligation de laquelle il s'était engagé, n'est pas censé avoir fait ce qu'il a promis : par conséquent, il peut la redemander.

49. MODESTINUS, *liv.* 3. *des règles.*

A quelles personnes on doit redemander ce qui a été induement payé.

On ne peut redemander les sommes induement payées, qu'à ceux à qui elles l'ont été réellement, de quelque manière qu'elles l'aient été, et non à ceux qui en ont profité.

50. POMPONIUS, *liv.* 5. *sur Quintus Mucius.*

De celui qui a payé avec connaissance qu'il n'était rien dû.

Celui qui a pleinement (2) payé ce qu'il ne devait pas (3), dans l'intention de pouvoir le redemander par la suite, n'a pas le droit de le faire.

51. LE MÊME, *liv.* 6. *sur Quintus Mucius.*

Des choses qui ne peuvent être demandées, mais que l'on peut retenir.

Les causes pour lesquelles nous avons droit de retenir une chose par nos mains, sans avoir celui de l'exiger, ne peuvent pas nous autoriser à la redemander, une fois que nous l'avons donnée.

---

(3) Fae. l. 7. C. de condict. ob caus.

52. Idem, *lib.* 27. *ad Quintum Mucium.*

Quid intersit inter datum ob causam, et datum ob rem.

Damus aut ob causam, aut ob rem. Ob causam, præteritam : velutì cùm ideò do, *quod* (1) *aliquid à te consecutus sum*, vel *quià aliquid à te factum est :* ut etiàm si falsa causa sit, repetitio ejus pecuniæ non sit. Ob rem verò datur, *ut aliquid sequatur :* quo non sequente (2), repetitio competit.

53. Proculus, *lib.* 7. *epistolarum.*

De conditione libertatis legatæ.

Dominus testamento servo suo libertatem dedit, *si decem det :* servo ignorante id testamentum non valere, data sunt mihi decem : quæritur, quis repetere potest ? Proculus respondit : si servus peculiares nummos dedit, cùm ei à domino id permissum non esset, manent nummi domini, eosque non per condictionem, sed in rem actione petere debet. Si autèm alius rogatu servi suos nummos dedit, facti sunt mei, eosque dominus servi, cujus nomine dati sunt, per condictionem petere potest. Sed tàm benignius, quàm utilius est, recta via ipsum, qui nummos dedit, suum recipere.

---

(1) L. 65. §. 2. infr. h. t.
(2) L. 1. §. 1. supr. de condict. ob turp. caus.

52. LE MÊME, *liv.* 27. *sur Quintus Mucius.*

*De la différence qu'il y a entre donner pour une cause,
et donner pour une chose.*

Nous donnons, ou pour une cause, ou pour une chose.
Pour une cause passée, par exemple, *lorsque je donne* (1)
à cause de ce que j'ai reçu quelque chose de vous, ou
parce que vous avez fait quelque chose pour moi; en
sorte que si la cause se trouve fausse, il n'y a pas lieu à
la répétition de la somme donnée. Nous donnons pour une
chose, *afin que quelque chose soit fait*, et si la chose
ne se fait pas (2), il y a lieu à la répétition.

53. PROCULUS, *liv.* 7. *des lettres.*

De la condition sous laquelle la liberté a été léguée.

Un maître a donné par son testament la liberté à son
esclave, sous la condition qu'*il donnera telle somme;* l'esclave, ignorant que le testament fût nul, m'a donné la
somme. On a demandé quel est celui à qui appartiendra
le droit de la redemander; Proculus a répondu : si l'esclave
a payé avec les deniers provenans de son pécule, son
maître ne lui ayant pas permis d'en disposer, ils sont
toujours la propriété du maître, qui ne doit pas les redemander en vertu de l'action que nous traitons ici, mais
en vertu d'une action réelle. Mais si un autre a payé de
ses propres deniers la somme, à la prière de l'esclave, elle
est devenue mienne, et le maître de l'esclave, au nom de
qui elle a été payée, pourra la redemander en vertu de
notre action. Il est cependant plus juste et plus avantageux,
que celui qui a donné son argent, ait, pour le recouvrer,
un moyen direct pour le faire, c'est-à-dire, notre action.

54. Papinianus *lib.* 2 *quæstionum.*

Quibus ex causis condictio competit.

Ex his omnibus (1) causis, quæ jure non va-
luerunt (2), vel non habuerunt effectum, secutâ
per errorem solutione, condictioni locus erit.

55. Idem, *lib.* 6 *quæstionum.*

Si prædoni solutum sit.

Si urbana prædia locaverit prædo, quod mer-
cedis nomine ceperit ab eo, qui solvit, non repetetur : sed domino erit obligatus. Idemqué
juris erit in vecturis navium, quas ipse locaverit,
aut exercuerit ; itèm mercedibus servorum, quorum operæ per ipsum fuerint locatæ ; nam si
servus non locatus mercedem, ut domino, prædoni retulit, non fiet accipientis pecunia : quòd
si vecturas navium, quas dominus locaverat, itèm
pensiones insularum acceperit, ob indebitum ei
tenebitur, quià non est liberatus solvendo. Quod
ergò dici solet, *prædoni fructus posse condici,*
tùnc locum habet, cùm domini fructus fuerunt.

56. Idem. *lib.* 8, *quæstionum.*

Si incertum sit, temporaria sit, an perpetua exceptio.

Sufficit ad causam indebiti, incertum esse,
temporaria sit, an perpetua exceptionis defensio :

---

(1) Junge l. 27. infr. de oblig. et act.

54. Papinien, *liv.* 2. *des questions.*

Des causes pour lesquelles le droit de répéter une chose a lieu.

Il y aura lieu à l'action que l'on interprète ici, dans dans toutes les (1) causes qui sont nulles de droit (2), ou qui n'auront pas eu d'effet, toutes les fois que l'on aura payé par erreur.

55. Le même, *liv.* 6. *des questions.*

Si on a payé à un possesseur de mauvaise foi.

Si un possesseur de mauvaise foi a loué une maison appartenante à autrui; celui qui en aura payé le loyer, ne pourra pas le redemander comme étant induement payé; mais il sera obligé envers le véritable propriétaire : il en sera de même de l'argent qu'il aura retiré de ceux qui ont chargé un vaisseau qu'il louait, ou qu'il faisait valoir lui-même, ainsi que des salaires qu'il aura reçus pour le service des esclaves qu'il a donnés à loyer ; car si un esclave, qui n'a pas été loué par le possesseur de mauvaise foi, lui rapporte, comme à son maître, le salaire de ses travaux, ce salaire ne deviendra pas pour cela la propriété du possesseur de mauvaise foi; mais s'il a reçu les loyers du vaisseau ou de la maison que le maître lui-même aurait loués, ceux qui les auraient payés, auraient contre lui action pour lui redemander ce qu'ils lui auraient induement payé, puisqu'ils ne seraient pas libérés. Ainsi, lorsqu'on dit que *les fruits peuvent être redemandés au possesseur de mauvaise foi,* cela n'a lieu que lorsque les fruits ont appartenu au maître.

56. Le même, *liv.* 8. *des questions.*

Si l'on est incertain si l'exception est temporelle, ou perpétuelle.

Il suffit pour être en droit de redemander ce que l'on a induement payé, que l'on soit incertain si l'exception

___

(2) L. 40. in pr. 1. 53. supr. h. t.

nàm si quis , *ne conveniatur , donec Titius
consul fiat* , paciscatur , quià potest Titio dece-
dente perpetua fieri exceptio quæ, ad tempus est ,
Titio consulatum ineunte , summâ ratione dicetur,
quod interìm solvitur , repeti; ut enìm pactum ,
quod in tempus certum collatum est , non magis
inducit condictionem , quàm si ex die debitor
solvit : ità prorsùm defensio juris , quæ causam
incertam habet , condictionis instar obtinet.

57. Idem , *lib. 3 , responsorum.*

De tutore. De procuratore.

Cùm indebitum (1) , impuberis nomine tutor
numeravit , impuberis condictio est.

§. 1. Creditor , ut procuratori suo debitum
redderetur , mandavit ; majore pecuniâ solutâ,
procurator indebiti(2)causâ convenietur. Quòd
si nominatìm , ut major pecunia solveretur , delegavit , indebiti cum eo , (qui) delegavit , erit
actio : quæ non videtur perempta , si frustrà cum
procuratore lis fuerit instituta.

58. Idem , *lib. 9 , responsorum.*

De conditione impossibili.

Servo manumisso fideicommissum ità reliquit ,
si ad libertatem ex testamento pervenerit ; post
acceptam sinè judice pecuniam , ingenuus pronunciatus est ; indebiti fideicommissi repetitio
erit.

____

(1) L. 6. §. fin. supr. eod.

qu'on a à opposer, sera temporelle ou perpétuelle ; car si quelqu'un s'est fait promettre *que sa dette ne lui serait pas demandée* jusqu'à l'époque où Titius sera nommé consul, au moyen de ce que l'exception, qui est temporelle, si Titius devient consul, peut devenir perpétuelle par sa mort, on peut dire avec la plus grande raison, que l'on peut répéter ce que l'on a donné dans cet intervalle. En effet, comme une convention qui a un terme certain, n'est pas plus conditionnelle que si le débiteur payait le jour même de la convention, de même aussi l'exception qui a une cause certaine, et que l'on oppose pour sa défense, tient-elle la place d'une condition sous laquelle on doit payer.

57. LE MÊME, *liv.* 3. *des réponses.*

Du tuteur. Du fondé de pouvoir.

Lorsqu'un tuteur paie au nom de son pupille une dette que celui-ci ne devait pas (1), l'action en répétition appartient au pupille.

§. 1. Un créancier a chargé son débiteur de payer à son fondé de pouvoir. Si le débiteur paie plus qu'il ne doit, il peut former contre le fondé de pouvoir (2) l'action en répétition de ce qu'il a payé de trop ; mais si le créancier l'a chargé expressément de payer une somme plus forte que celle qu'il devait, ce sera contre le créancier lui-même qu'il formera l'action en répétition, et cette action ne sera pas éteinte, s'il venait à être débouté de la demande qu'il aurait formée contre le fondé de pouvoir.

58. LE MÊME, *liv.* 9. *des réponses.*

De la condition impossible.

Un testateur a laissé un fidéicommis à un esclave qu'il a affranchi, *dans le cas où il deviendrait libre par le testament ;* après que l'affranchi a eu reçu la somme à lui laissée par le fidéicommis, sans l'autorité du juge, il a été déclaré libre de naissance ; il y aura lieu à la répétition du fidéicommis induement payé.

---

(2) D. l. 6. §. 1.

59. IDEM , *lib.* 2 , *definitionum.*

De fidejussore et reo.

Si fidejussor jure (1) liberatus, solverit errore
pecuniam, repetenti non oberit : si verò reus promittendi per errorem, et ipse posteà pecuniam
solverit, non repetet; cùm prior solutio, quæ fuit
irrita, naturale vinculum non dissolvit, nec civile,
si reus promittendi tenebatur.

60. PAULUS , *lib.* 3. *quæstionum.*

Si debitor post litem contestatam solverit.

Julianūs verum debitorem post litem contestatam, manente adhùc judicio, negabat solventem repetere posse : quià nec absolutus, nec condemnatus repetere posset ; licèt enim absolutus
sit, naturâ tamen debitor permanet : similemquè
esse ei dicit, qui ità promisit, *sivè navis ex Asiâ
venerit, sivè non venerit* : quià ex unâ causâ alteriûs solutionis origo proficiscitur.

De debito purè et sub conditione.

§. 1. Ubi autèm quis, quod purè debet, (sub
conditione) novandi animo promisit, pleriquè putant, pendente novatione solutum repetere posse :
quià, ex quâ obligatione solvat, adhùc incertum
sit; idemquè esse, etiàm si diversas personas ponas
eandem pecuniam purè, et sub conditione, novandi animo promisisse ; sed hoc dissimile est : in
stipulatione enim purâ, et conditionali, eundem
debiturum certum est.

____

(1) L. 3 . §. 1. supr. h. t.

59. LE MEME, *liv.* 2. *des définitions.*

Du répondant et du principal obligé.

Si un répondant légitimement libéré (1) de l'obligation qu'il s'était imposée, a payé par erreur la somme pour laquelle il a répondu, il pourra la redemander. Mais si le principal obligé n'étant pas instruit que son répondant eût payé, a lui-même encore payé au créancier la dette, il n'y aura pas lieu dans ce cas à la répétition ; car le paiement fait par le répondant étant nul, il ne peut détruire l'obligation naturelle ou civile contractée par le principal débiteur.

60. PAUL, *liv.* 3. *des questions.*

Si le débiteur a payé après que la contestation a été engagée.

Julien disait que le véritable débiteur qui avait payé après la contestation en cause, mais avant le jugement, ne pouvait pas redemander ce qu'il avait payé, parce que celui qui n'est ni absous, ni condamné, n'a pas ce droit. Et en effet, quoiqu'il soit absous, il est toujours naturellement obligé. Il ajoute qu'un pareil débiteur est semblable à celui qui aurait promis une somme quelconque, soit *qu'un vaisseau vint ou ne vint pas de l'Asie*, parce que le paiement doit s'effectuer dans l'un ou l'autre cas.

De la dette pure et simple et conditionnelle.

§. 1. Mais lorsque quelqu'un obligé purement, renouvelle son obligation pour en faire une promesse conditionelle, plusieurs jurisconsultes sont d'avis qu'il peut redemander ce qu'il a payé, avant l'époque de la condition ; parce que jusqu'à l'échéance de cette condition il est encore incertain en vertu de quelle obligation il paiera : et qu'il en est de même à l'égard de deux personnes que vous supposerez voulant changer leur obligation, avoir promis la même somme l'une purement, et l'autre conditionnellement ; mais la chose est bien différente : car dans une promesse faite purement, et conditionnellement par deux débiteurs, il est certain que le même débiteur qui a promis purement, sera obligé dans l'un et l'autre cas.

61. Scævola, *liv.* 5. *responsorum.*

De tutore qui plùs solvit, deindè pupillum abstinuit.

Tutores pupilli quibusdàm creditoribus patris ex patrimonio paterno solverunt : sed posteà, non sufficientibus bonis, pupillum abstinuerunt (1) : Quæritur, an quod ampliùs creditoribus per tutores pupilli solutum est, vel totum quod acceperunt, restituere debeant ? Respondi, si nihil dolo factum esset, tutori quidèm, vel pupillo non deberi : creditoribus autèm (2) aliis in id, quod ampliùs sui debiti solutum est, teneri.

62. Mæcianus, *liv.* 4. *fideicomissorum.*

De fideicommisso in stipulationem deducto.

Fideicomissum in stipulatione deductum, tametsì non debitum fuisset, quià tamèn à sciente (3), fidei (4) explendæ causâ promissum esset, debetur.

63. Gajus, *lib. singulari de casibus.*

Si hominem debens, statûliberum dederit.

Neratius casum refert, ut quis id, quod solverit, repetere non possit, quas i debitum dederit, nec tamèn liberetur : velùt, si is, qui cùm certum hominem deberet, statûliberum (5) dederit ; nàm

---

(1) V? C. si minor ab hered.
(2) Fac. 1. 5. supr. h. t.
(3) L. 21. §. 1. supr. de inoffic. testam.

61. SCÆVOLA, *liv.* 5. *des réponses.*

Du tuteur qui a payé plus que la succession ne pouvait le permettre, et qui y a fait renoncer son pupille.

Les tuteurs d'un pupille ont payé quelques créanciers du père avec les biens provenans de la succession. Mais cette succession étant insuffisante pour acquitter les autres dettes dont elle était grevée, ils y ont fait renoncer le pupille (1) ; on a demandé si les créanciers doivent rendre ce que les tuteurs du pupille leur ont payé de trop, ou la totalité de ce qu'il ont reçu. J'ai répondu, que s'il n'y a pas eu de mauvaise foi de la part des créanciers, ni le tuteur, ni le pupille ne pouvaient rien leur demander, mais que s'ils avaient reçu quelque chose au-delà de leur créance (2), ils devaient le remettre aux autres créanciers.

62. MÆCIANUS, *liv.* 4. *des fidéicommis.*

Du fidéicommis qui est la suite d'une stipulation.

L'héritier qui s'est engagé par une promesse solemnelle à remettre un fidéicommis à quelqu'un, quoique ce fidéicommis ne fut pas dû, doit pour remplir l'engagement qu'il a contracté, le remettre, parce qu'il s'y est obligé en connaissance de cause (4), et que sous ce rapport le fidéicommis est regardé comme dû.

63. GAJUS, *liv. unique des espèces singulières.*

Si quelqu'un devant un esclave, le livre lorsqu'il est devenu libre.

Nératius rapporte un cas où un débiteur ne peut pas répéter ce qu'il a payé, parce qu'il le devait ; sans pour cela être libéré de sa dette, par exemple, quelqu'un qui devait fournir un tel esclave, l'a donné (5) après que cet

---

(4) L. 5. §. 15. infr. de donat. inter vir. et uxor.
(5) L. 72. §. pen. infr. de solution.

ideò eum non (1) liberari, quod non in plenum
stipulatoris hominem fecerit: nec tamèm repetere eum posse, quod debitum dederit.

64. TRYPHONINUS, *lib 7 disputationum.*

De obligatione naturali.

Si quod dominus servo debuit, manumisso solvit, quamvìs existimans ei (se) aliquâ teneri actione, tamèn repetere non poterit: quià naturale
agnovit debitum; ut enim libertas (2) naturali jure
continetur, et dominatjo ex gentium jure introducta est, ità debiti vel non debiti ratio in condictione naturalitèr intelligenda est.

65. PAULUS, *lib. 17. ad Plautium.*

In quibus causis de repetitione quæritur.

In summâ, ut generalitèr de repetione tractemus,
sciendum est dari, *aut ob transactionem* (3), *aut*
ob causam (4) aut *proptèr conditionem* (5), *aut
ob rem* (6), *aut indebitum* (7): in quibus omnibus quæritur de repetitione.

De dato ob transactionem ,

§. 1. Et quidèm quod transactionis nomine
datur, licèt res nulla media fuerit, non repetitur:
nàm si lis fuit, hoc ipsum, quod à lite disceditur,

---

(1) Obst. l. 92. in fin. infr. h. t.
(2) L. 4. supr. de justit. et jure, l. 4. supr. de statû homin, pr. Intt.
de libertin.
(3) §. 1, infr. h. l.

esclave eut reçu sa liberté sous condition; il n'est pas libéré(1), parce qu'il n'a pas transmis la propriété de l'esclave à celui à qui il le devait, et cependant il ne peut pas le redemander, parce qu'il n'a donné que ce qu'il devait.

64. TRIPHONINUS, *liv.* 7. *des disputes.*

De l'obligation naturelle.

Si un maître a payé à son esclave après son affranchissement, ce qu'il lui devait étant esclave, pensant être obligé envers lui par quelqu'action, il ne peut lui redemander ce qu'il lui a donné. La raison est qu'il a reconnu lui être naturellement obligé; car comme la liberté (2) est de droit naturel, et que le droit que le patron a sur son esclave, vient du droit des gens; de même les expressions de dû, ou de non dû doivent être entendues, en ce qui concerne l'action dont nous parlons, de l'obligation naturelle.

65. PAUL, *liv.* 17. *sur Plautius.*

Dans quels cas on peut demander s'il y a lieu à la répétition.

En un mot, pour traiter généralement de tout ce qui a rapport à l'action en répétition, il faut savoir que cette action a lieu dans le cas où on a donné, ou *pour une transaction* (3), ou *pour une cause* (4), ou *pour une condition* (5), ou *pour une chose* (6), ou *pour redemander ce que l'on a induement payé* (7). Dans tous ces cas on peut demander s'il y a lieu à la répétition.

De ce qui a été donné à cause d'une transaction,

§. 1. Ce que l'on a donné à cause d'une transaction, ne peut pas être redemandé, quand même il n'y aurait pas eu d'objet sur lequel il fallût transiger; car s'il y a eu contribution, il suffit qu'on ait désiré ne point avoir de

---

(4) §. 2. infr. h. l.
(5) §. 3. infr. h. l.
(6) §. 4. infr. h. l.
(7) §. 8. infr. h. l.

causa videtur esse. Sin autèm evidens calumnia detegitur, et transactio imperfecta est, repetitio dabitur.

Ob causam ,

§. 2. Id quoquè, quod ob causam datur puta quod negotia mea adjuta ab eo putavi, licèt non sit factum : quià donari volui, quamvis falsò (1) mihi persuaserim, repeti non posse.

Propter conditionem ,

§. 3. Sed agere per condictionem proptèr conditionem legati vel hereditatis, sivè non sit mihi legatum, sivè ademptum legatum, possum, ut repetam, quod dedi; quoniàm non contrahendi animo dederim ; quià causa, proptèr quam dedi, non est secuta. Idèm, et si hereditatem adire nolui, vel non potui. Non idèm potest dici. si servus meus sub conditione heres institutus sit, et ego dedero, deindè manumissus adierit : nàm hoc casù secuta res est.

Ob rem.

§. 4. Quod ob rem (2) datur, ex bono et æquo habet repetionem : veluti, si dem tibi, *ut aliquid facias ,* nec feceris.

De accessionibus.

§. 5. Ei, qui indebitum repetit, et fructus (3) et partus restitui debent, deductâ impensâ.

---

(1) L. 52. supr. h. t.
(2) D. l. 52. l. 1. §. 1. supr. de condict. ob turp. caut.
(3) L. 15. in pr. l. 26. §. 12. supr. h. t.

procès, pour que la transaction ait eu une cause. Si cependant on parvenait à prouver que la contestation n'a été faite que dans l'intention de vexer, alors la transaction est imparfaite, et il y a lieu à la répétition de ce qui a été donné.

Ou une cause,

§. 2. On ne peut pas également redemander ce que l'on a donné en considération d'une cause, par exemple, j'ai cru que quelqu'un m'avait obligé dans une affaire qui me regardait personnellement, je ne puis pas lui redemander ce que je lui ai donné, quoique je me sois trompé, en le croyant, parce que ce que j'ai donné, doit être regardé comme un présent que j'ai voulu lui faire (1).

A cause d'une condition,

§. 3. Je puis redemander ce que j'ai donné pour remplir une condition sous laquelle un legs ou une succession m'a été laissée, si le legs ne m'a pas été fait, ou s'il m'a été ôté, parce que je n'ai pas donné cet argent dans l'intention de contracter, et que la cause pour laquelle j'ai donné, n'a pas eu lieu. Il en est de même si j'ai renoncé à une succession, ou si je n'ai pu l'obtenir. On ne peut dire la même chose si mon esclave a été institué héritier sous condition, que j'aie payé, et qu'ensuite il ait accepté la succession après avoir été affranchi ; car dans ce cas la cause pour laquelle j'ai donné, a eu son effet.

A cause d'une chose.

§. 4. On peut sans blesser l'équité, redemander ce que l'on a donné pour qu'une chose soit faite (2), par exemple, je vous donne telle chose pour que vous *fassiez telle* ou *telle chose*, et vous ne l'avez pas faite.

Des accessoires.

§. 5. On doit restituer à celui qui redemande une chose qu'il a induement payée, les fruits de cette même chose (3), et les enfans provenus de l'esclave, si elle fait l'objet de la demande, déduction faite des dépenses qui auraient été légitimement faites.

De frumento.

§. 6. In frumento indebito soluto et bonitas est: et, si consumpsit frumentum, pretium repetet.

De habitatione.

§. 7. Sic habitatione datâ, pecuniam condicam: non quidèm quanti locari potui, sed quanti tu conducturus fuisses.

De servo manumisso ab eo cui indebitum solutum est.

§. 8. Si servum indebitum tibi dedi, eumquè manumisisti, si sciens hoc fecisti, teneberis (1) ad pretium ejus : si nesciens, nou teneberis; sed proptèr operas ejus liberti, et ut hereditatem ejus restituas.

Quid sit indebitum.

§. 9. *Indebitum* est non tantùm, quòd omninò non debetur, sed et quod alii debetur, si alii solvatur: aut si id, quod alius debebat, alius, quasi ipse debeat, solvat.

66. Papinianus, *lib. 8. quæstionnm.*

Ratio et effectus hujus condictionis.

Hæc condictio ex bono et æquo (2) introducta, quòd alteriûs apud alterum sinè causâ deprehenditur, revocare consuevit.

---

(1) L. 39. iufr. de mort. caus. donat.

Du bled.

§. 6. Quand il s'agit de redemander du bled qui a été induement payé, il faut avoir égard à la qualité du bled, et si le bled a été consommé, on en redemandera le prix.

De l'habitation.

§. 7. De même si je vous ai accordé une habitation que je ne vous devais pas, je vous redemanderai le prix du loyer, non pas d'après celui que j'en aurais pu tirer, mais suivant le prix que vous-même eussiez donné pour un logement que vous auriez loué.

De l'esclave affranchi par celui à qui il a été induement donné.

§. 8. Si je vous ai donné un esclave que je ne vous devais pas, et que vous l'ayez affranchi ; si vous l'avez affranchi sachant que je ne vous le devais pas, vous serez tenu de me le payer (1) ; si vous ne le saviez pas, vous ne serez tenu à rien : mais vous serez obligé de me restituer ce que vous aurez reçu de lui, comme son patron, tel que ses services, et sa succession.

Ce que l'on entend par induement payé.

§. 9. On doit regarder comme n'étant pas dû, non-seulement ce qui n'est pas absolument dû, mais encore ce qui a été payé à un autre qu'à celui à qui l'on doit, ou si on paie ce qu'un autre doit, comme si on le devait soi-même.

66. PAPINIEN, *liv.* 8. *des questions.*

Motif et effet de cette répétition.

Cette action a été introduite (2) en faveur de la bonne foi, et de l'équité, qui ne veulent pas que l'on retienne sans raison ce qui appartient à autrui.

---

(2) L. 65. §. 4. supr. h. t. v. l. 25. in fin. infr. rer. amotar.

67. SCÆVOLA, *lib.* 5. *Digestorum.*

De conditione libertatis legatæ.

Stychus testamento ejus, quem dominum suum arbitrabatur, libertate acceptâ, *si decem annis ex die mortis annuos decem heredibus præstitisset,* per octo annos præfinitam quantitatem, ut jussus erat, dedit : postmodùm si ingenuum comperit, nec reliquorum annorum dedit : et pronunciatus est ingenuus : quæsitum est, an pecuniam, quam heredibus dedit, ut indebitam datam repetere, et quâ actione possit ? Respondit, si eam pecuniam, dedit quæ nequè ex operis suis, nequè ex re ejus, cui bonâ fide serviebat, quæsita sit, posse repeti.

Si tutor plùs solverit.

§. Tutor creditori pupilli sui plùs, quàm debebatur, exsolvit : et tutelæ judicio pupillo non imputavit : quæro, an repetitionem adversùs creditorem haberet ? Respondit, habere.

Cui ex duobus idem debitum solventibus repetitio datur.

§. 2. Titius, cùm multos creditores haberet, in quibus et Sejum, bona sua privatìm factâ venditione Mævio concessit, ut satìs creditoribus faceret : sed Mævius solvit pecuniam Sejo, tanquàm debitam, quæ jàm à Titio fuerat soluta : quæsitum est, cùm posteà reperiantur apochæ apud Titium debitorem partim solutæ pecuniæ, cui magìs repetitio pecuniæ indebitæ solutæ competit, Titio debitori, an Mævio, qui in rem suam pro-

67. SCÆVOLA, *liv.* 5. *du Digeste.*

De la condition imposée à un legs qui a pour objet la liberté.

Stychus ayant reçu la liberté par le testament de celui qu'il croyait son maître, sous la condition *de donner pendant dix ans, à compter du jour de sa mort, dix pièces à ses héritiers*, a donné aux termes du testament ces dix pièces pendant huit ans, ensuite, ayant découvert qu'il était né libre, il a discontinué de les payer, pendant les deux années qui restaient ; il a été rendu en sa faveur un jugement qui l'a déclaré libre de naissance. On a demandé s'il pouvait répéter les sommes qu'il a payées aux héritiers, comme ayant été induement payées, et de quelle action il devait se servir, pour les répéter. J'ai répondu qu'il pouvait les répéter en vertu de notre action, si les sommes qu'il avait payées, ne provenaient ni de ses services, ni des biens de celui dont il avait été l'esclave de bonne foi.

Si le tuteur a plus payé.

§. 1. Un tuteur a payé au créancier de son pupille plus qu'il ne lui était dû, et il n'a pas porté dans le compte, qu'il lui a rendu cet excédent. Je demande s'il aurait droit de le redemander au créancier ? J'ai répondu affirmativement.

A qui, dans le cas où deux débiteurs paient la même dette, la répétition est accordée.

§. 2. Titius ayant plusieurs créanciers parmi lesquels était Séjus ; a vendu secrètement tout son bien à Mœvius, et l'a chargé de payer tous ses créanciers : mais Mœvius a payé à Séjus une somme que déjà Titius lui avait payée, comme si elle lui était due. On a demandé dans le cas où l'on trouverait par la suite dans les papiers de Titius débiteur, des preuves qu'il eut payé une partie de la somme, à qui appartiendrait l'action pour redemander la partie qui aurait été induement soldée, au moyen du paiement que Mœvius aurait fait de la totalité de la dette, si elle appartiendrait à Titius, où à Mœvius qui en cela a payé comme son fondé de pouvoir. J'ai répondu d'après

curator factus est? Respondit, secundùm ea, quæ proponerentur, ei (1), qui posteà solvisset.

De pacto pariationi adscripto.

§. 3. Idem quæsiit, an pactum, quod in pariationibus adscribi solet in hunc modum, *ex hôc contractû nullam intèr se controversiam ampliùs esse*, impediat repetitionem? Respondit, nihil proponi, cùr impediret.

An restitutio minoris, ne solvat prosit ut solutum repetatur.

§. 4. Lucius Titius Gajo Sejo minori annis viginti quinquè pecuniam certam credidit, et ab eo aliquantùm usurarum nomine accepit: (et) Gaji Seji minoris heres adversùs Publium Mævium à Præside provinciæ in integrum restitutus est, ne debitum hereditarium solveret: (et) nec quicquàm de usuris ejusdèm sortis, quas Sejus minor annis viginti quinquè exsolveret, repetendis tractatum apud Præsidem, aut ab eo est pronunciatum. Quæro, an usuras, quas Gajus Sejus minor annis viginti quinquè, quoad viveret, creditori exsolveret, heres ejus repetere possit? Respondit, secundùm ea, quæ proponerentur, condici id, quod usurarum nomine defunctus solvisset, non possit.

Itèm quæro, si existimes repeti non posse, an ex alio debito heres retinere eas possit? Respondit, ne hoc quidèm.

____

(1) L. 25. supr. h. t.

l'hypothèse proposée, qu'elle appartenait à celui qui avait payé le dernier, c'est-à-dire, à Mœvius (1).

De la convention ajoutée à un réglement de compte.

§. 3. Le même jurisconsulte a demandé si la convention qu'il est d'usage d'interposer dans les réglemens de compte, et qui consiste dans cette clause, *en ce que réciproquement les parties ne pourront plus avoir aucune contestation au sujet du présent compte*, empêche la répétition de ce qui aurait été induement payé. J'ai répondu que rien ne s'opposait dans ce cas à ce que la répétition n'eut lieu.

Si la restitution accordée au mineur peut faire que l'on redemande ce qu'il a payé.

§. 4. Lucius Titius a prêté une somme fixe et déterminée, à Gajus Séjus mineur de 25 ans, et a reçu de lui un à-compte sur les intérêts : l'héritier du mineur Gajus Séjus a été restitué en entier, par le gouverneur de la province, contre Publius Mœvius, pour ne pas payer cette dette de la succession, mais on a omis de parler devant le gouverneur de la province, des intérêts que le mineur Gajus Séjus a payés, et il n'a rien été prononcé à cet égard. On a demandé si l'héritier de ce mineur de 25 ans, peut redemander les intérêts que ce mineur a payés de son vivant à son créancier? Il a été répondu, que dans l'espèce proposée, on ne pouvait pas redemander les intérêts que le défunt a payé de son vivant. Je demande de même si vous croyez que l'héritier, ne pouvant pas les répéter, aurait le droit de les retenir sur une autre dette qu'il devrait au créancier? J'ai répondu négativement.

TITULUS SEPTIMUS.

De condictione sinè causâ (1).

1. ULPIANUS, *lib.* 43, *ad Sabinum.*

De promissione sinè causâ et solutione indebiti.

Est et hæc species condictionis, si qui sinè causâ promiserit, vel si solverit quis indebitum. Qui autèm promisit sinè causâ, condicere quantitatem non potest, quam non dedit: sed ipsam (2) obligationem.

De causâ non secutâ.

§. 1. Sed etsì ob causam promisit, causa tamen secuta non est, dicendum est, condictionem locum habere.

De promissione sinè causâ. De causâ finitâ, vel non secutâ.

§. 2. Sivè (3) ab initio sinè causâ promissum est, sivè fuit causâ promittendi, quæ finita est vel secuta non est, dicendum est, condictioni locum fore.

_____

(1) Lib. 4. C. 9.

TITRE SEPT.

De l'action établie en faveur de celui (1) qui a payé, ou qui s'est obligé sans cause.

1. ULPIEN, *liv.* 43. *sur Sabinus.*

De la promesse sans cause et de ce qui a été induement payé.

CETTE espèce d'action est en faveur de celui qui s'est obligé sans cause, ou a payé ce qu'il ne devait pas. Celui qui s'oblige sans cause, ne peut pas redemander la somme à laquelle il s'est obligée, puisqu'il ne l'a pas donnée; mais il a action pour se faire décharger de cette obligation (2).

D'une cause qui n'a pas eu d'effet.

§. 1. On doit même dire que quoique l'on se soit obligé pour une cause qui n'a pas eu d'effet, il y a lieu à demander à être libéré de sa promesse.

De la promesse sans cause. De la cause qui a eu son exécution, ou qui n'en n'a pas eu.

§. 2. Soit que dans le principe (3) on se soit obligé sans cause, soit qu'il y ait eu une cause pour s'obliger, qui ait eu son effet, ou qui n'en a pas eu, on doit dire qu'il y a lieu à cette action.

(2) L. 3. infr. h. t.
(5) L. 4. infr. eod.

§. 3. Constat id demùm posse condici alicui, quod vel non ex justâ causâ ad eum pervenit, vel (1) redit ad non justam causam.

2. IDEM, *lib.* 32, *ad edictum.*

De fullone.

Si fullo vestimenta lavanda conduxerit, deindè, amissis eis, domino pretium, ex locato conventus; præstiterit, posteàquè dominus invenerit vestimenta : quâ actione debeat consequi pretium, quod dedit ? Et ait Cassius, eum non solum ex conducto agere, verùm condicere domino posse. Ego puto, ex conducto omnimodò eum habere actionem. An autèm et condicere possit, quæsitum est, quià non indebitum dedit ? Nisi fortè, quasì sinè causâ datum, (sic) putamus condici posse : etenìm vestimentis inventis, quasì sinè causâ datum videtur.

3. JULIANUS, *lib.* 8, *Digestorum.*

De obligatione sinè causâ.

Qui sinè causâ obligantur, incerti condictione consequi possunt, ut (2) liberentur : nec refert, omnem quis obligationem sinè causâ suscipiat, an majorem (3), quàm suscipere eum oportuerit : nisi quod aliàs, condictione id agitur, ut omni obligatione liberetur, aliàs, ut exoneretur ; velutì qui decem promisit : nàm, si quidèm nullam causam promittendi habuit, incerti condictione consequitur,

____

(2) L. 54. supr. de condict. indeb. 1. 6. infr. de donat. inter vir. et uxor.

§. 3. Il est certain qu'on ne peut redemander à quelqu'un que ce qu'il a reçu sans une juste cause, ou pour une cause (1) qui a cessé d'être juste.

2. LE MÊME, *liv.* 32. *sur l'édit.*

Du foulon.

Si un foulon a loué des étoffes pour les travailler, qu'elles aient été perdues, et qu'il en ait payé le prix au propriétaire, qui l'a actionné en vertu de l'action du loyer, quelle action pourra-t-il intenter contre le maître de ces étoffes, à qui il en a payé le prix, si celui-ci vient à les recouvrer ? Cassius dit que le foulon a non-seulement l'action qui vient du loyer, mais encore qu'il peut intenter notre action contre le maître de ces étoffes dont il est devenu le créancier, au moyen de ce qu'il les a retrouvées. Pour moi je pense qu'il n'y a nulle difficulté à dire qu'il a l'action qui dérive du loyer. Mais on a demandé s'il peut former contre le maître l'action en répétition du prix qu'il lui a donné, parce qu'à l'époque où il l'a donné, il le devait ? Nous pensons qu'il peut la former, en ce que la somme qu'il a donnée, a été sans cause ; en effet, les étoffes ayant été retrouvées, il est censé avoir payé sans fondement.

8. JULIEN, *liv.* 8. *du Digeste.*

De l'obligation sans cause.

Ceux qui se sont obligés sans cause ont une action pour se faire décharger de leur obligation (2) ; et il importe peu que l'obligation soit contractée sans cause, ou qu'elle soit plus forte, et plus étendue (3) que celle à laquelle on devait être soumis. La différence qu'il y a, c'est que dans le premier cas, on demande à être déchargé complètement de l'obligation, et que dans le second, on demande à être déchargé d'une partie de l'obligation. Par exemple,

---

(3) L. 1. in pr. supr. h. t.
(1) L. 4. C. de condition. ob. caus. dat.

ut tota stipulatio accepto fiat; at si, cùm quinquè promittere deberet, decem promisit, incerti (condictione) consequetur, ut (in) quinquè liberetur.

4. Africanus, *lib.* 8. *quæstionum.*

De dato sinè causâ.

Nihil refert, utrùmnè (1) ab initio sinè causâ quid datum sit, an causa, proptèr quam datum sit, secuta non sit.

5. Papinianus, *lib.* 11 *quæstionum.*

De pecuniâ in dotem ob nuptias illicitas quæ secutæ non sunt, datâ.

Avunculo nuptura, pecuniam in dotem dedit, nequè nupsit: an eandem repetere possit, quæsitum est? Dixi, cùm ob turpem causam dantis et (2) accipientis pecunia numeretur, cessare condictionem; et in delicto (3) pari potiorem esse possessorem: quam rationem fortassìs aliquem secutum respondere, non habituram mulierem condictionem. Sed rectè defendi, non (tàm) turpem causam in proposito, quàm nullam fuisse: cùm pecuniâ, quæ daretur, in dotem converti nequiret (4); non enìm stupri, sed matrimonii gratiâ datam esse.

(1) L. 1. §. 2. supr. h. t.
(2) L. 3. supr. de condict. ob turp. causam.
(3) V. l. 2. C. d. t.
(4) §. 12. Inst. de nupt.

quelqu'un

quelqu'un a promis dix pièces; s'il n'a eu aucune raison pour les promettre, il a action pour être entièrement libéré de l'obligation qu'il a contractée; et s'il a promis dix, lorsqu'il ne devait promettre que cinq, il pourra se faire décharger des cinq qui excèdent la promesse qu'il a faite.

4. AFFRICANUS, *liv.* 8. *des questions.*

De ce qui a été donné sans cause.

Il n'importe nullement (1) que dans le principe on ait donné sans cause, ou que la cause pour laquelle on a donné, n'ait pas eu d'effet.

5. PAPINIANUS, *liv.* 11. *des questions.*

De l'argent donné pour former une dot en considération d'un mariage illicite qui n'a pas eu lieu.

Une nièce qui devait épouser son oncle, lui a donné une somme pour lui tenir lieu de sa dot, et le mariage n'a pas eu lieu. On a demandé si elle pouvait redemander la somme qu'elle avait donnée? J'ai répondu qu'au moyen de ce que la cause pour laquelle la somme a été donnée, était deshonorante, tant pour celui qui la donnait (2), que pour celui qui la recevait, il n'y avait pas lieu à la répétition, et que lorsque le crime atteint les deux parties également (3), la condition de celui qui possède est plus avantageuse; d'où il suivrait que celui qui adopterait cette opinion, prétendrait que la femme ne pourrait pas redemander ce qu'elle aurait donnée. Mais j'ai objecté, et avec raison, que dans l'espèce présente, la cause est plus nulle que criminelle, puisque l'argent donné n'a pu avoir sa destination primitive, c'est-à-dire, être employé à former une dot (4) : car dans l'origine elle a été donnée en considération d'un mariage projetté, et non pas pour donner lieu à une union réprouvée par les lois.

§. 1. Noverca privigno, nurus socero pecuniam
dotis nomine dedit, nequè nupsit. Cessare condictio primâ facie videtur, quoniàm jure (1) gentium incestum committitur: atquin (vel) magis
in eâ specie nulla causa dotis danda fuit. Condictio igitùr competit.

---

(1) L. ult. infr. de ritu nupt.

Finis septimi voluminis.

§. 1. Une belle-mère a donnée à son beau-fils, une somme d'argent à titre de dot, dans l'intention de l'épouser, ou une bru a fait la même chose à l'égard de son beau-père, et dans le même dessein, et le mariage ne s'est pas fait. Au premier aspect il semble que la répétition de la somme ne doit pas avoir lieu, parce que suivant le droit des gens (1), ce mariage est un véritable inceste ; mais il est plus juste de dire que dans cette espèce, la cause pour laquelle la somme a été donnée est nulle, par conséquent, elle pourra être redemandée en vertu de notre action.

Fin du tome septième

TABLE

Des matières contenues dans le septième
Volume.

Livre XI du Digeste.

Livre XII du Digeste.

(*) Les chiffres sont ceux de la pagination française.

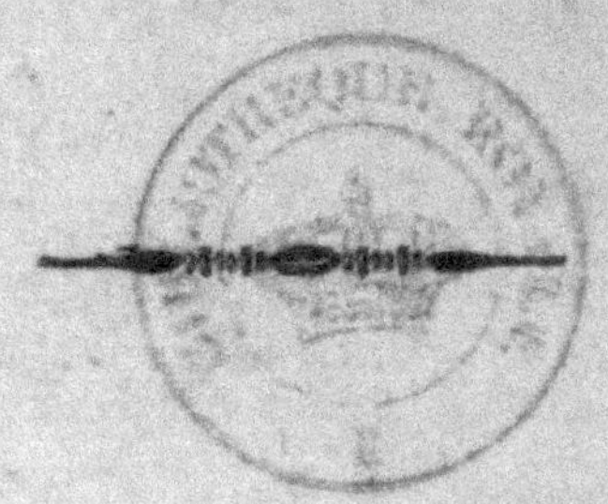